U-564

au cœur de la dernière mission du *Korvettenkäpitan* Teddy Suhren

Lawrence Paterson

Traduit de l'anglais (Grande-Bretagne) par Jean-Marie Mongin

HEIMDAL

U-Boat War Patrol

L'édition originale de cet ouvrage est publiée en 2004 par *Greenhill Books, Lionel Levanthal Limited*

La présente édition est traduite de l'ouvrage publié en 2016 par *Frontline books - Pen & Sword Books Ltd,*

ISBN: 978-1-84832-784-9

La mise en page originelle est réalisée par *Greenhill Books*

Lawrence Paterson, né en Nouvelle-Zélande, se passionne très tôt pour la Kriegsmarine. Plongeur sous-marin chevronné, il réalise de nombreuses plongées sur des épaves allemandes de la Seconde Guerre mondiale et passe plusieurs années près de la base de sous-marins de Brest.

Il est l'auteur de deux ouvrages : *U-Boat Flotilla* et *Second U-Boat Flotilla,* non encore traduits en français.

Ouvrage écrit par Lawrence Paterson.

Traduit par Jean-Marie Mongin

Traduction relue par Quitterie Bestard

Toutes les photographies couleurs de l'ouvrage ont été réalisées par Erik Groult

Toutes les photos proviennent de la collection de l'auteur, sauf mention différente, et *Fonds Fantastic Attic - Bayeux* pour les photographies couleurs.

Cet ouvrage est dirigé par Jean-Marie Mongin.

Conception, maquette et mise en pages de la couverture : Paul Gros

Conception, maquette et mise en pages: Jean-Marie Mongin « *le Studio des éditions des Soixante* ».

Éditions Heimdal pour l'édition française.

BP 61350 - 14406 Bayeux Cedex

Téléphone: 02 31 51 68 68 - Fax: 02 31 51 68 60. E-mail: communication.heimdal@wanadoo.fr

Site internet: www.editions-heimdal.fr

Dépôt légal: 1er trimestre 2017

ISBN: 978-2- 84048-451-6

Sommaire

à Audrey « Mumbles » Paterson.

Lawrence Paterson, auteur

« Et merci à mon ami Jérôme qui a eu l'idée de l'édition française de ce livre et y a aussi contribué par toute l'iconographie en couleurs. Les lecteurs français lui doivent beaucoup. »

Georges Bernage, Éditeur

Préface

CINQUANTE-CINQ ans après la fin de la Seconde Guerre mondiale, le regard de l'historien fouille encore les profondeurs glacées de ces champs de bataille écrasés par le silence, à la recherche d'ombres toujours oubliées.

En avril 2000, dans le charmant bureau de poste de Staintondale, perdu dans les landes du Yorkshire, un témoignage unique du passé parvient, presque par hasard, entre les mains du directeur de l'officine Frank James. Vingt photographies en noir et blanc, certaines tachées par l'âge et l'humidité, lui sont confiées par un homme qui n'était pas sûr de leur provenance, et qui ne savait pas quoi en faire.

Ces photographies montrent de jeunes hommes embarqués sur un sous-marin. La cocarde sur leur coiffure, surmontée d'une aigle tenant entre ses serres une Swastika, symbole du Troisième Reich, ne laisse planer aucun doute. Ce sont des sous-mariniers allemands, mais qui sont-ils? Où naviguent-ils? Cela reste un mystère pour Frank.

Ce passionné d'histoire ne connaît absolument rien en matière d'U-Boote, ce qui ne l'empêche pas de se lancer dans une série de recherches. Heureusement, la plupart des sous-marins de la Kriegsmarine arborent un symbole officieux – le *Wappen* – signe distinctif (emblème, caricature ou blason) peint sur le kiosque. Le sous-marin des photos affiche un grand chat noir à la queue fièrement dressée, arqué sur un chiffre et une lettre: « 3X ».

Bien que quatorze sous-marins allemands possèdent des chats comme *Wappen*, celui-ci appartient à un des cinq sous-marins arborant le « *Dreimal schwarze Katen* » (le triple chat noir). Il est vite devenu évident que les photographies ont été prises à bord de l'*U-564*, commandé par le légendaire Reinhard Teddy Suhren.

C'est Foster Appleyard, membre de la Royal Navy pendant le second conflit mondial et propriétaire, après-guerre, d'un petit pub à Bradford, qui a confié les photographies à Frank. Appleyard est décédé, mais un de ses amis est dépositaire des collections récupérées. Une clause restrictive exige que les photographies soient confiées à celui qui saura les archiver correctement et entreprendre les recherches appropriées. Peu après, une boîte en carton pleine de photographies arrive à Staintondale, portant le total des épreuves à... 361.

Foster Appleyard faisait partie d'une équipe chargée d'explorer les décombres de la grande base de sous-marins du port de Brest, en Bretagne, après la libération de la ville par les Américains de la Troisième Armée du général Patton, le 19 septembre 1944.

Brest est un des cinq grands ports[1] convertis en base avancée des sous-marins de la Kriegsmarine après la conquête de la France par la Wehrmacht en 1940. L'*U-564*, stationné à Brest, fait partie de la 1re U-Flottille (flottille de sous-marins). Une unité dont les Type VIIC vont patrouiller jusque dans la mer des Caraïbes tout au long de la terrible guerre d'usure menée contre les convois alliés, le cordon ombilical reliant le vieux continent au nouveau, jeté sur les vastes et sombres étendues de l'Atlantique Nord.

Brest assiégée...

Au fil des ans, le cours de la guerre sur mer s'inverse inexorablement et les sous-mariniers allemands, décimés, acculés et finalement assiégés dans leurs bases de la côte française, sont incapables de prolonger la guerre contre un ennemi bien supérieur en nombre et techniquement plus fort. En août 1944, Brest est finalement assiégé par le VIIIe corps d'armée du général Middleton qui vient de traverser, d'une traite, la Normandie et la Bretagne. Un mois de terribles et meurtriers combats de rue – opposant les hommes de Patton aux paras de la *2.Fallschirmjäger-Division* appuyés par quelques régiments d'infanterie et les marins de la Kriegsmarine – s'achève avec la reddition de la garnison.

Les spécialistes alliés doivent alors faire face à la difficile tâche d'évaluer le port en vue de son utilisation possible dans la suite de la campagne. Bien vite, les experts concluent que le port est inutilisable. Brest est maintenant bien trop loin de la ligne de front, surtout depuis la prise du port en eau profonde de Cherbourg et l'avance rapide des Alliés vers l'Allemagne. De plus, les épaves des navires obstruent la rade et empêchent tout trafic pour de nombreuses semaines.

Lors de son travail dans les décombres de Brest, Appleyard suit les troupes chargées de la sécurisation de la ville. Il explore l'intérieur des « cavernes » de béton abritant les emplacements des sous-marins.

Dans cet intérieur labyrinthique, il découvre d'incroyables collections de photographies, les « libérant » pour, finalement, les transférer, cachées au fond de son havresac, dans le

1. Les autres sont Lorient, Saint-Nazaire, La Pallice (La Rochelle) et Bordeaux.

Insigne de guerre des U-Boote *(Fonds Fantastic Attic, Bayeux)*

Yorkshire. Ainsi, près de soixante ans plus tard, la collection voit de nouveau la lumière du jour lors de son voyage vers les archives photographiques de Gosport en Angleterre.

Frank James mène ses recherches aussi loin que ses connaissances le permettent et, après avoir contacté les musées et les archives susceptibles de l'éclairer sur « son sous-marin », il rencontre Debbie Corner, responsable des archives photographiques du Musée des sous-marins de la *Royal Navy* de Gosport, tanière de la flotte sous-marine britannique pendant la Seconde Guerre mondiale.

Debbie, immédiatement, jauge l'importance des photographies qui sont bien vite mises à l'abri dans les collections du musée, à l'intérieur des célèbres dossiers bleus où elles demeurent, aujourd'hui encore. Bien que le musée se consacre principalement à la sauvegarde du patrimoine britannique, ses archivistes détiennent de très nombreuses photographies et documents concernant les sous-marins allemands, sources trop souvent négligées par les chercheurs et les auteurs spécialisés.

À la recherche de l'*U-564*

C'est à ce moment de l'histoire que j'entre en scène... Après plusieurs années passées en France, près de Brest, sur les traces des U-Boote de la Kriegsmarine, ma femme et moi retournons en Angleterre afin d'apporter les dernières touches à mon livre consacré à l'histoire de la 1re flottille de U-Boote.

Très rapidement, je suis impliqué dans les activités du groupe de travail des archives du musée de Gosport, mon rôle étant de traiter tout ce qui concerne les sous-mariniers allemands et leurs matériels. Après avoir organisé les archives allemandes et commencé le catalogue raisonné des milliers de photographies de sous-marins allemands, je me suis intéressé à la « *Collection Appleyard* » et à son exceptionnel reportage consacré à la patrouille de l'*U-564* de Suhren pendant l'été 1942.

Il y avait encore beaucoup de « trous » dans le récit du reportage, dans la description de chaque photographie. Au fil des jours, cette recherche particulière devient mon activité à plein temps, nécessitant de nombreux voyages à travers l'Angleterre, l'Allemagne et la France. Ce livre est le résultat de cette longue quête.

Le reportage consacré à l'*U-564* relate les événements intervenus lors d'une seule et même patrouille. Cette suite est une inestimable découverte, et les succès et les échecs de l'*U-564* retracés ici par l'image fournissent un aperçu unique de la vie à bord des sous-marins allemands de cette classe. Réalisées lors de l'été 1942 par un correspondant de guerre de la Kriegsmarine, ces photographies montrent un U-Boot en action dans l'Atlantique et les Caraïbes, à un moment où les sous-marins allemands sont sur le point de perdre définitivement la bataille de l'Atlantique.

Cependant, le moment n'est pas encore venu où les sous-marins ne pourront plus faire surface et passer du temps à l'air libre sans craindre les attaques aériennes alliées. Les U-Boote de l'amiral Dönitz ont, pour quelques semaines encore, la possibilité de couler en grand nombre les cargos et les pétroliers qui sillonnent l'Atlantique.

Les clichés montrent l'équipage lors de, pratiquement, chaque étape de la croisière ; plusieurs autres sous-marins allemands et leurs commandants apparaissent aussi dans le reportage quand « la meute » se réunit pour passer à l'attaque ou lors des ravitaillements. La plupart de ces photographies n'avaient jamais été divulguées au public avant aujourd'hui ; beaucoup de ces images ont été utilisées lors des projections des films d'actualités dans les cinémas allemands. Quelques-unes ont été choisies par le ministère de la Propagande de Joseph Goebbels pour être publiées dans les magazines *Signal* et *Die Kriegsmarine.*

Accompagnant les reproductions de ces photographies désormais archivées à Gosport, le lecteur trouvera dans ces pages quelques images provenant des archives d'Altenbruch, en Allemagne. Ces photographies ont été prises à bord de l'*U-564* ou lors des périodes de repos à Brest, la plupart d'entre elles ne sont pas officielles. La raison du nombre exceptionnel de clichés concernant l'*U-564* peut être expliquée par la réputation d'exception de son commandant, Reinhard Teddy Suhren.

Teddy est une légende dans le club fermé des commandants de U-Boote ayant survécu à la guerre. Les rescapés de l'épopée se souviennent de son heureuse nature, de ses talents de commandement et de son esprit irrévérencieux et indocile, responsable de nombreuses frictions avec sa hiérarchie. Suhren, membre charismatique de la Kriegsmarine, est un des officiers les plus décorés de l'arme des U-Boote.

2. *Des Feuilles de Chêne humides,* édité chez Fritz Brustat-Naval en 1984.

Il est l'auteur du plus grand nombre de tirs de torpilles réussis de toute la guerre.

Les vétérans peuvent, des heures durant, se remémorer les nombreux faits d'armes, les innombrables anecdotes que Teddy et ses équipages ont vécus. Cependant, c'est moins pour ses extraordinaires qualités de tacticien ou de commandant de bord que pour sa répugnance à adhérer pleinement aux idéaux nationaux socialistes que son souvenir allume dans les yeux de nombreux vétérans cette petite lueur d'admiration et de respect.

La carrière d'un homme unique

En dépit de ce brevet d'antinazisme au quotidien, Suhren a fréquenté les plus hautes sphères du pouvoir à l'occasion de la remise d'une des plus hautes décorations, attribuée pour ses actes de guerre et son comportement « pour bravoure ». Il fut invité par Martin Bormann au Berghof, dansant même, selon certains témoins, avec Eva Braun.

Contrairement à de nombreux frères d'armes, Teddy Suhren ne meurt pas en commandant son U-Boot. En octobre 1942, quelques semaines après cette mission, il est nommé instructeur à la 27e U-Flottille. Promu par la suite *Fregattenkapitän*, Suhren est nommé *Führer der Unterseeboote* pour la Norvège et, enfin, pour la mer du Nord en septembre 1944. Il meurt d'un cancer de l'estomac en 1984.

Malgré l'existence de sa riche autobiographie « *Nasses Eichenlaub*[2] » rédigée dans un style inimitable, j'avais depuis longtemps le désir de relater la carrière de cet homme unique. Gesa Suhren se souvient de son père dictant son histoire à sa femme Hannelore, dactylographiant minutieusement le récit échevelé du héros.

Ainsi, cet ouvrage cherche à illustrer la vie à bord de l'*U-564* au moment où le sort des protagonistes de la bataille de l'Atlantique est sur le point de basculer définitivement. La veuve de Suhren, Hannelore, et leur fille Gesa, m'ont confié une multitude d'anecdotes sur les exploits de Teddy Suhren qu'aucune étude sur l'*U-564* n'avait jusqu'alors évoquées. Cet ouvrage ne pouvait commencer sans que nous portions un regard sur la carrière extraordinaire de cet homme hors du commun.

Le récit de la dernière croisière de guerre de Teddy Suhren commencera ce jour de l'été 1942, quand l'*U-564*, parti de Brest, prendra la mer, emportant dans ses flancs un correspondant de guerre chargé d'immortaliser cette patrouille dans l'Atlantique.

Lawrence Paterson

Reinhard Teddy Suhren
Fregattenkapitän,
croix de chevalier
de la croix de fer avec
feuilles de chêne
et épées. 1916-1984

Remerciements

BIEN ÉVIDEMMENT, l'écriture d'un tel ouvrage serait impossible sans l'aide et l'assistance d'un grand nombre de personnes. Tout d'abord, je voudrais remercier Sarah Paterson pour son aide et sa présence lors de la traversée de l'Allemagne à la recherche des archives, mais aussi Audrey, Shane, Ray, Megan et James Paterson pour leur assistance constante et leurs encouragements.

Je me dois d'adresser de très vifs remerciements à Frank James, sans qui cette collection de photographies n'aurait pu revoir le jour et pour ses premières recherches concernant leur provenance.

Bien sûr, la compilation de toutes ces photographies n'aurait pu être réalisée sans la permission et l'aide de Debbie Corner, conservatrice des archives photographiques du Musée des sous-marins de la Royal Navy de Gosport.

Maggie Bidmead, conservateur des archives photographiques du RNSM, a livré de nombreuses informations et prodigué de constants encouragements. Qu'elle soit aussi remerciée pour toutes ces après-midi de riches discussions dans son bureau, comme pour sa relecture finale du livre.

La préparation de ce manuscrit doit énormément à Elizabeth Burbridge qui m'a permis d'occuper, plus d'une fois, sa bibliothèque, devenue l'annexe très encombrée de mon bureau ! La correction des épreuves, parfaitement assurée par Tonya Allen, m'a permis d'éviter toutes ces erreurs que ma dactylographie hésitante ne cesse d'inventer ; sa grande connaissance du sujet fut primordiale dans la vérification des faits avancés.

Lionel Leventhal et l'ensemble de « l'équipage » de *Greenhill Books* ont fait de la réalisation de ce livre un réel plaisir.

Ma dette est éternelle pour l'aide, les informations ou l'inspiration fournies par toutes ces personnes : *Frau* Hannelore Suhren, Gesa Suhren, Erik Lawaetz, *Frau* Lawaetz, Hans Hausruckinger, Jak Mallmann-Showell, Ted Savas, Carlo Guzzi, Ralf Bublitz, Jürgen Weber membre de l'*UBoot-Kameradschaft* de Munich, Mats Karlsson, Siri Lawson, Deborah Eaton (bibliothécaire en chef et conservatrice de la *Emden Naval Collection*, à Saint Edmund Hall, Oxford), Jurgen Schlemm (éditeur de l'excellent *Das Archiv*), Frans Beckers, Ulrich et Cristel Zimmermann, Erhard Holthusenand, propriétaire de la *Deutches Haus* « la Table de Rowdy », Peter Carlow (le « BC » des U-Boote), David Beasley (« Parrain » du plan de mouillage de Portsmouth), « Saint » Mike et son incessant approvisionnement en papier, Bruce Dickinson, Dave Murray, Adrian Smith, Steve Harris, Clive Burr, Nicko McBrain, le courtois et serviable personnel des Archives publiques de Kew, ainsi que Horst et Annmarie Bredow des Archives des U-Boote à Altenbruch.

Mes remerciements les plus sincères vont aux nombreux vétérans de ce conflit épouvantable qui ont partagé leurs connaissances et leurs souvenirs avec moi. Je veux mentionner tout particulièrement Herbert Waldschmidt (*U-564*, *U-146*, *U-2374* et *U-4719*), Herman Hausruckinger (*U-564*), Jürgen Oesten (*U-61*, *U-106* et *U-861*), Georg Seitz (*U-604* et *U-873*), Hans Rudolf Rosing (*U-48*), Ludwig Stoll (*U-148*), Horst Bredow (*U-288*) et Claus Peter Carlsen (*U-732*).

Lawrence Paterson

Abréviations, glossaire

A	(allemand) *Achtzig Meter* (KTB en abrégé) signifie quatre-vingts mètres. Ainsi, un sous-marin naviguant à une profondeur de 110 mètres peut être mentionné comme étant en « *A + 30* ».
ASDIC	L'équipement sonar utilisé pour la détection des sous-marins immergés. Le délai de réception des « pings », des échos, émis par l'appareil permet d'évaluer la distance. Acronyme de *Anti-Submarine Detection Committee*, du nom de l'organisme qui entame les recherches sur cet appareil en 1917.
BdU	(allemand) *Befehlshaber der Unterseeboote*, commandant des U-Boote.
Bold	(Allemand) Abréviation de *Kobold* (le lutin). Ce leurre acoustique – connu aussi sous le nom de « *la bulle cible sous-marine* » – est composé d'un petit cylindre rempli de calcium. Quand il est éjecté d'un sous-marin en plongée, le composé chimique réagit avec l'eau et dégage des bulles d'hydrogène formant un écho repérable par l'ASDIC adverse. Simple et efficace.
cbm	Mètre cube.
Eel	(allemand) *Aal*, terme d'argot pour *torpille*.
Enigma	(allemand) Machine de chiffrement et de déchiffrement utilisée par l'Allemagne pendant la Seconde Guerre mondiale.
FdU	(allemand) *Führer der Unterseeboote*, officier de rang d'amiral, responsable, pour les sous-marins, d'une région maritime.
grt	*Gross registered tonnage*. Le tonneau est une unité de volume utilisée pour chiffrer les capacités intérieures d'un navire de commerce. Un tonneau vaut 100 pieds cubes (2,83168 m^3).
Ing.	(allemand) *Ingenieur*, ou grade équivalent. Exemple : *Kaptlt (Ing)*: lieutenant de vaisseau ingénieur/mécanicien).
Kriegsmarine	(allemand) Marine de guerre du Troisième Reich.
KTB	(allemand) *Kriegstagebuch*, journal de bord tenu par le commandant lors de la croisière. Écrit à la main, il est retranscrit pour les rapports officiels. Il inclut tous les diagrammes de tir des torpilles.
LI	(allemand) *Lei tender Ingenieur*, chef mécanicien.
« Lords »	Terme d'argot sous-marinier désignant les matelots confirmés.
Luftwaffe	(allemand) Armée de l'air du Troisième Reich.
OKM	(allemand) *Oberkommando der Kriegsmarine*, haut-commandement de la marine allemande.
OKW	(allemand) *Oberkommando der Wehrmacht*, haut-commandement des forces armées allemandes.
Ritterkreuz	(allemand) Chevalier dans l'ordre de la croix de fer.
Sperrbrecher	(allemand) Dragueur de mines,briseur de barrage.
Turm	(allemand) Le kiosque du sous-marin.
Vorpostenboot	(allemand) Vedette de patrouille côtière.
U-Bootwaffe	(allemand) L'Arme sous-marine.
UZO	(allemand) *Überwasserzieloptik*, dispositif de visée de surface.
VLR	(anglais) *Very Long Range*. « Très longue distance » utilisé pour l'aviation, acronyme souvent associé au bombardier américain B-24 Liberator.
Wabo	(allemand) *Wasserbombe* (*n*), charge de profondeur.
Wachoffizier	(allemand) Officier de quart. Il y a trois équipes de quart dans un sous-marin allemand, chacune est composée d'un officier, d'un second maître et de deux techniciens. Le premier officier de quart (I.WO) est le commandant en second, le deuxième officier de quart (II.WO) est le second officier du bâtiment et le troisième officier de quart (III.WO) est, en règle générale, l'*Obersteuermann* (l'officier de navigation). Le travail est organisé en deux fois trois tranches horaires : 00 h 00 - 04 h 00 (1er quart), 04 h 00 - 08 h 00 (2e quart) et 08 h 00 -1 2 h 00 (3e quart) ; et ensuite 12 h 00 - 16 h 00 (1er quart), 16 h 00 - 20 h 00 (2e quart) et 20 h 00 - 24 h 00 (3e quart). Les tâches exécutées incluent la maintenance des torpilles et des systèmes de tir ; la surveillance des attaques en surface ; l'administration des vivres et des provisions ; la mise en œuvre des pièces d'artillerie antiaérienne et de pont.
Wehrmacht	(allemand) Forces armées allemandes.
Wintergarden	(allemand) Le « jardin d'hiver » est le surnom donné à la plateforme située à l'arrière du kiosque, destinée à recevoir les canons de défense antiaérienne.

Tableau d'équivalence des grades

KRIEGSMARINE	MARINE NATIONALE	ROYAL NAVY
	Officiers de marine	
Generaladmiral	Amiral	Admiral
Admiral	Vice-amiral d'escadre	Vice Admiral
Vizeadmiral (VA)	Vice-amiral	Rear Admiral
Konteradmiral (KA)	Contre-amiral	Commodore
Kapitän zur See (KzS)	Capitaine de vaisseau	Captain
Fregattenkapitän (FK)	Capitaine de frégate	Commander
Korvettenkapitän (KK)	Capitaine de corvette	Lieutenant-Commander
Kapitänleutnant (Kptlt)	Lieutenant de vaisseau	Lieutenant
Oberleutnant zur See (ObltzS)	Enseigne de vaisseau de 1re classe	Sub-Lieutenant
Leutnant zur See (LzS)	Enseigne de vaisseau de 2e classe	Acting Sub-Lieutenant
	Officiers mariniers	
Oberfähnrich zur See	Aspirant	Midshipman
Stabsoberbootsmann	sans équivalent à l'époque	
Oberbootsmann	Maître principal	
Bootsmann	Premier-maître	Chief Petty officer
Oberbootsmannsmaat	Maître	
Bootsmannsmaat	Second-maître	Petty officer
	Quartiers-maîtres et matelots	
Matrosenstabsgefreiter	sans équivalent	
Matrosenhauptgefreiter	sans équivalent	
Matrosenobergefreiter	Quartier-maître de 1re classe	Leading seaman
Matrosengefreiter	Quartier-maître	
	Matelot breveté	Able ou Leading seaman
Matrose	Matelot	Seaman

Shirmütze d'officier subalterne de la Kriegsmarine. *(Fonds Fantastic Attic, Bayeux)*

The Atlantic Grid. Carte maritime allemande de l'Atlantique emportée dans les U-Boote. Chaque carreau numéroté de la grille permet de coder les localisations.

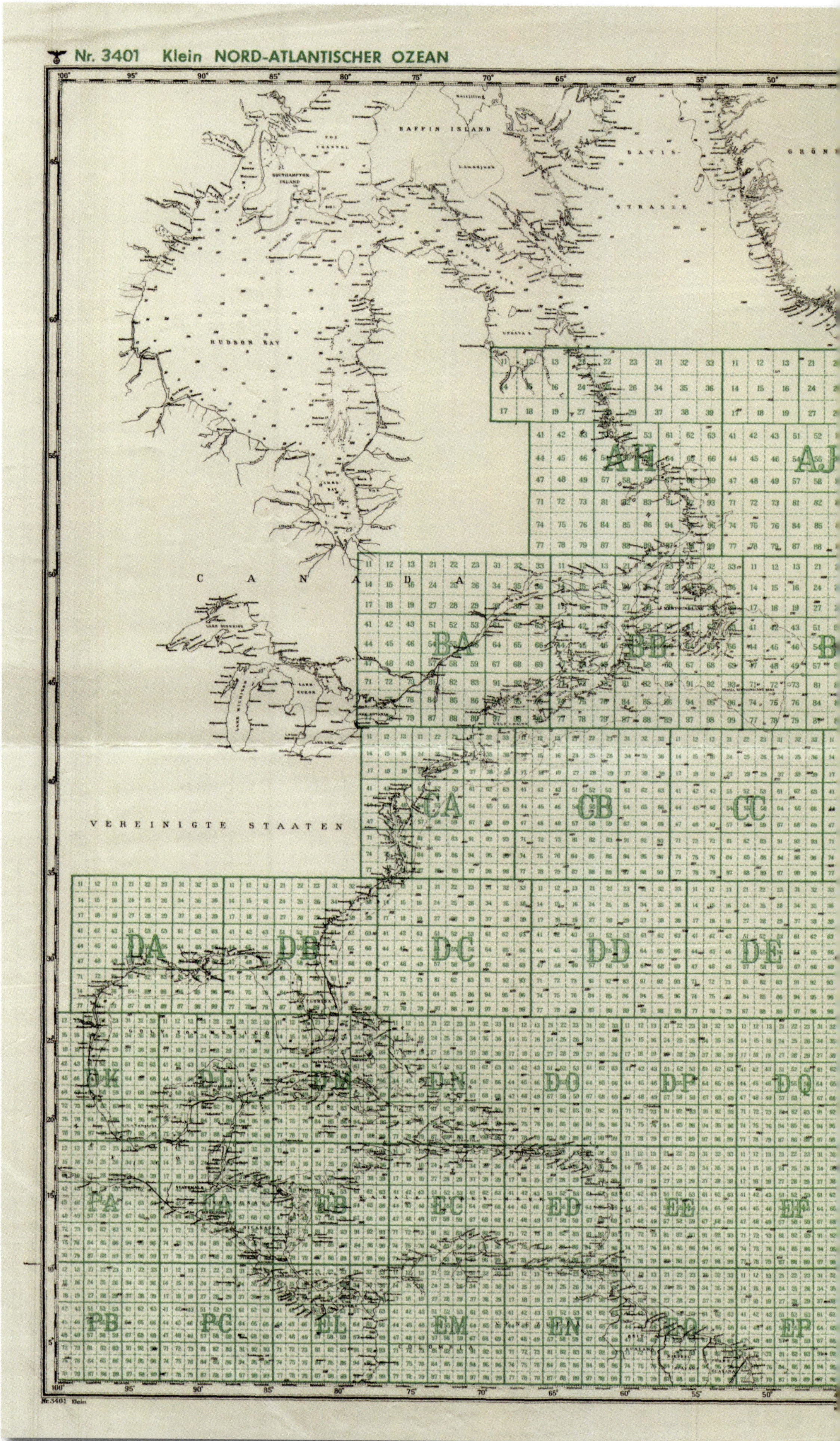

Sauf indications, tous les horaires cités dans cet ouvrage sont à l'heure d'été allemande (GMT + 2), heure de référence à l'intérieur des sous-marins allemands.

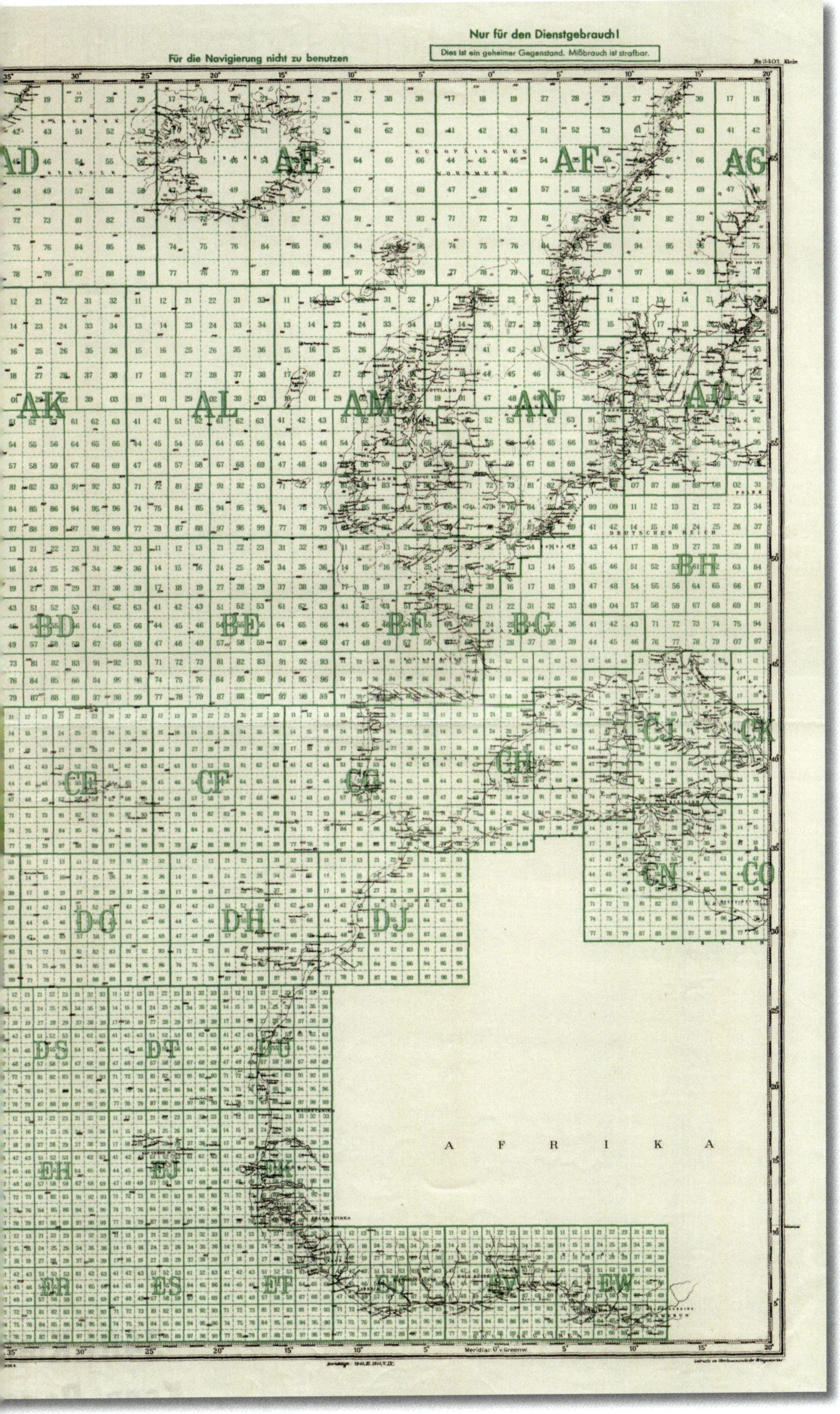
Nur für den Dienstgebrauch!
Dies ist ein geheimer Gegenstand. Mißbrauch ist strafbar.
Für die Navigierung nicht zu benutzen
AD
AE
AF
AG
AK
AL
AM
AN
AO
BD
BE
BF
BG
BH
CE
CF
CG
CH
CJ
CK
CN
CO
DG
DH
DJ
EH
EJ
ER
ES
ET
EW
AFRIKA
Meridian 0° v. Greenw

1 Reinhard Teddy Suhren

Un Teddy Suhren, inhabituellement barbu, au retour d'une patrouille réussie près des côtes américaines, en juin 1942. Autour de son cou, l'écharpe rouge offerte par sa mère ; un talisman qu'il n'enlevait que rarement en mer.

REINHARD Teddy Suhren devient sous-marinier en 1938. À ce moment, il est déjà connu pour être un homme dont le franc-parler et l'honnêteté ne sont pas toujours appréciés de ses supérieurs. Suhren a déjà vécu une carrière tumultueuse depuis son enrôlement dans la marine allemande à l'âge de dix-huit ans... Et ce tumulte l'accompagnera de longues années encore. Son amour de la vie se traduit souvent par un sens de l'humour dévastateur et Teddy se sent chez lui à la Maison Dönitz, ce corps d'élite où l'originalité règne souvent en maîtresse absolue : « *Ils* [ceux de la Flottille] *l'aimaient tous. C'était un original. Il n'y avait qu'un Teddy Suhren*[1]. »

Reinhard Johann Heinz Paul Anton Suhren, est né le 16 avril 1916 dans la maison de sa grand-mère à Langenschwalbach, quelques kilomètres à l'ouest de Francfort. Ses parents, Geert et Ernestine Ludovika, viennent tout juste de rejoindre la Mère Patrie après leur expulsion des Samoa, une colonie impériale annexée par les Néo-Zélandais dès le début de la Première Guerre mondiale.

Des îles Samoa à la Hesse

À l'approche du vingtième siècle, l'Allemagne, sous l'impulsion du Kaiser Guillaume II, se jette sur les terres que n'ont pas encore accaparées les grandes puissances coloniales européennes. Elle s'empare de territoires en Afrique de l'Est et de l'Ouest ou dans le Pacifique, dont les îles Samoa en 1900. Souhaitant développer les potentiels agricoles et commerciaux de son nouveau protectorat, l'Allemagne encourage les colons à émigrer vers les riches et luxuriantes Samoa. Parmi eux, Geert Suhren, un tout jeune diplômé en agronomie de l'université de Halle.

En 1913, il retourne en Allemagne, confiant sa prospère plantation – nommée *Tafaigata* – près d'Apia, la capitale des Samoa, à son intendant. Son séjour en Europe est court, mais suffisamment long pour trouver le temps d'épouser Ernestine Ludovika un peu avant son retour aux Samoa.

Un an plus tard, le 16 mai 1914, un fils nommé Gerd – une tradition familiale veut que le premier né mâle se prénomme ainsi – naît de cette union.

Leur paradis devait être de courte durée. En juin 1914, l'archiduc autrichien François-Ferdinand est assassiné à Sarajevo et, en quelques semaines, l'Europe se précipite dans la guerre. Les troupes néo-zélandaises débarquent rapidement aux Samoa et s'emparent de l'archipel. L'existence idyllique dans les mers du Sud de la famille Suhren prend fin. Geert, Ernestine et le nourrisson voyagent de Pago-Pago à San Francisco, puis vers l'Europe, sous le nom d'emprunt de « Monsieur et Madame Gasket » à bord d'un navire à vapeur norvégien.

Geert cache les cicatrices des duels – marques reconnaissables entre toutes des universitaires allemands – sous une épaisse barbe rousse promptement rasée dès leur arrivée en Allemagne. Le jeune père de famille s'engage comme lancier au 18e régiment de uhlans de Leipzig. Il laisse sa femme et son fils avec Ernestine, sa mère, à Langenschwalbach. l'*Oberleutnant* Suhren est envoyé sur le Front russe, où il obtient rapidement la croix de Fer pour son indéniable courage.

À la fin de 1916, il est décoré du *Ritterkreuz der Militär-St. Heinrichs-Orden*[2] (croix de chevalier de l'ordre militaire de Saint-Henri), pour « son extraordinaire courage sur le champ de bataille durant les terribles combats contre les troupes russes du général Alexeï Broussilov, lors de l'offensive au sud ». On peut lire dans les archives régimentaires : « *N'écoutant que son courage, habité d'une volonté de fer, à la tête de ses uhlans – épuisés par les vigoureux combats des jours précédents et les longues marches – à l'issue*

1. Entretien avec Hans Rudolf Reising, octobre 2001.

2. Créé le 7 octobre 1736 par Auguste III, roi de Pologne et Électeur de Saxe, c'est le deuxième ordre saxon après celui de la Couronne de Saxe (ou ordre de la Couronne de Rue) pourtant créé postérieurement en 1807. L'ordre militaire de Saint-Henri était décerné aux officiers – ou à toute autre personnalité – ayant fait preuve d'un incroyable courage sur le champ de bataille, mais, plus fréquemment, aux officiers de haut rang ayant tenu des postes à haute responsabilité, dans un ordre protocolaire très strict : la grand-croix revenait aux monarques et aux officiers de l'état-major, la croix de commandeur de 1re classe aux généraux, la croix de commandeur de 2e classe aux officiers supérieurs et la croix de chevalier aux officiers subalternes.

d'une bataille de douze heures, prend le contrôle de Tuliczew, en dépit des positions russes fortement consolidées. »

En novembre 1918, l'Allemagne demande l'armistice et entre dans une longue période d'agitation et de guerre insurrectionnelle. Le pays, le pouvoir, les hommes et les ressources de l'Empire ont été saignés à blanc pendant quatre ans de guerre implacable et les termes extrêmement sévères du Traité de Versailles sont accueillis comme une humiliation par les Allemands.

La famille Suhren, comme beaucoup d'autres, subit l'inflation galopante et sera bientôt précipitée dans la plus extrême pauvreté. Il n'est pas question de retourner aux Samoa et réclamer la plantation perdue. Sa formation d'agronome permet à Geert Suhren d'obtenir finalement le poste de Directeur de la Production Agricole de Saxe.

Les deux faces d'une même pièce

Déjà à cette période de leurs vies, les personnalités des deux jeunes frères Suhren sont clairement marquées. Gerd et Reinhard sont les deux faces d'une même pièce de monnaie : *« J'ose dire que d'une façon, ils étaient semblables, mais qu'ils étaient aussi très différents. [...] Gerd était plus renfermé, plus tranquille que Teddy. [...] Il vivait, sans doute, une version plus noble de la fraternité Suhren, une version plus raffinée*[3]. » Un troisième enfant, une petite sœur nommée Almut, rejoint bientôt les deux inséparables frères ; elle sera toujours plus proche par son caractère de l'aîné que de son cadet.

Alors que Gerd, studieux et calme, doté d'un esprit d'analyse particulièrement fin, se passionne pour l'ingénierie, Reinhard est violent et intrépide, son perpétuel sourire provoque la colère de nombre de ses professeurs, comme de presque toutes les figures détenant l'autorité. C'est un trait de sa personnalité qui ne disparaîtra jamais, même lors des années difficiles qui vont suivre. Reinhard passe d'école en école et, selon ses propres mots, *« je n'étais pas particulièrement travailleur, mais j'ai survécu. »* En chemin, il développe un amour pour l'équitation et la navigation à voile. Cette dernière activité est particulièrement encouragée à l'époque de la *Hermann Lietz Schule*, à Spiekeroog, une pension inspirée des écoles anglaises.

Dès qu'ils atteignent l'âge légal, les deux frères apprennent à piloter les motos, affichant une espèce de calme sous pression qui allait devenir leur « marque

La dague portée par les officiers de la Kriegsmarine en tenue de sortie ou en grande tenue. *(Fonds Fantastic Attic, Bayeux)*

3. Entretien avec Hans Rudolf Reising, octobre 2001.

Le *Fähnrich* Suhren (à gauche), lors de sa turbulente vie d'élève officier de marine.

Teddy Suhren n'a jamais été particulièrement à l'aise avec cette célébrité acquise en mer. Il se méfie de ceux qui dirigent l'Allemagne et camoufle ses doutes derrière un humour, parfois subversif, souvent grinçant.

de fabrique » pendant leur service militaire : « *Leur confiance sur la route était inhabituelle, comme leur infaillible capacité à prendre les décisions justes dans les moments de plus grand danger.*[4] »

Plus tard, au milieu de leur adolescence, Gerd et Reinhard poursuivent leurs études à l'*Oberschule* d'État de Bautzen, s'y rendant en moto depuis leur maison de Drehsa. Lors du dernier été de sa scolarité, Reinhard s'inscrit à un cours de navigation à voile à Neustadt, espérant parfaire ses compétences en la matière.

Dans cette nouvelle Allemagne en voie de militarisation, où l'accent est mis sur les manœuvres et les parades terrestres, une activité comme des cours de navigation peut paraître bien curieuse, mais c'est sans compter sur la détermination de Reinhard à rejoindre la Marine après l'obtention de son diplôme. Teddy veut impressionner.

Bientôt, sa petite silhouette d'à peine un mètre soixante se mêle à celle des autres étudiants dans ces marches. C'est lors d'une de celles-ci, en forêt, qu'il reçoit son surnom. Un de ses camarades marchant dans le rang derrière lui, s'esclaffe soudain : « *Mazette, Reinhard, ta démarche te fait ressembler à un ours en peluche*[5] ! » La pique de son camarade importe moins que le soin porté à son apparence martiale et Suhren choisit d'ignorer la remarque pour se concentrer sur son pas, cadençant parfaitement son pied gauche, puis son droit.

« Tu ne peux rien, tu ne sais rien ! »

C'est à Bautzen que Reinhard, finalement, passe ses examens de fin d'études (*Abitur*) en 1935 et se prépare à entamer une carrière universitaire et sa vie d'adulte. La vocation médicale, héritée du côté maternel – son grand-père, gynécologue personnel de la grande-duchesse de Hesse-Nassau (une fille de la reine Victoria), était aussi médecin de la Tsarine, la princesse Alice de Hesse –, semble s'emparer de lui un temps, mais Reinhard est aussi attiré par la mer. L'exemple de son frère Gerd, entré dans la *Reichsmarine* en 1933 comme élève officier-ingénieur, est sans doute à l'origine de sa carrière. Le 5 avril 1935, il s'engage à son tour et est détaché à la 2e Division navale de ce qui allait bientôt devenir la Kriegsmarine. « *Mon père, en vieux routier de l'armée, m'a donné un conseil pour la suite : tu ne peux rien, tu ne sais rien ; donne l'impression d'être un imbécile et d'être là pour apprendre tant de nouvelles choses essentielles, sois reconnaissant... Et je n'ai jamais, encore aujourd'hui, oublié ce conseil*[6]. »

En 1935, le NSDAP d'Adolf Hitler va bientôt jouir des bénéfices de sa troisième année au pouvoir. Une nouvelle prospérité revitalise l'Allemagne et les forces armées font partie de ces institutions qui profitent du nouvel ordre. Il existe toutefois des Allemands qui craignent l'avenir et leur nouveau gouvernement ; au sein la famille Suhren, Geert est un de ces conservateurs qui doutent des intentions et des capacités du régime nazi. Cette attitude déteint sur Reinhard, toujours à l'écoute de la sagesse paternelle. Cependant, en avril 1935, la politique est bien loin des préoccupations des dix-huit ans de Reinhard et de son périple pour Stralsund puis Dänholm où il commence sa formation navale de base au sein de la *2 Kompanie/ II.Schiffsstammabteilung der Ostsee*. Le programme de formation des officiers commence par trois mois d'exercices physiques, comme dans l'infanterie. La section de Suhren est commandée par le très prussien *Bootsmaat* Jodeit. Bien que cette expérience soit évoquée avec beaucoup de nostalgie dans son autobiographie, Reinhard, avec sa capacité à percevoir de l'humour dans n'importe quelle situation, affiche un petit sourire insolent et un regard d'innocence qui font de lui la cible de Jodeit, à l'amusement du reste de la promotion :

« – *Matrose* Suhren, savez-vous ce que vous êtes ?
– Non *Herr Bootsmaat* !
– Vous êtes un singe !
– Qu'êtes-vous *Matrose* Suhren ?
– Je suis un singe, *Herr Bootsmaat*.
– *Matrose Suhren*... Vos brodequins sont la honte de la marine allemande tout entière.
– Oui, *Herr Bootsmaat*.
– Que voulez-vous dire par oui ? Vous me racontez des c...[7] ? »

Le malchanceux *Matrose* Reinhard Suhren aligne marches et contremarches au pas cadencé, chaussé de « *vraies boîtes en carton, trop grandes pour ses petits pieds* ». Sa silhouette est bientôt devenue familière, sautillant autour du terrain de parade, épuisé, fusil à l'épaule ou bien, puni, traînant des mitrailleuses trop lourdes pour lui dans les dunes de sable. Il retrouve là un vieil ami de Neustadt, membre d'une autre section. Celui-ci, en apercevant Suhren, beugle le surnom de « Teddy » par-dessus le terrain de parade, pour attirer l'attention de Suhren, à la grande joie de ses camarades. À son grand dam, son peu viril surnom est immédiatement adopté par les cadets et devient son nouveau nom. Finalement, une fois que son ego s'est remis du coup porté, Teddy se résigne à son destin et accepte le sobriquet, l'utilisant bientôt lui-même de préférence à tout autre plus « authentiquement allemand ». Ces trois mois de formation militaire de base sont suivis par trois mois d'école de voile à bord du trois-mâts barque *Gorch Fock*, qui croise en mer du Nord et en Baltique. Teddy est fréquemment envoyé au sommet du grand mât, le plus petit homme à bord étant traditionnellement choisi pour occuper régulièrement cette position élevée. Un jour que le vaisseau est à l'ancre, au large de l'île de Fehmarn,

4. Citation de Frau Ernestine Suhren, mère de Teddy, in le *Dresdner Anzelger* du 11 novembre 1940.

5. Reinhard Suhren, *Nasses Eichenlaub*, page 13.

6. *Ibid.*, page 15.

7. *Ibid.*, page 16.

8. L'année précédente, le commandant de l'*Emden* était le *Fregattenkapitän* Karl Dönitz, un homme qui jouera bientôt un grand rôle dans la vie de Suhren.

Teddy se coince la jambe entre la coque et la passerelle d'accès alors que la mer s'agite. Cet accident est loin de démotiver Teddy qui, après trois mois de physiothérapie, est de retour en haut de son mât.

À la fin de ce trimestre d'instruction, Teddy et l'ensemble de la « *promotion 1935* » accèdent au rang de *Seekadetten* et sont transférés sur le croiseur *Emden*[8] pour une croisière de neuf mois aux Açores, dans les Caraïbes et, par le canal de Panama, dans le Pacifique. Comme *Fähnrich zur See*, premier grade d'officier de la marine allemande, Teddy découvre peu des ports visités par l'*Emden*. Épuisés par leur travail à bord, les aspirants de marine voient leur goût pour l'exotisme rudement mis à l'épreuve lors de ce premier service à la mer.

Un artilleur hors-pair

Au terme de ce périple de neuf mois, Suhren et ses 400 camarades sont envoyés au célèbre « *Château* », siège de la *Marineschule* (l'École navale) de Mürwik, à l'est de Flenwsburg. Les recrues y reçoivent les derniers rudiments de leur formation d'officier de marine : la navigation, la signalisation, la mécanique, la tactique, le commandement, le droit maritime, les mathématiques, la trigonométrie et l'anglais. Ils sont aussi formés dans les arts plus distingués de la danse, de l'escrime, de l'équitation et de la navigation à voile. Teddy brille.

Il excelle particulièrement à l'école d'artillerie et collectionne les notes les plus hautes pour son aptitude au service, décrochant l'excellente note globale de 7,5 sur un total possible de 9. Malheureusement, même en réussissant tout, il s'attire la colère du commandant de l'académie. Teddy, doué d'une excellente vision, mesure avec la plus grande exactitude le résultat de son tir et réalise rapidement les corrections lui permettant d'ajuster un coup au but après seulement trois tentatives, alors que la méthode des professeurs est bien plus longue et aléatoire. Le commandant de l'école cite avec éloge le *Fähnrich* Suhren qui prend alors maladroitement la parole pour, tout simplement, critiquer « *la méthode préconisée* ». Il reçoit une sévère réprimande ne gagnant que les rires étouffés de ses camarades. Cela ne l'empêche pas de continuer à accumuler les notes exceptionnelles et d'être le meilleur élève de sa classe jusqu'à ce jour de carnaval 1936.

Tradition rhénane, le carnaval du « lundi de la Rose » (*Rosenmontag*), permet au commandant de l'école de Flensburg d'accorder à tous les aspirants de marine une permission jusqu'à 6 h 00 du matin. À l'exception de ceux appartenant à la division de Teddy, leur commandant ayant ramené leur heure de fin de permission à 5 h 00… Une consigne que Teddy oublie promptement, buvant force bière et vin, dansant jusqu'au petit matin. Réalisant au dernier moment que, contrairement aux autres permissionnaires, il devait être de retour avant 5 h 00, Teddy se précipite vers la *Marineschule* et arrive avec quelques minutes de retard et après, comble de malchance, avoir connu un accident de dernière minute avec son taxi. Bien évidemment, l'officier de permanence le signale dans son rapport et une fois encore Teddy doit supporter les remontrances de ses supérieurs, sa simple présence semblant décupler leur colère.

L'*Oberleutnant zur See* Suhren et ses hommes d'équipage sur le pont de l'*U-564* lors de sa mise en service à Hamburg, le 3 avril 1941. Ce bâtiment commandé le 24 octobre 1939 aux chantiers *Blohm und Voss* de Hambourg est lancé le 7 février 1941. Il ne connaît sa première croisière de guerre que le 17 juin de la même année, entre Kiel et le port français de Brest. On trouve au premier rang (de gauche à droite) Schmutzler, Grünert et Schiedhelm.

Le plus terrible pour Teddy est de voir son officier de division, le *Kapitänleutnant* Walther Kölle, celui qui lui avait attribué de si hautes notes les semaines précédentes, rester debout silencieux, refusant de prendre sa défense tandis que lui, Suhren, est littéralement « déchiqueté » par le commandant de l'école. Les conséquences sont désastreuses pour la suite des événements : dans quelques courtes semaines auront lieu les premières épreuves des examens sanctionnant leurs études et leur aptitude au service en mer. Ces résultats confèreront à chaque cadet sa position finale. Teddy passe de 7,5 à 4 ; de la place de premier élève de la promotion il chute au fond du classement. Il ne pardonnera jamais à Kölle ce qu'il considère comme une trahison. Un jour, au milieu de l'Atlantique, il aura sa petite revanche.

Finalement, il réussit l'examen (*Offiziershauptprüfung*) et obtient de très bonne notes, permettant ainsi à son score d'aptitude d'atteindre la moyenne nécessaire au service en mer. Malheureusement, son dossier, quelque peu terni par l'aventure du carnaval, va le suivre une partie de sa carrière et ce dès sa première affectation comme *Fähnrich* à bord du destroyer *Max Schultz*, à la Première division de destroyers de Swinemünde.

Là, le ciel tombe, une fois encore, sur la tête de Teddy quand le commandant du bâtiment, le capitaine Martin Baltzer, le prend immédiatement en grippe : « *Apparemment, ma simple apparition semblait être une provocation, d'autant plus que j'étais le plus petit et que ma démarche n'ayant rien de humble, je ne semblais pas intimidé. J'étais ainsi et je n'avais aucune intention de changer*[9]. » Et comme le disait avec son épais accent berlinois, son camarade et ami proche, le *Fähnrich* Jürgen Sander : « *Je te le dis, une fois que tu es bien dans la m..., rien ne peut plus t'aider ; tu es de toute façon bien dans la m... Tu auras beau essayer, même si tu arrives avec d'excellentes notes, personne ne le remarquera et, en fin de journée, si le Pacha est déterminé à te ch... dessus pour faire voir qui est le patron sur le pont... tu n'y pourras rien*[10] ! »

Quitter la Marine...

Lors de cette affectation, Teddy envisage de quitter la Marine. Il confie son intention à son frère Gerd, officier mécanicien, celui-ci le soutient et, avec ceux qui peuvent encore influencer son jugement, le persuade de ne pas abandonner sa carrière. Finalement, le *Fähnrich* Suhren obtient son brevet de *Leutnant zur See* le 1er avril 1938 et, à sa demande, obtient son affectation dans les sous-marins (*U-Bootwaffe*). Ce monde encore relativement nouveau accueille de nombreux officiers de qualité, hommes non conventionnels, à la pensée indépendante. Suhren trouve sa place.

Il suit la formation d'officier de quart, à bord de l'*U-1*, où il commence à acquérir les compétences de son nouveau travail. L'atmosphère informelle et la camaraderie particulière régnant au sein du petit « corps franc Dönitz » conviennent parfaitement à Teddy qui s'épanouit enfin.

Il s'installe dans sa nouvelle vie et, en novembre 1938, il est affecté à la flottille « Wegener » comme officier à bord de l'*U-48*, alors en construction au chantier naval de Kiel, le *Germaniawerft*. « Wegener » est la septième flottille de sous-marins allemands de l'arme remise sur pied par Dönitz. Au moment où arrive Suhren, la U-Flottille est constituée de quatre submersibles (*U-45*, *U-46*, *U-47* et *U-51*) et en attend quatre supplémentaires, dont celui où sert Teddy, en cours d'achèvement.

Une pose bien plus convenue, mais tout aussi éloignée de sa personnalité que ne l'est la photographie d'un Reinhard Suhren barbu. Cette photographie est prise devant l'Académie navale de Brest, quartier général de la 1re U-Flottille, après la remise de sa croix de chevalier avec feuilles de chênes et sa promotion au grade de *Kapitänleutnant*.

Les normes de commandement sont extrêmement hautes dans la force sous-marine d'avant-guerre et les officiers qualifiés sont rares. Afin de remédier a ce cruel manque d'hommes formés et afin d'accorder une expérience plus large à ses cadres ayant obtenu leur brevet, Dönitz fait tourner ces hommes « de rechange » dans tous les sous-marins disponibles. Ainsi, Teddy se retrouve II.WO sur trois des quatre U-Boote de la U-Flottille « Wegener » : les *U-51*, *U-46* et *U-47*.

L'expérience à bord de chacun de ces vaisseaux dépend largement du tempérament de chaque commandant. Le calme et l'assurance du *Kapitänleutnant* Ernst-Günther Heinicke (*U-51*) ou du *Kapitänleutnant* Herbert Sohier (*U-46*), officiers de marine expérimentés depuis plus d'une décennie, sont bien différents de l'entrain du *Kapitänleutnant* Günther Prien *(U-47)* – un de ces officiers de marine marchande transférés dans la Kriegsmarine après la perte de la plupart des futurs officiers de la promotion 1933, lors du tragique naufrage du trois-mâts barque école le *Niobe*, en juillet 1932.

Dur, passionné par son travail, Prien possède une forte personnalité et est capable de remettre en place n'importe quel homme suspecté de « laisser flotter les rubans ». Teddy ne fait pas partie de ceux susceptibles de s'attirer les foudres de l'esprit acide de Prien. Suhren progresse vite. À bord de l'*U-47*, il s'imprègne de la nature peu orthodoxe du commandement d'un sous-marin, tirant les leçons de la présence d'un officier bientôt légendaire. De solides et indéfectibles liens d'amitiés sont tissés entre Engelbert « Bertl » En-

Page précédente. Au matin du 10 juillet 1942, l'*U-564* et l'*U-654* du *Kapitänleutnant* Forster dans le port de Lorient au terme de leur périple nocturne depuis Brest.

9. Reinhard Suhren, *Nasses Eichenlaub*, page 19.

10. Reinhard Suhren, *Nasses Eichenlaub*, page 32.

drass, le calme et trapu IWO de Prien, et Teddy.

En 1938, le cercle très fermé des officiers du corps d'élite de Dönitz permet de se connaître et travailler de concert. Les loyautés de flottille sont si fortes que les liens tissés au sein de la flottille « Wegener » résisteront aux années difficiles qui vont suivre. Finalement, un matin de printemps, en avril 1939, Teddy et son équipage sont au garde à vous devant leur commandant quand le drapeau de la Kriegsmarine est hissé pour la première fois sur l'*U-48*, enfin prêt pour le service à la mer.

Une fois encore, Teddy se heurte à l'autorité et, cette fois, c'est à celle du nouveau *Führer der Unterseeboote*, Karl Dönitz lui-même. Ce dernier le réprimande avec vigueur pour avoir utilisé des mots « blasphématoires » lors d'un exercice d'artillerie à bord de l'*U-48*. Cependant, derrière les remontrances de Dönitz, on sent l'admiration cachée pour l'adresse au tir de Teddy et son incroyable talent à obtenir un résultat, faisant fi de la rigidité du règlement en vigueur chez les surfaciers.

Le plus efficace de la *U-Bootwaffe*

Sous trois commandants successifs – chacun d'eux gagnant la croix de chevalier – et au fil de douze patrouilles de guerre, l'*U-48* devient le sous-marin allemand le plus efficace de la Seconde Guerre mondiale. Des 300 000 tonneaux que le sous-marin envoie par le fond, Teddy en a torpillé près de la moitié à lui seul, la tâche principale du Premier Officier de quart étant le tir des torpilles quand le sous-marin est engagé dans une attaque contre des navires de surface. Le 3 novembre 1940, en reconnaissance de cet exploit, Teddy devient le premier officier de quart à être décoré de la croix de chevalier[11].

Le deuxième homme à prendre le commandement de l'*U-48*, Hans Rudolf Rosing, embarque en mai 1940, remplaçant Herbert Schultze, malade. Rosing connaît bien l'*U-48*, il commande la 7e U-Flottille depuis janvier 1940. Il se souvient.

« *Schultze était à la tête d'un excellent équipage, un des meilleurs que j'ai jamais vus. Quand il tombe gravement malade et ne peut plus prendre la mer, le navire a besoin d'un nouveau capitaine. J'ai donc été envoyé à bord de l'*U-48 *trois ou quatre jours avant le départ en mission. Depuis, je les connais tous et il n'y a pas eu de problèmes. Je leur ai dit:* "Bien, chaque sous-marin a ses coutumes. Faites comme d'habitude et si je n'aime pas une de vos pratiques, alors je vous le dirai. Mais il y a une chose que nous allons changer. Mon chiffre porte-bonheur est le sept… et donc je fais en sorte que tout ce que nous allons calculer soit divisible par sept…" *J'ai dit à mes hommes que, même si nous avons un ordre de la Marine allemande qui nous stipule « en route à dix degrés » ou « dix degrés de gîte », nous transformerons cet ordre en: « route à sept degrés ». Cela ne signifie pas grand-chose, mais ces petites choses sont importantes pour le moral de l'équipage… Suhren et [Otto] Ites ont suivi mes vœux, ils ont compris. Nous formions donc un bon groupe, avec [Erich Zürn], l'ingénieur.*

*Quand nous patientions entre deux attaques, assis dans le carré des officiers de l'*U-48*, nous jouions à ce jeu d'enfant* Fang den Hut [Attrapez le Chapeau !, un jeu quelque peu semblable au jeu des petits chevaux (Ndlt)] *parce que dans la guerre, bien sûr, il y a de longues périodes d'ennui, interrompues par de courtes périodes de grande anxiété. Nous n'avons jamais joué aux cartes. Nous parlions… Confiné dans notre petit mess, un équipage joyeux, une bonne bande.*

Suhren était un type drôle et extraordinairement indépendant. Cependant, il fallait le supporter. Si vous le laissiez tout seul, en lui donnant tout ce qu'il souhaitait, il était excellent. C'était aussi un « torpilleur » exceptionnel. Après deux patrouilles à bord, nous sommes rentrés. Nous étions un des premiers équipages à rentrer à Lorient. J'ai immédiatement téléphoné à Dönitz, et il m'a dit : « Vous pouvez quitter le bateau désormais. » *Je lui ai fait comprendre que je n'étais pas du tout de son avis. Mais, bien sûr, pour lui, c'était important que je quitte le bord; de nombreux vieux capitaines, des hommes expérimentés, à la longue carrière en temps de paix, venaient d'être tués. Nous étions peu et il avait besoin de nous pour*

11. Son frère Gerd est le premier officier mécanicien à être décoré de la croix de chevalier le 21 octobre 1940.

12. Entretien avec Hans Rudolf Rosing, 12 octobre 2001.

d'autres tâches. J'ai été prêté aux Italiens à Bordeaux. J'aurais préféré rester avec un si bon équipage : nous étions devenus bien plus que des amis[12]. »

La période de chance qui débute avec Herbert Schultze se poursuit sous le commandement de Rosing. Teddy découvre un nouveau « patron » et marque le plus grand respect pour son style de commandement et la façon dont cet officier gagne la confiance de l'équipage. Les hommes de l'*U-48* forment une fraternité qui n'aurait sans doute pas accepté d'être sous les ordres d'un imbécile. Heinrich Bleichrodt, ex-officier de la marine-marchande, devient le troisième commandant de l'*U-48*. C'est sous ses ordres que Teddy est décoré, contre toute habitude, de la croix de chevalier, Bleichrodt menaçant de refuser sa décoration si Suhren ne reçoit pas la sienne.

Au total, en octobre 1940, quand Teddy quitte le sous-marin pour rejoindre sa formation de commandant, l'*U-48* a tiré 119 torpilles dont 65 l'ont été par Teddy et 30 ont atteint leur but.

Un nouveau sous-marin

En février 1941, l'*U-564* est lancé depuis les gigantesques chantiers navals Blohm & Voss de Hambourg. Teddy y est nommé pour prendre son premier commandement à la mer le 3 avril 1941. Avec sa réputation qui grimpe en flèche, Teddy apporte, en héritage de l'*U-48*, son *Wappen*, la peinture officieuse, symbole ornant les kiosques de presque tous les sous-marins allemands opérationnels. Pour l'*U-564*, Teddy conserve l'ancienne figure de son précédent sous-marin : un grand chat noir, la queue dressée, arqué au-dessus du nombre *3* et de la lettre *X* (signifiant trois fois). En Allemagne, comme dans de nombreux autres pays, un chat noir symbolise la malchance, mais trois chats noirs détournent le malheur. Bientôt, le commandant et l'équipage arborent leurs propres insignes métalliques sur leurs coiffures et le tout nouveau « *Dreimal schwarze Katen* » part pour la guerre.

Teddy est encore célèbre aujourd'hui, tout autant pour ses heurts continuels avec l'autorité et son incroyable sens de l'humour que pour ses dons dans la

Après une nuit passée comme invités de la 2e U-Flottille de sous-marins de Lorient, les deux submersibles se préparent à quitter le port. À gauche, l'*U-654*. Le U-Boot au premier plan est l'*U-564* de Suhren, son équipage se prépare à la cérémonie protocolaire du départ qui aura lieu le soir.

Vêtu de la nouvelle tenue en cuir de sous-marinier, le *KB Maat* Haring (à gauche) discute avec Rudolf « *le beau Rudi* » Meisinger à Lorient, quelque temps avant le départ de l'*U-564* en mission. Meisinger, correspondant de guerre de la Kriegsmarine, est avant tout un vétéran de la guerre sous-marine et des patrouilleurs lance-torpilles.

lutte sous-marine et son commandement à la mer. Les histoires de ses exploits à terre et de ses réprimandes quasi constantes égalent celles mettant en scène son sang-froid au combat, toutes formant la légende.

Heureusement pour Teddy, dans un régime où l'activité débordante des forces de sécurité pouvait faire condamner un homme pour la plus petite critique portée contre la politique du Reich, Dönitz étend sa main protectrice sur la grande majorité de ses hommes et plus particulièrement sur ceux qu'il a toujours favorisés. Teddy a fait l'objet d'une enquête des services de sécurité de la Marine pour ses relations avec une femme juive et pour quelques verres bus avec un Africain dans un bar de Hambourg.

Quand l'amiral Hans-Georg von Friedeburg, l'adjoint de Dönitz, prend connaissance du rapport de quatre pages dactylographiées de l'Abwehr, il griffonne dans la marge la simple annotation: « *Totale conn...* ». En effet, la question de la supériorité raciale aryenne demeure étrangère au jeune Reinhardt. Le 1er septembre 1941, le décret signé par Reinhard Heydrich, le chef de l'Office central de sécurité du Reich (RSHA), oblige tous les Juifs d'Europe à porter l'étoile jaune cousue sur leurs vêtements. Suhren, abasourdi après avoir découvert des centaines de Berlinois âgés dans le Kurfürstendamm portant la pièce de tissu jaune, cherche une explication. Naïvement, il demande à un des hommes ce que cela signifie: « *Il m'a regardé, stupéfait.* "Mon cher Monsieur, ceci est l'étoile de David que nous sommes obligés de porter". *Tout ceci tournait toujours dans mon esprit quand je me suis assis à la terrasse d'un café. Deux membres des Jeunesses hitlériennes se sont approchés de moi. Ils voulaient mon autographe ou un quelconque objet portant ma signature. Je fus assez désagréable avec eux et refusai. Ce n'était pas les jeunes qui étaient à blâmer et ils ont été étonnés et offensés. Je l'étais aussi, mais pas pour les mêmes raisons*[13]. »

Insigne d'officier marinier embarqué. *(Fonds Fantastic Attic, Bayeux)*

Cinq patrouilles de guerre

En mer, cinq patrouilles de guerre dans l'Atlantique Nord et le long de la côte américaine permettent à Teddy de battre un nouveau record venant à la suite de la déjà très impressionnante liste de ses victoires. Il ajoute, en décembre 1941, les feuilles de chêne à sa croix de chevalier et reçoit le grade de *Kapitänleutnant* : « *J'ai eu assez de chance pour le connaître* [Raeder] *personnellement. Je me souviens de ce jour de janvier 1942. J'étais au quartier général et le* Grossadmiral *Raeder m'a invité à un petit-déjeuner. À 14 heures ! Lehmann Willenbrock – commandant de l'U-96 – et moi étions arrivés à Berlin la veille au soir. Je me souviens lui avoir dit :* "Hé !... C'est un drôle d'horaire pour un petit-déjeuner, même pour nous ! Cela nous laissera un peu plus de temps sous les couvertures !" *Et nous avons marché et avons profité de Berlin. À environ 6 heures du matin, nous faisions la fermeture du* Jockey Bar. *Nous n'avions pas besoin de beaucoup de sommeil.*

Donc, à 14 heures, le petit-déjeuner commence. Près de nous, le personnel de l'Amiral souriait d'un air entendu et Raeder cherchait de l'air afin de ne pas être complètement étouffé par les vapeurs toxiques... Nous étions assis trop près de lui. Ensuite, lors d'une conversation autour d'un café et d'un cognac, je voyais bien que pendant que Raeder et moi discutions des dysfonctions des torpilles, il essayait de s'éloigner de mon souffle alcoolisé. Vers 16 h 00, il s'est excusé et nous a quittés. Assis confortablement, autour de la table, nous avons, entre autres, négocié ma promotion au grade de Kapitänleutnant. *Le lendemain, je recevais l'insigne de sous-marinier allemand avec diamants. Ma promotion était censée être annoncée par Raeder. J'ai effectivement reçu l'insigne de sous-marinier, mais aucune promotion. Quand je quittai les bureaux de l'*Oberbefehlshaber der Marine, *je rencontrai l'admiral [Otto] Backenkohler qui me félicita pour ma promotion. Je lui ai dit :* "Aucune promotion. Cela n'a pas marché". *Je me dirigeais vers le grand escalier quand le Kapitän Freiwald – l'adjudant-major de Raeder – toutes voiles dehors, me rappelle. L'*Oberbefehlshaber der Marine *me déclare alors :* "Maintenant, vous devez vous soumettre à quelque chose d'autre, je vous élève au grade de *Kapitänleutnant. Derrière lui l'amiral Schulte-Montig sourit, à côté de moi, Freiwald.*

*Debout, j'ai du mal à dissimuler un sourire et mon regard, plus que d'habitude encore, doit refléter une grande stupidité pour que l'*Oberbefelrlshaber der Marine *me demande :* "Eh bien, vous ne me croyez pas ? C'est une de mes prérogatives et j'en use[14]". »

En ce début de 1942, Teddy est au zénith de sa carrière opérationnelle, malgré le tragique accident survenu au mois d'avril.

Trois jours après leur départ de Brest, le 7 avril 1942, par une météo « toujours supportable » pour le golfe de Gascogne, des vents de force 6 et une houle de quatre mètres, l'I.WO de l'*U-564*, le *LzS* Hans-Ferdinand Geisler, s'inquiète auprès de la vigie de quart de ce qui cause un choc sourd et régulier au niveau du pont supérieur du sous-marin. Est-ce une écoutille desserrée ? Ou, peut-être, un stock caché de bouteilles de bière sous le caillebotis du pont ?

Teddy ordonne au *Bootsmann* Heinz Webendorfer d'inspecter la longueur de la coque du sous-marin et de trouver ce qui est susceptible d'endommager celle-ci. Webendorfer, harnaché, relié aux balustrades du kiosque par un câble, commence sa tâche périlleuse après avoir refermé l'écoutille. L'eau, trop verte, le recouvre fréquemment. Teddy, sans gilet de sauvetage ni harnais de sécurité, arrive à son tour sur le pont pour surveiller l'opération. Il a pris cette décision imprudente, refusant de laisser son marin, seul, lutter contre la mer déchaînée.

« *Kommandant über Bord !* »

Comme il regarde par-dessus la rambarde du kiosque, se préparant à descendre sur le pont, l'*U-564* percute une vague imposante. Webendorfer relié à la coque d'acier est submergé. Teddy n'est pas assez rapide et, quand le kiosque est libéré de l'eau tourbillonnante, le cri de « *Kommandant über Bord !* » (« *Commandant par-dessus bord !* ») retentit dans tout le bâtiment. Les deux moteurs sont immédiatement poussés en marche arrière. Teddy est déjà à plusieurs mètres du bâtiment, tentant désespérément de se débarrasser de sa veste – alourdie de ses imposantes jumelles Zeiss et d'un pistolet Mauser –, de son pantalon et de ses bottes de mer afin de rester à flot.

Heureusement, le jeune commandant est finalement ramené à bord, agrippé au câble de survie lancé depuis le pont du sous-marin. La seule victime de l'accident est la fierté de Suhren.

Exemple parfait des tracasseries de la bureaucratie militaire: une enquête officielle est menée sur la perte, lors de l'événement mentionné dans le journal de bord,

13. Reinhard Suhren, *Nasses Eichenlaub*, pages 68-69.
14. Extrait du discours de Suhren prononcé à Hamburg, en 1954 et publié dans *Wiedersehen*, Hamburg, 1954.

d'équipement de l'*U-564*. Suhren rédige la liste des articles perdus : une veste de pluie (*sou'wester*), une veste trois-quart de cuir, une paire de pantalons de cuir, une paire de bottes de sous-marinier à semelles de liège, un pistolet Mauser en calibre 7,65 mm, un chronomètre d'artillerie, une paire de lunettes de soleil et leur étui, une torche d'artillerie. Le rapport officiel de Teddy, rédigé dans son inimitable style ironique, est accompagné des déclarations de Webendorfer et du *Stabsobersteuermann* Limburg (III.WO). Il conclut : « *Personne ne peut blâmer le* Bootsmann *Webendorfer du fait que le commandant soit descendu sur le pont supérieur pour aider à réparer le panneau d'écoutille endommagé.*

En outre, je n'envisage pas que le Bootsmann *Webendorfer puisse être tenu responsable de ce que le commandant portait dans ses poches. Tous les efforts déployés pour récupérer les effets disparus se sont révélés vains et je dépose une requête officielle pour que les articles perdus soient remplacés.* [Signé] *Suhren.* »

Tous les effets, à l'exception du pistolet et du chronomètre, sont remplacés par le dépôt de Brest, et le rapport dans son intégralité circule au sein des différents services de l'état-major des U-Boote à l'initiative de Karl Dönitz, sous la rubrique « humour du temps de guerre ».

Au milieu de 1942, les sous-marins allemands dominent l'Atlantique Nord attaquant les voies empruntées par les convois entre l'Amérique et le Royaume-Uni. Les pertes des navires marchands alliés augmentent depuis le bref sursis du mois de décembre 1941. La chasse culmine en juin de l'année 1942, quand les sous-marins du Reich expédient par le fond 130 bateaux – 613682 tonneaux – un chiffre qui ne sera dépassé qu'une seule fois pendant la guerre. Pour les Allemands, le parfum de la victoire embaume l'horizon ; pour les Alliés, le désastre menace tant il paraît possible que les prédictions de l'*Admiral* Karl Dönitz vantant « *la force de ses Loups de mer* » se réalisent.

le quatrième rotor d'*Enigma*

L'avantage allié représenté par la « casse » des codes d'*Enigma* – la machine à coder utilisée par les

sous-mariniers allemands – pendant la plus grande partie de 1941 disparaît en février lors de l'introduction combinée d'un chiffre amélioré nommé « *Triton* » et d'un quatrième rotor dans le mécanisme d'*Enigma*. Bletchley Park va lutter avec ce nouveau code jusqu'à la fin de l'année. De « l'autre côté de la colline », le *B-Dienst*, le service de renseignement allemand, a répondu avec succès en cassant le code naval n° 3 (*Naval Cypher 3*) allié, utilisé simultanément par les marines canadienne, britannique et américaine dans l'Atlantique Nord. À cet instant, Dönitz évalue à cinquante pour cent l'apport du *B-Dienst* à l'efficacité opérationnelle des renseignements de la Marine; il aurait fallu, sans cet apport, des années de combat pour la force de sous-marins allemands avant de réussir à entièrement exploiter cette mine d'or de renseignements. Cependant, les services secrets seuls ne gagnent pas la guerre. Tandis que, convoi après convoi, les approvisionnements stratégiques et les matériels militaires sont acheminés vers l'est, à travers l'Atlantique, de plus en plus de sous-marins allemands croisent dans ces eaux pour les intercepter et les détruire. Poussés par Dönitz – « le Lion », comme ses hommes le surnomment, est adulé par les sous-mariniers allemands –, « les loups gris de l'Atlantique » attaquent sans cesse. C'est dans cette arène que Teddy se prépare à descendre avec son Type VIIC – l'*U-564* – en juillet 1942.

Le 9 de ce même mois, dans le port français de Brest – où l'*U-564*[15] opère au sein de la 1re Flottille de sous-marins – l'équipage de vétérans s'apprête à prendre la mer une fois encore. Sa destination: les eaux ensoleillées des Caraïbes. L'*U-564* est un des dix U-Boote expédiés d'Europe vers les côtes des États-Unis et la mer des Caraïbes. C'est la seconde croisière de l'*U-564* dans la région.

C'est aussi la dernière patrouille de combat de Teddy Suhren avant qu'il ne soit retiré de la première ligne pour être envoyé former les commandants de demain. Dönitz a bien fait comprendre ses ordres quand Suhren vient prendre les siens auprès du *Befehlshaber der Unterseeboote*: « *Suhren, assurez-vous de ramener votre bateau sans encombre à la maison, de débarquer et, alors, nous pourrons vous utiliser à la maison pour la formation. Prien, Kretschmer et Schepke auraient en théorie été parfaits pour ce travail, mais ils sont tous partis. Prien et Schepke sont morts, Kretschmer est prisonnier. [Erich Topp] est déjà revenu. Vous êtes le suivant*[16]. »

Le vendredi 3 juillet 1942, l'*U-564* passe une série d'essais pour vérifier le fonctionnement et les mouvements des barres de plongée et des gouvernails. Une autre batterie de tests assure du bon fonctionnement des installations sonar. Un traitement antirouille élimine toutes les traces de corrosion dues à l'eau salée le long de la coque d'acier et des armements externes. Le 5 juillet, les derniers travaux sont entrepris et le sous-marin vient s'amarrer afin d'effectuer le plein en combustible de ses impressionnants réservoirs.

Le jour suivant, il est temps d'armer l'*U-564* – cette fois, il est amarré sous son épais abri de béton construit dans le port de Brest – en torpilles et munitions. L'avitaillement – vivres frais, conserves, eau potable, etc. – prendra deux jours supplémentaires tant il est délicat de « coincer » dans chaque recoin, sur chaque étagère, toutes les victuailles. Le mercredi 8, l'équipage entier passe les examens médicaux obligatoires menés par le docteur Richter, le chirurgien de la 1re Flottille.

Le lendemain soir, le 9 juillet, avitaillement achevé et soigneusement entreposé, l'*U-564*, à 21 h 30, quitte le port de Brest aux côtés de l'*U-564* commandé par l'*Oberleutnant zur See* Ludwig Forster.

Les deux bateaux suivent la route « Herz » qui traverse les champs de mines défensifs, se dirigeant vers Lorient. Ils sont escortés pour sortir de la rade par deux *Vorpostenboote* et un *Sperrbrecher* les protégeant des menaces combinées de l'aviation ennemie et des mines. À Lorient, on ordonne à Teddy d'embarquer un passager.

Le *Maat* Haring d'une *Propaganda Kompanie* de la Kriegsmarine est temporairement affecté à l'*U-564* comme correspondant de guerre, chargé de filmer la mission en mer d'un des héros de la nouvelle génération de commandants de sous-marins. Le département Marine des *Propaganda Kompanien* est basé en France, opérant sous les auspices du KK Karl Hinsch. Les hommes de la *Marinekriegsberichterabteilung West* sont fréquemment assignés aux sous-marins,

La maistrance de l'*U-564*. Haring, souriant, est présent au centre de l'image, derrière Lawaetz et Gabier – qui vérifie la montre dans sa poche – alors que le bateau se prépare pour le départ. Cette photographie – comme toutes celles du départ du sous-marin – est prise par Meisinger.

15. En juillet 1942, l'*U-564* a coulé treize bateaux – totalisant 63346 tonneaux – et sérieusement endommagé cinq autres.
16. Reinhard Suhren, *Nasses Eichenlaub*, page 113.

toujours fascinés par cette arme d'élite. L'officier commandant directement les correspondants à bord des sous-marins est le célèbre journaliste Wolfgang Frank, connu pour ses livres sur la guerre sous-marine et sur Günther Prien en particulier, écrits pendant et après la guerre.

Les U-Boote sont fréquemment l'objet des attentions de la propagande, ils apparaissant dans les pages de tous les périodiques publiés en Allemagne comme dans ceux des pays occupés. Teddy semble cependant furieux de l'intrusion de Haring à bord de « son » bateau. Malgré sa légendaire exubérance, Suhren est gêné par la lumière éblouissante des projecteurs de la célébrité, une réalité évoquée par Harald Busch, un correspondant chargé de son interview en janvier 1942. « *En effet, il paraissait inhibé, comme s'il savait qu'il était observé. J'avais l'impression qu'il était incapable de se détendre et de jouir de sa position de héros. Il n'aimait pas être loué par le public*

comme étant l'homme des U-Boote. Bien sûr, il était fier de ses succès, mais il ne pouvait parler de ses actes à des gens si éloignés de sa réalité, gens qu'il pensait incapables de le comprendre. Reinhard Suhren m'a semblé être un homme exceptionnellement réfléchi, cachant sa personnalité derrière ses nombreuses pirouettes de clown : "Approchez les enfants, ne soyez pas inquiets ! Ne vous prenez pas au sérieux !" *C'est ainsi qu'il m'est apparu et il voulait quitter tout ce cirque qui, pour moi, ne lui plaisait pas*[17]. »

Début juillet 1942, Haring rejoint l'équipage de l'*U-564*, et n'a aucune obligation de service si ce n'est celle de se rendre utile le plus souvent possible et de ne pas gêner les manœuvres. Ses « armes » principales sont une petite caméra et un appareil photo de marque Leica. Il a pour mission de prendre toutes les photographies envisageables, enregistrant ainsi la vie quotidienne des sous-mariniers allemands. Le samedi 11 juillet, les deux sous-marins laissent finalement la France derrière eux, naviguant toujours sous bonne escorte, pour pénétrer dans le golfe de Gascogne en suivant désormais la route « *Kernleder* ». À la fin du chenal, à la « *pointe Kern* », à deux heures de croisière à l'ouest de Lorient, le « *Bonne chasse* », dernier message lumineux provenant des petits bateaux d'escorte et du *Sperrbrecher*, annonce la fin de leur protection ; les navires d'escorte tournent les talons et les deux U-Boote s'enfoncent dans l'Atlantique. Au crépuscule, les hommes de veille, depuis les postes d'observation de l'*U-564*, perdent bientôt de vue le bâtiment de Forster.

Commence désormais le mortel jeu de cache-cache auquel « *les Trois Chats Noirs* » vont se livrer sur leur terrain de chasse en plein cœur de l'Atlantique.

17. Harald Busch, in *So War der U-Boot Krieg.*

L'*U-564* quitte les eaux sécurisées du port de Lorient.

2 « En route ! »

Du 11 au 16 juillet...

S'ÉLOIGNANT LENTEMENT l'un de l'autre, les deux bâtiments mettent cap à l'ouest, suivant des routes parallèles. Ils atteignent bientôt la zone des eaux profondes – limites occidentales des côtes granitiques de la Bretagne – et procèdent au premier essai d'immersion opérationnelle afint de vérifier les capacités du submersible et les différents systèmes et instruments du bord. Le faible bourdonnement des propulseurs électriques de l'*U-564* accompagne la progression du sous-marin dans les eaux agitées du golfe de Gascogne. Les quelques semaines de permission en Allemagne et les souvenirs des virées à Paris ou à Brest paraissent désormais bien lointains aux sous-mariniers qui retrouvent vite les réflexes et les habitudes de la vie à bord. Au fond des océans, pour les « loups gris », l'expérience fait souvent la différence entre la survie et la mort et l'*U-564* a la chance d'être manœuvré par un équipage à toute épreuve. Parmi les quarante-quatre hommes du bord – sans compter leur invité des *Propaganda Kompanie* – vingt-neuf servent à bord de l'*U-564* depuis sa commission en avril 1941, les quinze autres sont arrivés en France, pour la plupart, lors des derniers mois.

Et le Mexique entra en guerre...

Parmi les quatre officiers permanents du bord, on trouve l'indécrottable optimiste, le *LzS* Herbert Waldschmidt (II.WO), le moins expérimenté des cadres de l'*U-564*. Ce natif de Dortmund, âgé de 24 ans, a rejoint le submersible en mars de cette année après son brevet obtenu avec la Promotion XII-1939 de l'Académie navale et a participé à la dernière croisière de Suhren (du mois d'avril au début du mois de juin 1941), sa première expérience du combat comme sous-marinier.

Teddy réalise alors le mois de mai le plus « prolifique » de tous les Types VII alors à la mer, revendiquant 35000 tonneaux coulés ; une estimation optimiste car deux des navires envoyés par le fond ne sont qu'endommagés et ont été remorqués vers les bassins de radoub[1]. Sa proie la plus emblématique est le pétrolier mexicain – neutre – de 6300 tonneaux, le *SS Potrero del Llano*, attaqué et coulé à la torpille le 13 mai près de Sands Key, au large de la Floride. Suhren maintient que le bateau croisait sous escorte armée et s'est enfui à son approche. Le gouvernement mexicain avance une tout autre version : les projecteurs étaient braqués sur les pavillons mexicains peints tout le long de sa coque. Ses quatorze membres d'équipage tués lors de l'attaque sont un motif suffisant pour que le Mexique déclare la guerre à l'Allemagne, le 22 mai. Dönitz est partisan d'une guerre sous-marine à outrance.

Les responsabilités de Waldschmidt comme II.WO de l'*U-564* concernent principalement l'artillerie du bord – le canon de pont et les armes antiaériennes – ainsi que de nombreuses tâches administratives. En plus d'être à la tête de deux des six quarts de veille journaliers en haut du kiosque, il décide du moment où les armes de surface doivent être entretenues afin d'assurer leur bon fonctionnement. Il est aussi responsable du décodage de certains messages classifiés transmis par le BdU, les autres messages de routine sont laissés aux équipes radio expérimentées du bord, commandées respectivement par les sous-officiers mariniers Rudi Elkerhausen et Willi Anderheyden.

Waldschmidt s'est parfaitement bien intégré à son nouvel équipage, tout comme son supérieur immédiat, l'*ObltzS* Ulf Lawaetz (I.WO), arrivé à bord en même temps. À la différence de Waldschmidt, Lawaetz a déjà connu une expérience de commandement à la mer avant de rejoindre les sous-marins. Ulf Erling Günther Lawaetz est né à Copenhague en 1916 d'un père danois, ingénieur qui travaille pour les chantiers navals du Reich, et d'une mère allemande. Aîné de cinq enfants, Ulf poursuit ses études au Danemark à la Sorø Akademi avant de suivre une formation de cadet (*Sökadet Ældste Klasse*) dans la marine danoise. C'est en 1937, à l'âge de 21 ans, trois ans après la disparition de sa mère, qu'il est appelé à choisir entre la nationalité danoise et l'allemande, et à opter pour une carrière au sein de la Kriegsmarine ou de la marine royale danoise. Ses supérieurs lui suggèrent de quitter la marine du pays où il a vu le jour pour s'enrôler dans la marine de guerre du Troisième Reich où il pourra vivre une carrière plus satisfaisante. À cette époque, le Danemark est un pays pacifiste par essence et les chances de vivre une carrière militaire riche sont extrêmement minces. Lawaetz choisit donc la nationalité allemande, accédant quelques mois plus tard au grade d'officier (Promotion 37b). Il est affecté au destroyer *Hans Lüdemann* (Z 18) comme second officier d'artillerie en novembre 1939, au troisième mois de la guerre. En avril 1940, lors de l'opération « *Weserübung* » lancée contre la Norvège, le *Hans Lüdemann* est un de ces destroyers chargés de transporter les troupes de montagne allemandes vers Narvik.

Le débarquement de sa précieuse cargaison de *Gebirgsjäger* et de leurs équipements achevé, le navire de Lawaetz va bientôt rejoindre la liste des dix vaisseaux détruits par la flotte britannique au large des côtes norvégiennes. Deux sont coulés le 10 avril et un troisième est endommagé. Les sept destroyers survivants, dont le *Hans Lüdemann*, sont attaqués par surprise par le cuirassé *HMS Warspite* et son escorte, trois jours plus tard.

1. Lors des mois de mai et juin, l'*U-564* rôde au large des côtes de Floride, coulant quatre bateaux, en endommageant trois autres.

L'*Oberleutnant* (Ing.) Ulrich Gabier et Teddy Suhren dans la baignoire, tout en haut du massif, de l'*U-564*. Gabier est un ingénieur doué qui a participé à la conception des sous-marins allemands d'avant-guerre. Dépassant les normes des bonnes relations de travail, Suhren et Gabier sont amis proches. Sur cette image, Suhren porte les lunettes de soleil spécialement conçues pour les équipages de sous-marins, leurs verres s'adaptant aux jumelles Zeiss.

Croix de fer de 1re classe. *(Fonds Fantastic Attic, Bayeux)*

Les U-Boote, envoyés protéger les navires de surfaces allemands, sont incapables de sauver les destroyers; toutes leurs torpilles, sans exception, sont hors d'usage. Après un bref et terrible engagement, tous les destroyers allemands sont envoyés par le fond. Lawaetz se trouve parmi les rescapés ayant réussi à trouver refuge à terre. Les marins survivants sont alors formés en unité de marche – surnommé la *Gebirgsmarine* (marine de montagne) par leurs camarades « biffins » – et sont impliqués dans une série de brutaux combats d'infanterie aux côtés des troupes de montagne allemandes pour le contrôle du port norvégien et de sa région.

Finalement, après le départ des Franco-Britanniques, les Allemands sont maîtres du champ de bataille et les marins renvoyés en Allemagne accomplir des missions plus orthodoxes. Lawaetz, pour de multiples raisons, est assigné au *Marinebefehlshaber Denmark* (Commandement maritime), où sa connaissance de la langue et des coutumes danoises sont considérées comme extrêmement précieuses. Il est ensuite nommé second officier artilleur sur le croiseur lourd (ancien cuirassé de poche) *Lützow* en mars 1941. À cette époque, le vaisseau est encore en cale sèche après avoir été torpillé par le *HMS Spearfish*. En septembre 1941, Lawaetz est de retour en Scandinavie comme attaché naval à Helsinki. Il demande alors à rejoindre l'élite de Dönitz et commence sa formation de sous-marinier. À l'issue de celle-ci, il est envoyé tenir le poste d'I.WO sur l'*U-564* en remplacement de l'*ObltzS* Hans-Ferdinand Geisler[2].

L'officier en second est responsable de la maintenance des torpilles; il assure, de plus, les deux premiers quarts : celui du début de la journée et celui commençant à 12 h 00. Ses taches concernant les torpilles sont de les maintenir en état de fonctionnement, ainsi que tous les systèmes complexes permettant la mise en œuvre à tout moment de l'armement principal.

Cependant, cette maintenance au jour le jour ne dépend pas directement de la responsabilité de Lawaetz mais bien de celle du *Mechanikersmaat* Gerhard Ehlers, le chef des torpilleurs. Quand le vaisseau attaque en surface, le tir des « anguilles » est le domaine de l'I.WO, sous la supervision directe du commandant de bord, qui du haut du massif surveille tout ce qui se passe en surface, laissant son subordonné se concentrer sur le tir.

Ulrich Gabier, l'alter ego

Teddy a comme officier-ingénieur (*Leitender Ingenieur*, ou *LI*), le berlinois Ulrich Gabier, *Oblt* (*Ing.*). Celui-ci, architecte naval hautement qualifié, est très impliqué dans la construction navale avant la guerre. Né en 1913, Gabier a étudié l'architecture navale à l'académie de Berlin-Charlottenburg avant de devenir l'assistant du *Professor* Schnadel à l'*Ingenieurkantor für Schiffbau*, une entreprise de Lübeck. Répondant à l'appel de la réserve en 1939, il rejoint le service des sous-marins et devient LI à bord d'un U-Boot d'entraînement Type II, l'*U-121*. Désigné pour servir sur l'*U-564*, avant même que le bateau ne soit construit, il supervise personnellement chaque étape de sa réalisation, devenant familier avec chaque tôle, chaque rivet du nouveau submersible de Type VIIC, pendant qu'il prend forme dans les célèbres chantiers de Blohm & Voss à Hambourg. Les relations de travail entre Gabier et Suhren

---

2. Geisler sert à bord de l'U-564 depuis son commissionnement. Fils d'un général de la Luftwaffe, décoré de la croix de chevalier, Geisler occupera par la suite divers postes administratifs et d'instructeur avant de finir la guerre comme commandant de l'*U-3049*, un Type XXI, toujours inachevé à la fin des hostilités.
3. Ce surnom évoque l'homme de barre ; Herbert Waldschmidt le donne comme étant composé du mot Steuer, signifiant gouvernail, et du prénom Karl.

sont excellentes et, après cinq patrouilles en mer, les deux hommes sont devenus amis. Au mois de juin, quand l'*U-564* revient de sa mission au large des côtes de Floride, Gabier est affecté aux bureaux d'études de la Kriegsmarine et Teddy exige de Dönitz le maintien de Gabier sur le rôle de l'équipage, refusant de naviguer sans lui. Le commandant entêté ne cède pas de terrain, fidèle à sa façon d'agir, et obtient que Gabier exécute une dernière mission avant d'être débarqué.

Le poste de « chef « (autre désignation du LI) le place pratiquement sur un pied d'égalité avec Suhren. Il est responsable de tout ce qui concerne la propulsion et la plongée sous-marine. C'est aussi un conseiller écouté du commandant pour tous les sujets techniques concernant tous les organes vitaux du bâtiment. Une bonne relation entre le LI et le commandant est essentielle et le partenariat de Suhren et Gabier à la tête de l'*U-564* est comparable à celle d'un mariage réussi.

Alors que le commandant dispose de deux officiers de quart, qui l'assistent dans la plupart de ses responsabilités, le LI est secondé par deux sous-officiers et par leurs équipes respectives : le premier est responsable des moteurs diesel et le second est en charge de la propulsion électrique. Gabier est assisté lors de cette dernière mission par un autre officier ingénieur, le *Leutnant der Reserve (Ing.)* Eberhard Hammermüller, assigné à un vaisseau de première ligne par le commandement des sous-marins afin d'acquérir une solide expérience au combat auprès d'un ingénieur confirmé. En tant que « pièce rapportée » à bord du bâtiment déjà encombré, Hammermüller dispose d'une couchette dans le carré de la maistrance, partageant cet espace restreint avec les sous-officiers.

Des vétérans de la guerre sous-marine

Le reste de l'équipage qui traverse l'Atlantique à bord de l'*U-564* en juillet 1942 est principalement constitué de vétérans de la guerre sous-marine et forme un échantillon presque parfait de la composition de la Kriegsmarine. Ils sont nés entre Wilhelmshaven, sur les côtes de la mer du Nord, et Triften, un petit village à moins de 20 kilomètres de la frontière germano-autrichienne.

De même, l'équipage demeure un bon échantillonnage de l'âge des marins allemands. Le *Matrosengefreiter* Paul Stephan, 18 ans – il a déjà une croisière à bord de l'*U-564* à son actif – et le *Stabsobersteuermann* Karl Limburg, âgé de 43 ans, incarnent les deux extrêmes. Limburg, surnommé *« Stürkorf»* a déjà servi dans la marine allemande durant la Première Guerre mondiale, où il a obtenu la croix de fer de seconde classe. Il s'engage dans la *Kaiserliche Marine* à l'âge de 15 ans quand la guerre éclate en 1914, et sert à la mer pendant les quatre terribles années qui suivent. À la fin du conflit, il fait partie de ces marins qui purent continuer leur carrière pendant la période délicate de l'après-guerre, quand la réputation de la Marine fut quelque peu entachée par la révolution de 1918. Il prend sa retraite en 1928 ; retraite qu'il quitte immé-

Notre double page suivante.
1-2. Le poste d'équipage et la chambre des torpilles avant à l'heure du dîner. Encombré et inconfortable, ce compartiment loge vingt-cinq hommes, se partageant les douze couchettes installées là. Le *Mechanikermaat*, Gerhard Ehlers, possède sa propre couchette ; les hommes présents ici font le meilleur usage possible de l'espace disponible.

3. (De gauche à droite) Werner Rieckhoff, Herman Hausruckinger, Werner Grünert, Ewald Gaiser, Werner Schlagel : les « Lords » (les marins de métier) de la chambre des torpilles.

4-5-6. Dans cette série de photographies prises à l'heure du repas, le plancher est encore encombré de deux torpilles, de diverses fournitures et de matelas ; les couchettes les plus basses sont repliées, dégageant le passage, réservant la place aux « anguilles », laissant peu d'espace disponible aux membres d'équipage. Les couchettes sur lesquelles les hommes s'appuient sont celles de la rangée supérieure. Des tables démontables sont disponibles, stockées sous les couchettes inférieures et totalement inutilisables sans possibilité de les disposer sur le plancher. Le pain frais qui accompagne le repas sera un des premiers aliments à se gâter dans les premiers jours de la patrouille. Bientôt, quand les conditions extérieures auront définitivement changé la donne, les hommes seront réduits à se nourrir de provisions souvent périmées. À ce moment, le pain de munition sera au menu. En bas, à droite, se trouvent le *Matrosengefreiter* Eduard Kalbach et, servant le café, Roland Schiedhelm. C'est la première croisière de Kalbach à bord de l'*U-564*.

7. Le *Mechanikermaat* Ehlers – le seul sous-officier à loger dans le poste d'équipage – emprunte cette voie difficile pour se rendre au poste des officiers-mariniers (*Unteroffizier Raum*) pour y prendre son repas. Derrière et autour de lui (de gauche à droite) : Wagner, Becker, Rieckhoff, Hausruckinger et Grünert.

Le service de quart avec les veilleurs disposés aux quatre points cardinaux. Heinz Mattern, l'*Obermaschinist* chargé des moteurs électriques, est à gauche ; à l'extrême droite se trouve le *Funkmaat* Willi Anderheyden. Aucun de ces hommes ne fait partie des personnels de quart. Le second à droite est l'*Oberbootsmann* Heinz Webendärfer, membre du premier quart pour sa part. Les autres membres de ce premier quart, cachés, sont l'I.WO Lawaetz, Ernst Schlittenhard et Eduard Kalbach.

1

2

4

3

5

6

7

Ci-contre, de gauche à droite. Le carré des maîtres et seconds maîtres, aux heures des repas, est surencombré. Cette petite zone, comme de nombreuses autres dans le sous-marin, a une double destination. Deux tables pliantes permettent, à tribord, de compenser l'exiguïté du compartiment. Huit couchettes fournissent le logement des hommes. Le steward, chargé du service, est un matelot. Comme on peut le voir sur les photographies, manger dans la coursive est un acte susceptible de connaître de nombreuses interruptions. Assis autour des tables, de gauche à droite : l'*ObMaschmt* Fritz Stocker, le *Maschmt* Hans Neumann, l'*ObMaschmt* Fritz Hummel, le *Fkmt* Rudi Elkerhausen, l'*ObMaschmt* Emil Grade, le Btsmt Heinrich Bartels et le *Mechmt* Gerhard Ehlers. La porte menant à la petite cuisine est celle que l'on voit au bout de la coursive, au fond du compartiment.

Cet Insigne de branche (couleur jaune) – ici branche pont – est porté au bas de la manche. *(Fonds Fantastic Attic, Bayeux)*

diatement quand éclate une nouvelle guerre en Europe, onze ans plus tard. Limburg est le plus ancien des officiers mariniers du bord. Comme *Stabsobersteuermann*, il est aussi le troisième officier de quart (III.WO) du sous-marin, responsable de la troisième tranche des trois veilles. Administrativement, Limburg tient le rôle de commissaire du bord, surveillant où et comment les provisions sont stockées, veillant, sous les ordres de Gabier, à obtenir la meilleure répartition de leur poids et ainsi ne pas gêner les plongées du submersible. Sa fonction principale reste toutefois la navigation, c'est lui qui détermine la position et la course de l'*U-564* à travers l'Atlantique et calcule les routes d'interception des convois ennemis. Teddy fait une concession au plus vieil homme du bord : il lui accorde une ration de rhum supplémentaire ; ce rhum censé lutter contre les maux du sous-marinier que sont la promiscuité et l'enfermement. À la fin de sa première patrouille en mer, en 1941, Limburg confesse, de lui même, à son commandant qu'il est le responsable de la soudaine diminution du volume de rhum médicinal. Le problème est vite résolu avec le compromis imaginé par Suhren, démontrant son extraordinaire aptitude à la gestion des ressources humaines, faisant de lui un des plus populaires et efficaces commandants de bord de l'arme sous-marine.

Teddy a soigneusement veillé à conserver le noyau dur original de l'*U-564* alors que la plupart des autres équipages expérimentés ont été « cassés » et répartis afin de fournir des cadres expérimentés à l'ensemble de la flotte de submersibles. De nouveaux marins sont arrivés sur l'*U-564* et ces jeunes hommes sont impatients d'entamer la patrouille et de forger cette camaraderie que seuls les jours passés en haute mer procurent. Les hommes s'adaptent rapidement au rythme de la vie en mer et acquièrent ces mouvements caractéristiques de la vie à bord d'un sous-marin de taille moyenne confié aux mains des vétérans.

Les quarts à bord de l'*U-564* consistent en tours de travail de quatre heures pour pratiquement tous les hommes d'équipage, à l'exception du personnel de la chambre des machines qui travaille, pour sa part, six heures d'affilée. Les spécialistes radio partagent cette période plus longue de service et notamment « l'équipe de nuit » qui ne se confronte qu'à un volume réduit du trafic radio. Afin de conserver une apparence de normalité, et de fournir une structure ferme à un environnement difficile, l'heure à bord du sous-marin est celle de l'heure d'été allemande, c'est-à-dire deux heures en avance sur celle de Greenwich. Ainsi, par exemple, le petit-déjeuner est toujours servi « le matin », quel que soit le fuseau horaire dans lequel le sous-marin croise.

L'*U-564* est un Type VIIC, la bête de somme de l'arme sous-marine, le modèle présent sur presque tous les théâtres d'opérations où la Kriegsmarine est impliquée. Les Types VII croisent des icebergs de l'Arctique aux eaux de l'Afrique équatoriale ou

Ci-contre, à droite, de haut en bas.
La difficulté de se relaxer dans un espace si limité est bien démontrée par cette série de photographies. La coursive qui traverse l'*Unteroffizierraum* est un passage obligé pour pratiquement tout l'équipage ; en effet, le poste est situé entre la chambre de proue où vivent les matelots et la salle des machines.

Quelques effets personnels du sous-marinier…

En haut.
Boîte à paquetage de sous-marinier en bois ; version réduite du célèbre coffre de marin. Elle renferme les objets personnels de chaque homme à bord du sous-marin. La taille de ce coffre est la même pour tout l'équipage, quel que soit le grade. Le couvercle est utilisé comme plateau pour les repas.
(Fonds Fantastic Attic, Bayeux)

Chaussures de pont avec semelle antidérapante en caoutchouc. Ce type de semelle limite les bruits au cours des déplacements dans le sous-marin.
(Fonds Fantastic Attic, Bayeux)

Ci-contre.
Marinière de toile fine de coton blanc portée par un quartier-maître de première classe *(Hauptgefreteir)*. Bien que cet effet ne soit pas celui d'un sous-marinier, aucune différence n'existe entre les effets uniformes des marins de surface et ceux de l'arme sous-marine. Les manchettes bleues présentent trois galons blancs de tradition.
(Fonds Fantastic Attic, Bayeux)

Ci-dessus.
Bonnet de police de matelot ou d'officier marinier. À l'origine, ces coiffures dans la Kriegsmarine sont introduites par les sous-mariniers. Il est en effet beaucoup plus pratique et moins encombrant que le traditionnel bonnet à guides. Il offre, de plus, une petite protection contre les chocs dans l'univers exigu de la coque.
(Fonds Fantastic Attic, Bayeux)

Ci-dessus, à droite.
Blouson de treillis de fabrication allemande spécifique aux sous-mariniers. Les premiers effets de ce type sont de fabrication… britannique. Ils proviennent des stocks de vêtements laissés en France par les Anglais après leur rembarquement à Dunkerque en juin 1940. À l'épuisement de ces stocks, les Allemands le fabriquent dans une toile différente mais conservent la coupe caractéristique du Battle-dress britannique. Cet effet qui n'est pas doublé ne possède pas de poche intérieure. Un pantalon large, de même toile, pouvant être resserré par une patte aux chevilles est aussi en dotation.

Détail du bouton du blouson, frappé à l'ancre de la Kriegsmarine.
(Fonds Fantastic Attic, Bayeux)

Caban d'un quartier-maitre de deuxième classe (*Obergefreiter*). De drap bleu marine, l'effet est doublé de laine gris foncé. Un sixième bouton est caché par le revers et permet de boutonner le col par grand froid. L'insigne de branche des mécaniciens torpilles est cousu sur la manche gauche. Le ruban de la croix de fer l'est, quant à lui, à la deuxième boutonnière.
(Fonds Fantastic Attic, Bayeux)

Cette photographie d'Anderheyden au travail montre clairement la nouvelle *Enigma* à quatre cylindres ou rotors, introduite dans les premiers mois de 1942. Son nouveau système repensé est appelé « Triton » – ou « Requin » par les Alliés – et est encore inviolé par les spécialistes du déchiffrement de Bentchley Park ; il ne le sera que dans les derniers jours de 1942. Le gros émetteur-récepteur, visible à droite, est un Telefunken E 4365, le système principal du sous-marin, couvrant les fréquences entre 3 et 30 MHz. Le technicien dispose aussi d'un petit récepteur capable de capter les émissions commerciales. Toujours au-dessus du bras droit du *Funkmaat*, est disposé le microphone reliant le local radio au Central du sous-marin.

Le second *Funkmaat*, Willi Anderheyden, est de service dans le local radio. Anderheyden est un membre d'équipage expérimenté, il a servi sur l'*U-124* du *Kapitänleutnant* Schulz – le bateau à l'Edelweiss – sur lequel il reçoit la croix de fer de deuxième classe en octobre 1940. Le trafic radio est important de par la nature même du contrôle opérationnel serré établi par l'amiral Dönitz sur ses bateaux. Il exige un suivi constant. Le local radio est aussi le « centre de loisirs » du bâtiment comme le suggère la présence, sous le bras droit d'Anderheyden, du phonographe du bord.

Page suivante, en bas. Récepteur radio hétérodyne grandes ondes T8L39 « Wupper » *(Überlagerungsempfänger T8L39)* équipant les U-Boote pour les communications à courte distance. *(Fonds Fantastic Attic, Bayeux)*

des deux Amériques, voyageant sur des distances que leurs concepteurs n'avaient jamais envisagées, prouvant leurs exceptionnelles et mortelles qualités de machines de guerre.

L'*U-564* est un Type VII C

Tout d'abord, le Type VIIC est considéré comme trop petit pour traverser l'Atlantique, de la France vers les États-Unis, et cette tâche est donc assignée au Type IX, un sous-marin plus grand. Le rayon d'action théorique d'un Type VIIC voyageant à 10 nœuds à l'heure est de 8500 miles nautiques (environ 15700 km), ce qui ne permet qu'un séjour limité en plein Atlantique ; il faut tenir compte de l'obligation de garder une réserve de carburant permettant au bâtiment de conserver une marge de sécurité pour son retour. Cette distance peut être portée à 9700 miles nautiques (17500 km) en utilisant un diesel combiné à l'énergie électrique.

L'équipage est préparé aux difficultés de ce type de mission à bord des VIIC ; il remplace souvent les réserves d'eau douce par du carburant, laissant à quai nombre d'*impedimenta* ou de matériel au profit de torpilles supplémentaires, la guerre contre l'Amérique allant *crescendo*. L'*U-564* profite en ces matières de la présence de Gabier et de sa totale connaissance de la conception du sous-marin et de ses capacités. Les U-Boote en croisière dans l'Atlantique bénéficient, depuis cette année 1942, de l'apparition d'un nouvel acteur de la guerre sous-marine : la *Milchkuh* (la vache à lait), le sous-marin ravitailleur. Le premier de ces énormes sous-marins débute sa mission inaugurale en mars 1942 et, au moment où l'*U-564* traverse le golfe de Gascogne, deux *Milchkühe* se dirigent vers leurs points de rendez-vous en plein cœur de l'Atlantique ; trois autres vont bientôt prendre la mer.

Teddy a reçu l'ordre de se ravitailler en combustible auprès d'un de ces « pétroliers » avant de pénétrer sur le théâtre d'opérations des Caraïbes. Les conserves et les vivres frais sont suspendus ou entassés dans chaque espace disponible. Comme pour tous les autres bâtiments de sa classe, la nourriture et les munitions ont la priorité à bord de la coque de métal du Type VIIC ; les considérations de confort de l'équipage sont pensées *a minima*.

À la proue, la forme effilée et gracieuse de la coque extérieure est plus longue de neuf mètres que la coque épaisse intérieure ; cette enveloppe procure au sous-marin sa forme distinctive.

Le poste d'équipage

Quatre tubes lance-torpilles – les principaux crocs du vaisseau – pénètrent de presque quatre mètres dans la coque pressurisée, là où la plus grande partie de l'équipage vit et travaille pendant la durée de la mission (*Bugraurn*, littéralement chambre de proue). Ces armes sont installées dans le poste d'équipage, à la proue du bâtiment. C'est ici que vivent les matelots – les Seigneurs – aux côtés des massives « anguilles » cylindriques de métal. Vingt-quatre marins vivent dans ce compartiment, partageant douze couchettes selon le principe de « la bannette chaude ». La treizième couchette est occupée par le *Mechanikermaat* Ehlers, le maître-torpilleur et unique sous-officier marinier à partager les quartiers des matelots. Leurs fonctions en mer vont de celles, très spécialisées, de maîtres-coq ou d'hommes de barre, en passant par celles de techniciens radio, mécaniciens torpilleurs (des termes convenant parfaitement aux techniciens sous-mariniers, mais provenant en règle générale du vocabulaire employé dans la marine à vapeur) à celles bien plus générales du service habituel en mer, incluant les veilles lors des quarts, les manœuvres des armes antiaériennes ou du canon de pont. Les rangements sont réduits au minimum dans la chambre de proue et les sous-mariniers ne peuvent emporter d'autres vêtements de rechange que quelques sous-vêtements.

« La vie à bord – et plus particulièrement dans ce compartiment – est difficile pour l'équipage. Quand nous quittons le port, il y a déjà quatre torpilles dans les tubes, quatre autres sous le plancher et deux autres sur celui-ci… Donc, nous cohabitons avec dix torpilles

Le diesel tribord est arrêté, le télégraphe principal (transmetteur d'ordre) de la salle des machines indique aller « doucement », les mécaniciens commencent à purger l'air dans les conduits d'échappement : l'*U-564* se prépare à plonger. L'*Obermaschinist* Hermann Kräh, ici à droite, est aux côtés de Suhren sur l'U-564 depuis les premiers jours.

Le *diesel Obermaschinist* Hermann Kräh, l'*Elektro Obermaschinist* Heinz Mattern, le *Bootsmann* Heinz Webendorfer et le *Stabsobersteuermann* Limburg occupent ce poste). Webendorfer, vingt-six ans depuis le mois de juin, est le maître d'équipage de l'*U-564*. Son rôle d'homme le plus occupé du bâtiment est de maintenir la discipline et le moral de l'équipage nécessaires au bon déroulement de la mission. Connu par l'équipage sous le surnom de « Numéro Un », il est aussi responsable de l'habillement et de l'équipement individuel et, bien sûr, de la propreté et de l'entretien du submersible.

Le long de la coursive

Continuellement harassé par le nombre de ses tâches, Webendorfer a toute l'autorité pour traiter n'importe quelles questions disciplinaires avant d'impliquer les officiers. Il tient aussi son rôle de veilleur lors du premier quart sous les ordres de Lawaetz. Lors des attaques, il se tient sous le kiosque, relayant verbalement les informations vers Suhren ou Lawaetz lors de l'acquisition des cibles sur le tableau des torpilles, d'où elles sont ensuite électriquement transmises aux « anguilles » dans leurs tubes. Webendorfer est secondé dans toutes ses tâches par deux autres *Maate*, l'*Oberbootsmannsmaat* Heinrich Bartels et le *Bootsmannsmaat* Karl Ernst Thiel. Quand il n'aide pas à maintenir la discipline et le moral de l'équipage, Bartels est chargé de la maintenance et du contrôle des munitions stockées à bord de l'*U-564*, à l'exception des torpilles, alors que Thiel s'occupe du canon de pont de 88 mm et du rôle de l'équipage.

En remontant le long de la coursive, après l'*Oberfeldwebelraum* on trouve l'*Offizierraum*, le carré des officiers. À cet endroit, la coque du sous-marin présente presque son plus grand diamètre – près de 4,70 m – l'ensemble des couchettes des officiers est en léger retrait du passage central. Une table, fixée à bâbord, transforme le dortoir en carré des officiers. C'est sur cette banquette que Gabier dort ; une couchette pliante placée au-dessus de lui est disponible, mais il l'utilise rarement. En face, à tribord, les premier et deuxième officiers de quart, Ulf Lawaetz et Herbert Waldschmidt, se couchent. Quatre petits vestiaires finissant d'encombrer le compartiment permettent aux officiers de ranger leurs affaires ; le carré des officiers est la seule zone « semi-privée » du bord. L'étape suivante du voyage vers la poupe permet de découvrir, à bâbord, la cabine du commandant, séparée du reste du bateau par un lourd rideau de couleur verte. Teddy y dispose d'un petit bureau et de sa propre couchette d'où il peut écouter l'activité à bord.

Les deux zones de collecte d'informations les plus importantes du bâtiment sont directement situées en face de sa cabine, à tribord, en avant du Central donc, et au-delà de la porte étanche. En venant de la proue, on trouve tout d'abord le *Funkraum* (le local radio) puis le local d'écoute où l'on traque les proies et repère les éventuels poursuivants : le *Horchraum*, équipée d'un système acoustique sophistiqué, l'hydrophone *Gruppen-Horch-Gerät* (GHG). Ces postes

dans la chambre. Les deux torpilles au-dessus du plancher sont recouvertes de pièces de bois sur lesquelles nous devons manger. Bien sûr, les couchettes sont disposées là elles aussi. Directement au-dessus d'elles, on trouve tout un échafaudage de poutrelles sur lequel les torpilles sont hissées pour le chargement et leur maintenance... Tout ceci implique que les matelots ont à peine la place de se déplacer dans le compartiment et que chaque mouvement se fait en touchant les torpilles ! Même si la mer est raisonnablement calme, votre déplacement est si délicat que le moindre roulis envoie la soupe de pois un peu partout dans la chambre[4] *!* »

Par un passage étroit, à l'arrière de la chambre du poste d'équipage, on passe devant – à bâbord – une douche et les poulaines et une soute à vivres à tribord. Ensuite, après ces petits compartiments, la section suivante est légèrement plus spacieuse. C'est l'*Oberfeldwebelraum*, le poste des officiers-mariniers supérieurs, où ces derniers partagent les quatre couchettes placées deux par deux de chaque côté de l'étroite coursive. Une petite table pliante est fixée à bâbord.

4. Entretien accordé par Reinhard Suhren en 1981 ; côte A1981/22/002, archives *Royal Navy Submarine Museum*.
5. À la fin de l'année 1942, le « Triton » est finalement cassé et, jusqu'à la fin de la guerre, seules de rares et brèves défaillances empêchent les Alliés de lire les messages codés allemands.

sont constamment occupés par deux des quatre techniciens radio du bord (deux services de six heures pour chaque homme).

L'hydrophone GHG est constitué de onze petits récepteurs disséminés de chaque côté de la coque du U-Boot, le côté ouvert en bas. L'appareil envoie une impulsion électrique et il suffit à l'opérateur doté d'un casque stéréophonique d'enregistrer les différences de temps pris par les impulsions pour revenir à leur source quand elles rencontrent un obstacle pour évaluer les distances. Ce système remplace le *Kristal-Basisgerät* (KDB), un hydrophone pivotant, rétractable, installé sur le pont avant. Le système KDB, bien que notablement plus précis que le GHG, possédait un trop faible rayon d'émission pénalisant le submersible en plongée. Le dernier système installé peut repérer, quant à lui, un vaisseau isolé à plus de dix miles nautiques (19 km) et un convoi à 54 miles nautiques (100 km). Le *Funkraum* illustre déjà ce qui deviendra dans les années qui vont suivre un des aspects les plus célèbres de la guerre sous-marine dans l'Atlantique.

Enigma, la machine indispensable

L'équipe radio du bord a perçu au début de l'année une toute nouvelle « machine » *Enigma* à quatre rotors. Quand la Seconde Guerre mondiale éclate en 1939, la Wehrmacht possède un des systèmes de communications militaires cryptées les plus sophistiqués au monde. Le cœur du système est la capacité de transmettre et recevoir des messages codés sécurisés par une machine de cryptographie censée être inviolable. La version originale à trois rotors utilisée par la Kriegsmarine est connue sous le nom de *Schlüsselmaschine M* (Machine à coder M). Ces machines à coder électromécaniques ressemblent à de petites machines à écrire portables. Le courant électrique est transmis en pressant une lettre sur le clavier; il traverse un réseau complexe de fils puis allume une lampe qui indique la lettre chiffrée. Le premier composant du réseau est une série de roues adjacentes, appelées « rotors », qui contiennent les fils électriques utilisés pour chiffrer le message. La machine peut fournir 6000000000 de code possibles… Et chaque code est changé quotidiennement.

Les cryptanalystes britanniques, réunis au sein de la *Government Codes and Cipher School* de Bletchley Park, ont assez rapidement, dès 1939, percé à jour les codes *Enigma* mis en place par la *Luftwaffe* et le *Heer* – bien aidés en cela par le gigantesque – et trop souvent oublié – travail des Polonais, relayés par les Français, sur une machine *Enigma* quelques années avant le début du conflit. Le système utilisé par la Kriegsmarine, plus complexe, défiera plus longtemps les tentatives de pénétration.

Si quelques rotors récupérés dans des épaves de sous-marins allemands et les interrogatoires de prisonniers de guerre, pendant les premiers mois des hostilités fournissent quelques pièces du puzzle, la première percée des cryptanalystes britanniques intervient après le raid allié de mars 1940 sur les îles Lofoten, où le dernier de la série de huit rotors est récupéré sur le *Vorpostenboot Krebs*. Bletchley Park décrypte, enfin, les premiers messages de la Kriegsmarine au mois de mai.

La capture par un équipage d'abordage du destroyer *HMS Somali* d'un « livre de code » intact et des rotors du navire météo auxiliaire *München*, aux abords de l'île Jan Mayen au large de la Norvège, le 7 mai 1940, apporte une aide supplémentaire à la capacité de décodage britannique. Si cet épisode permet de pénétrer le code « météorologique », de qualité inférieure, il ne donne pas encore accès aux systèmes plus compliqués utilisés par les unités de combat de la Kriegsmarine comme les destroyers ou les sous-marins. La saisie, le 9 mai 1941, de la machine intacte (avec tous ses rotors et ses livres de code) de l'*U-110* du *Kaptlt.* Fritz-Julius Lemp fournit finalement la clé pour « ouvrir » les *Enigma* des sous-marins allemands. Cependant, toujours soupçonneux, Dönitz part du principe qu'*Enigma* est compromise et, à la fin de 1941, il se dote d'une nouvelle machine de codage à quatre rotors qui, dès sa généralisation, en février 1942, affole les cryptanalystes alliés grâce sa nouvelle masse de variables. La nouvelle machine, combinée à la nouvelle grille de codes « Triton » (appelés par les Alliés *Shark/Requin*), entrée en service au début du mois d'octobre, assure aux sous-mariniers allemands, pour la fin de l'année, l'inviolabalité de leurs chiffres, faisant terriblement souffrir les décodeurs alliés.[5]

Insigne de matelot breveté (gefreiter) embarqué. *(Fonds Fantastic Attic, Bayeux)*

L'*Oberfunkmaat* Rudi Elkerhausen commande l'équipe radio de l'*U-564*. Le *Funkobergefreiter* Werner

Quand le tonnerre des moteurs diesel cesse, l'*ObMaschMt* Heinz Nordmann (à droite) et un *matrose* spécialisé dans la propulsion électrique mettent en marche les moteurs BBC électriques. Visible au premier plan, accroché au « plafond », un filet contient des vivres. La bouteille en osier, suspendue à côté, contient de l'eau déminéralisée utilisée pour les batteries.

Robustes gants de travail en cuir gris. *(Fonds Fantastic Attic, Bayeux)*

Apitz l'assiste pendant son service de veille ; l'autre duo est composé de l'*Oberfunkmaat* Willi Anderheyden et du *Funkobergefreiter* Ewald Gaiser. Il n'y a pas d'interruption dans le service de veille radio : elle fonctionne par périodes de quatre heures pour chaque quart aux heures de grande écoute (8 h 00 à 20 h 00) et par périodes de six heures en dehors de cette plage horaire ; y compris en cas d'immersion périscopique – équivalente à la hauteur de périscope quand il est déployé – où les transmissions radio sont toujours possibles. Pendant qu'un des deux hommes de service veille sur l'émetteur-récepteur, l'autre prend le contrôle de l'hydrophone, balayant l'océan à la recherche de l'ennemi.

À l'arrière de ce compartiment se trouve une lourde porte étanche, permettant en cas d'inondation d'isoler l'une ou l'autre moitié du bâtiment. Cette écoutille circulaire mène directement au *Zentrale* (le Central) – à la fois milieu géométrique et centre névralgique du sous-marin. Le poste central est encombré de vannes, de commandes et de cadrans. On y trouve le périscope de navigation, le gouvernail, le poste de commande des barres de plongées. Le poste de commande est double, à bâbord la commande des barres avant, à tribord celle des barres arrière. Au centre du poste, en hauteur, le cadran d'immersion. De nombreux autres systèmes sont localisés à cet endroit. La navigation y est aussi installée dans un petit local.

Au-dessus du *Zentrale*

Une échelle métallique mène au « *Turm* » (tourelle), un étroit local qui se trouve dans le massif, juste au-dessus du Central. Les commandes du gouvernail y côtoient le compas, le tube de communication avec le *Zentrale*, les deux cadrans des télégraphes indiquant la situation de chacun des diesels et, bien sûr, le périscope de combat. Tous ces cadrans et commandes sont bien sûr dupliqués dans le Central. À tribord, l'échelle passant par le puits du massif débouche sur la passerelle, au-dessus, et dans le Central, au dessous. Des quatre écoutilles menant vers l'extérieur, c'est la seule géné-

ralement utilisée en mer; les rares exceptions peuvent concerner l'accès par l'écoutille arrière à la chambre des machines et celui par l'écoutille avant lors du réapprovisionnement des torpilles. Gabier et Limburg sont régulièrement de service dans la *Zentrale* avec les officiers mariniers du poste de commandement; le *Maschinenobermaat* Emil Grade règle manuellement l'assiette du submersible en plongée et les systèmes de survie en air du sous-marin, et assure l'entretien des colonnes des périscopes et leur système hydraulique. Grade est assisté par les trois *Maschinenobergefreitern* Johann Rebahn, Werner Rieckhoff et Hans Merk.

Au bout de la *Zentrale*, une autre porte circulaire, étanche, mène à l'*Unteroffizierraum*, le poste des officiers mariniers. Huit couchettes sont utilisées, par rotation, par les onze sous-officiers ; deux tables pliantes, à tribord, sont utilisées pour les repas. Parmi les hommes qui vivent dans ce compartiment étroit, dont le passage est constamment encombré, on trouve Elkerhausen, Anderheyden, Bartels, Thiel et sept autres seconds maîtres responsables des aspects les plus divers du sous-marin, dont les systèmes de propulsion. De plus, le *Leutnant (Ing.)* Eberhard Hammermüller et le *KB Maat* Haring, les deux passagers du bord, sont invités à partager ce compartiment pour la durée du voyage. La minuscule cuisine est immédiatement située après l'*Unteroffizierraum*. Une plaque électrique à trois feux, un petit four et une bouilloire sont tout ce que le *Matrosenobergefreiter* Hermann Hausruckinger peut utiliser pour satisfaire les exigences culinaires de l'équipage. Hausruckinger est à bord du sous-marin depuis son commissionnement ; il a servi auparavant comme « second coq » avec Heinrich Ranm, après avoir tenu d'autres postes de matelot non spécialisé.

Désormais, comme *Smutje* (cuisinier), il est dispensé des services de quart, tant le besoin de se concentrer sur la confection des repas – ou du café – est constant. Il reste toutefois disponible partout où sa présence est appréciable dans la conduite générale du navire.

« Le régime pendant les huit premiers jours est tout à fait bon. Par exemple, nous avions beaucoup de légumes frais, de fruits, etc. En fait, tout le frais est utilisé

*en priorité. La cuisine est située entre l'*Unteroffizierraum *et la chambre des diesels. La cuisinière est placée à bâbord et, à tribord, juste en face, il y a une espèce de soute à vivres installée dans des poulaines, encombrées de légumes frais, de fruits, de viande etc. Tout d'abord, il n'est pas agréable d'avoir les toilettes dans la cuisine, et en plus, quarante-six hommes pour une seule toilette ce n'est pas assez! Le plus grand problème c'est le pain. Nous l'avions stocké dans un hamac beaucoup trop à l'air libre et, assez rapidement, il s'est dégradé et [les pains] ressemblaient de plus en plus à des lapins tant ils étaient couverts de moisissure. Nous l'avons grattée comme nous faisons pour beaucoup d'aliments. Quand tous les vivres frais ont été consommés, nous nous sommes tournés vers les aliments en conserve. Dans l'ensemble, nos réserves étaient bonnes; en fait nous avions de tout – sauf que tout cela avait un goût de gazole*[6]. »

Deux moteurs quatre temps diesels surcompressés Germaniawerft M6V 40/46 à 6 cylindres occupent le compartiment suivant, où des mécaniciens en sueur alimentent et surveillent les propulseurs grondants de l'*U-564*. L'équipe du compartiment diesel travaille par périodes de six heures, divisées entre quarts bâbord et tribord. Après un démarrage fourni par air comprimé – deux petits réservoirs sont installés à la base des moteurs – les deux puissants diesels fournissent, lancés à plein régime, une vitesse constante de dix-sept nœuds.

Arrivé à la poupe…

Plus loin, séparé par une mince cloison, se trouve le dernier compartiment, celui où est installée la paire de moteurs électriques BBC (Brown Boveri & Cie) alignée le long des puits de propulseur, permettant au sous-marin de se déplacer en plongée. Ce compartiment, un des plus longs du bâtiment, abrite le gouvernail de secours et le tube lance-torpilles arrière dont la sortie est dissimulée dans le renflement de la coque, sous le placage de pont.

---

6. Entretien accordé par Reinhard Suhren en 1981; côte A1981/22/002, archives *Royal Navy Submarine Museum*.

Les batteries fournissent l'énergie pour les moteurs électriques, mais sont le talon d'Achille des sous-marins allemands de la Seconde Guerre mondiale. Les 50 tonnes d'accumulateurs des batteries sont réparties dans deux compartiments : *Akkuraum 1,* à l'arrière du sous-marin, sous le logement des officiers mariniers, et *Akkuraum 2*, à l'avant, sous le carré des officiers, aux endroits où le renflement de la coque permet de les disposer sous le plancher. Cette disposition laisse ainsi au marin chargé de mesurer l'état de leur charge la possibilité de se déplacer le long des 62 cellules, couché sur son petit chariot. Les batteries sont capables de produire près de dix heures d'autonomie. L'*U-564*, comme tous ses « sister-ships », ne peut plonger et opérer sur ses moteurs électriques que pour un temps limité et à une vitesse très réduite. Même poussés au maximum, les moteurs électriques ne peuvent propulser le sous-marin à un peu plus de sept nœuds à l'heure, une vitesse qui décharge complètement et très rapidement les batteries. Quand elles sont à plat, le commandant est confronté à un choix dramatique: faire surface et affronter l'ennemi à l'affût pendant les trois ou quatre heures de croisière nécessaires au rechargement des batteries, ou cesser d'avancer et sombrer silencieusement dans l'abîme jusqu'à ce que la coque ne puisse plus supporter la pression des grandes profondeurs. En réalité, les U-Boote sont plus des submersibles que des sous-marins.

À peine a-t-il pénétré dans le golfe de Gascogne que l'*U-564* réalise un premier test de plongée qui prouve son opérabilité. Satisfait, Teddy fait alors surface sous un ciel sans lune. Naviguer en surface, aux diesels, est la façon la plus rapide et la plus économique de traverser le golfe de Gascogne, désormais domaine réservé de l'aviation anti-sous-marine alliée. Point de passage obligé pour le trafic des sous-marins allemands à la sortie des bases atlantiques françaises, le golfe est placé sous la surveillance du *Coastal Command* de la *Royal Air Force* qui intensifie ses patrouilles ASW. Pour Dönitz, la menace qu'elles représentent est préoccupante.

Le *Mechanikermaat* Gerhard Ehlers et le *Mechankergefreiter* Horst Becker coiffé de la *Bordmütze* (bonnet de bord) entretiennent le système de propulsion d'une torpille. Ces dernières requièrent une attention constante afin de conserver la fiabilité des mécanismes de mise à feu et des systèmes de propulsion. Ehlers et ses deux mécaniciens-torpilleurs sont chargés de la maintenance des « anguilles ». Le plancher du compartiment est encombré de sacs de pommes de terre.

Il n'y a pas que les torpilles qui exigent une attention régulière et une maintenance suivie. Avec les plongées fréquentes, le risque de corrosion et donc de défaillance des organes du canon de pont de 88 mm est important. D'épaisses couches de graisse sont appliquées entre chaque plongée. Le *Bootsmaat* Karl Ernst Thiel et Suhren – qui a toujours été un excellent officier artilleur – travaillent sur le mécanisme de visée tribord. Cette pièce délicate d'optique est habituellement retirée avant l'immersion.

Ci-dessus et page suivante en haut. L'optique de la mécanique de visée du canon de bord (canonde 88 ou de 105 mm). *(Fonds Fantastic Attic, Bayeux)*

Lors de la conférence de Paris du 16 juin 1942, le *BdU* et les chefs des différents départements de l'OKM abordent le délicat sujet de la défense antiaérienne des sous-marins au large des côtes françaises. Le développement et les essais des détecteurs radars deviennent la priorité absolue ; la mise en place de canons antiaériens efficaces est accélérée. C'est donc lors de cette réunion que le « jardin d'hiver », derrière le kiosque, devient l'emplacement d'une nouvelle plate-forme pour des canons antiaériens plus performants. La production du détecteur radar *Metox* est lancée.

Ces résolutions font encore partie de l'avenir quand l'*U-564*, en ce début juillet, navigue plein ouest. Les veilleurs, à leur poste dans la baignoire, tentent de percer l'obscurité à la recherche d'« hostiles ». Inévitablement, le premier ennemi est aperçu à 04 h 58, du matin le 12 juillet, à moins de 100 miles nautiques (185 km) de Lorient.

Le bourdonnement sinistre des moteurs britanniques précède la forme sombre d'un bombardier passant à tout juste 100 m du sous-marin allemand. Les marins

7. Livre de bord de l'*U-564*.

mettent en œuvre la petite mitrailleuse MG 34 au moment où la grande ombre balaye le ciel nocturne, ses propres mitrailleuses clairement visibles à l'intérieur des tourelles en Perspex. Mais cette fois, il n'y aura pas de combat, l'avion disparaît aussi vite qu'il est apparu. *« L'observateur de l'appareil ne nous a pas vus à cause de la nuit noire, sans lune[7] ».*

Sachant que les chances d'une deuxième rencontre sans encombre sont minces, Teddy ordonne l'immersion de l'*U-564* à 06 h 10. Toute la matinée est passée sous l'eau, le sous-marin ne faisant surface, rapidement, que quand la lumière d'été permet d'observer à de bien plus grandes distances.

La nuit suivante, une seconde rencontre manque d'envoyer le téméraire *U-564* par le fond. Cette fois l'officier de quart donne l'ordre de plonger en urgence. Un Sunderland, le gros « Tracteur » comme les Allemands le surnomment, s'est calé sur le sillage phosphorescent que laisse derrière lui le submersible. L'attaque est déjouée grâce à la vigilance du poste d'observation de la passerelle. Encore une fois, le bateau est obligé de se cacher sous l'eau à la faible vitesse conférée par ses moteurs électriques, les risques de l'attaque aérienne dépassant n'importe quel avantage d'une croisière rapide. L'aube apporte un peu de soulagement. Le bateau fait surface et l'équipage installe la MG 34 sur l'affût du massif, mais il faut vite la démonter après l'apparition d'un nouvel avion ennemi, moins de vingt minutes plus tard. Les ordres de plongée hurlés d'une voix rauque et ces différents processus sans cesse réexécutés mettent les nerfs de l'équipage à vif et augmentent la tension nerveuse de ces hommes vivant sous la menace incessante des avions ennemis.

Finalement sorti du golfe de Gascogne, Teddy met le cap au sud-ouest pendant trois jours de rang. Ailleurs, la menace aérienne revendique sa première victime sur les dix sous-marins lancés en direction de l'ouest en ce mois de juillet 1942.

L'*U-751* de Gerhard Bigalk, détenteur de la croix de chevalier, est trouvé et envoyé par le fond, le 17 juillet, par l'action conjuguée d'un Whitley du *No 502 Squadron* et d'un Lancaster du *No 61 Squadron*, au nord-ouest du cap Ortegal, sur la côte nord de la Gallice. Le bateau a coulé par l'arrière, entraînant avec lui ses 48 hommes d'équipage[8].

8. L'*U-751* n'est toutefois pas la première perte dans le golfe de Gascogne au mois de juillet 1942. L'*U-502* de Jürgen von Rosenstiel est coulé par un bombardier Wellington du *No 172 Squadron*, le 6 juillet; premier bombardement réussi avec le tout nouveau *Leigh Light*.

3 L'attaque du convoi

Du 17 au 20 juillet...

Le travail continue sur le canon de 88 mm.

À MIDI, le 17 juillet 1942, au moment où le bâtiment de Bigalk succombe à une attaque aérienne, l'*U-564* atteint le cœur de l'Atlantique, laissant les périls du golfe de Gascogne loin derrière lui. Le bateau a déjà parcouru plus de 370 miles nautiques (685 km environ) en surface et près de 60 supplémentaires (environ 110 km) en immersion, sous la menace des patrouilles aériennes alliées de plus en plus efficaces. Teddy a obtenu la confirmation du BdU concernant sa demande de ravitaillement en combustible auprès d'une *Milchkuh*. L'*U-564* navigue vers l'ouest et son rendez-vous, une douce houle l'accompagne. Suhren en a correctement déduit que, malgré tout le talent de Gabier qui a su stocker et économiser la moindre goutte de carburant, un ravitaillement est nécessaire pour prolonger le plus longtemps possible son séjour dans les Caraïbes où la chasse est nécessairement fructueuse tant les pétroliers et les cargos alliés sont nombreux à sillonner ces eaux.

Premier convoi repéré

Cependant, cette nuit-là, pendant que le *Funkmaat*, Rudi Elkerhausen, surveille le flux constant du trafic radio entre Dönitz au contrôle opérationnel et « ses loups gris », il capte un message de l'*U-202* – un camarade de flottille – susceptible d'encourager à un détour éventuel de leur paisible route : *« 22 h 07 KR KR. Convoi repéré le BD 6979. Route au 250, vitesse modérée*[1]. »

Le sous-marin du *Kapitänleutnant* Hans-Heinz Linder revient d'une patrouille le long de la côte est des États-Unis durant laquelle il a déposé quatre saboteurs agissant dans le cadre de l'opération *« Pastorius »*, la première mission de sabotage d'importance planifiée par les Allemands et menée sur le sol américain[2].

Privé de torpilles après une patrouille réussie, Linder suit les convois repérés et devient le bateau balise, fournissant régulièrement le signal et les informations de localisation à tous les sous-marins allemands croisant dans les parages. Bien que disposant encore de torpilles, Linder, en tant que bateau de contact, est contraint d'attendre d'autres sous-marins pour atteindre le convoi et lancer la première attaque. En rapprochant sa position de celle du convoi, Teddy contacte Dönitz : *« Mon emplacement est CE 20. U-564. »*

À des milliers de kilomètres plus à l'est, l'amiral, de son poste de commandement installé dans son nouveau quartier général, boulevard du Maréchal Maunoury à Paris, matérialise ce nouveau contact sur la gigantesque carte qui orne un mur entier de la salle d'opérations. Sur ce diagramme compliqué de l'océan Atlantique sont indiquées les positions connues de chaque sous-marin allemand et les emplacements supposés des cibles alliées. Dans son château réquisitionné à Angers, près des ports du golfe de Gascogne, au *FdU West*, Hans Rudolf Rosing procède de même, sa carte est la seule vraie copie du diagramme de situation du BdU[3].

Bientôt, les instructions codées et rédigées en morse émanant de Dönitz, répercutées par les gigantesques émetteurs de Rosing installés en France, ordonnent à tous les bateaux présents dans le secteur de frapper pour tuer. À bord de l'*U-564*, Elkerhausen remet à la hâte le message décodé à son capitaine. *« Linder a pris contact avec l'ennemi. Autant que le fuel le permet, Suhren et l'U-654 foncez.*

Suhren et l'U-654 ont foncé ! »

Bien que la localisation du convoi soit assez éloignée au nord-est, Teddy ordonne au *Stabsobersteuermann* Karl *« Stürkorl »* Linburg de tracer la route d'interception, conscient que Dönitz le veut impliqué dans cette attaque.

Aux côtés de l'*U-654*, le *« Dreimal schwarze Katen »* se lance dans la poursuite à 15 nœuds, bientôt rejoint pour la chasse par l'*U-108*, un grand Type IX. Grâce aux positions constamment rapportées par Linder, leurs chances de contact peuvent être considérées comme bonnes et Teddy ordonne que les cinq torpilles électriques (*« Etos »*) soient placées dans leurs tubes, vérifiés, graissées et prêtes pour l'action.

Les longues batteries de huit pieds (2,50 m) des « Etos » sont vérifiées et recouvertes d'électrolyte par les deux torpilleurs sous les ordres d'Ehlers. Toute une série d'éléments chauffants dans le conteneur de batterie est allumée, préchauffant les cellules avant le tir, augmentant ainsi le rayon d'action de la torpille de près de soixante pour cent.

Pendant que les diesels de Gabier montent dans les tours, tous les hommes d'équipage qui ne sont pas de service sont envoyés se reposer. Teddy est incapable de se détendre et grimpe en haut du massif avec les hommes de quart, balayant avec inquiétude l'océan à la recherche du plus petit signe indiquant la présence de leurs cibles. Les tasses de café noir fumantes et brûlantes sont acheminées sur la passerelle par Hausruckinger le cuisinier et, bientôt, l'indubitable « coup de pied » de la caféine excite les nerfs déjà tendus des veilleurs. Au même moment, les trente-cinq navires du convoi OS.34 – en provenance du Royaume-Uni pour se jeter dans la chaleur étouffante de Freetown – prennent conscience que leurs silhouettes se détachent sur l'horizon.

1. Livre de bord de l'*U-564*.
2. Voir le livre de Paterson, *First U-Boat Flotilla*, pages 138-140.
3. Dönitz avait réquisitionné le château pour son usage personnel avant qu'Hitler ne lui ordonne de s'installer à Paris après le raid allié sur Saint-Nazaire. Ainsi, Rosing et ses services héritent du château qui vient d'être entièrement rénové et équipé. La copie de la carte carroyée est entretenue comme sauvegarde en cas de dégâts causés à la principale carte au QG du BdU.

Même par petite houle, la proue d'un Type VIIC est régulièrement sous l'eau. Ici, l'*Oberleutnant zur See*, Ulf Lawaetz, et les trois hommes du premier quart scrutent l'horizon. Le vêtement de forte pluie utilisé par l'équipage des sous-marins allemands, surnommé « *der Grosse Seehund* » (le grand phoque), n'est pas distribué à chaque homme ; l'équipage partage les effets selon les circonstances.

La route OS (*Outbound-South/Route du Sud*), « ouverte » depuis 1941, voit défiler les bateaux se dirigeant vers l'Atlantique Sud, Panama et les Caraïbes, sous le parapluie protecteur du *Western Approaches Command* (*Commandement des Atterrages Occidentaux*) jusqu'à Freetown ; l'extension vers le sud de la guerre sous-marine allemande impliquait ce détour. Avant juillet 1942, l'Amirauté britannique n'a perdu sur l'OS que treize navires marchands sur un total de 1343 escortés : trois d'entre eux sont coulés dans le nord de la Manche à seulement une journée de leur port de départ. Plus petit que le convoi moyen sillonnant ce parcours, le convoi OS.34 est formé de bateaux provenant de La Mersey, La Clyde, Milford Heaven, Belfast et Oban. Ce convoi de ravitaillement est sous l'escorte locale de patrouilleurs spécialisés dans la lutte anti-sous-marine.

Alerte maximum...

Les trente-cinq navires marchands sont organisés en neuf lignes ; leur protection, dès le 12 juillet, est assurée par le 15e Groupe d'Escorte composé de cinq corvettes toutes équipées HF/DF (*High Frequency/Direction Finding* : système de radiogoniométrie utilisé comme dispositif de repérage). Les *HMS Folkestone*, *Gorleston*, *Wellington*, *Orissa* et *Erne* mènent leurs précieuses brebis au cœur de la zone de chasse allemande dans l'Atlantique Nord. Leurs équipements de détection sont en alerte maximum et les vigies en passerelle ou dans leur nid de pie, les yeux rivés à leurs jumelles, assurent des rotations permanentes[4].

À bord du *HMS Folkestone*, l'officier commandant l'escorte de quatre corvettes protégeant la masse compacte des cargos donne l'ordre d'avancer à huit nœuds, sur un large front, avant de virer de bord en direction de l'Afrique occidentale. L'équivalent civil du chef d'escorte est le *Convoy Commodore*, R. G. Clayton, à bord du *SS Empire Stanley,* premier navire de la colonne centrale, accompagné de quatre autres navires marchands. Bien que le taux de succès allemand reste faible depuis plusieurs mois, la crainte d'une attaque de sous-marin allemand hante constamment l'esprit des marins des convois. Un large front sur une faible profondeur semble être la meilleure protection contre les attaques ; les bateaux d'escorte du *Western Approaches Tactical Command* assurant la recherche des prédateurs sur les flancs des convois, les endroits les plus vulnérables.

Le Kapitänleutnant Linder sature l'éther de messages donnant la position du convoi. Si ses camarades les reçoivent, les stations alliées au Royaume-Uni aussi. Bien qu'incapables de déchiffrer les messages codés allemands, les techniciens britanniques réussissent, bien évidemment, par triangulation, à localiser la position du sous-marin de contact. Un message est alors transmis par les services du chiffre à tous les navires de l'escorte : « *Pour action immédiate. D/F sur 11068 K/ cs à 20 h 09. Pensons que le convoi OS.34 a été repéré par U-Boot.* » C'est le branle-bas de combat sur toutes

4. Le *HMS Erne* était prévu pour escorter le convoi OS.33, mais est retiré du service après que l'Amirauté ait considéré que ce bâtiment « *aux pratiques insuffisantes, ne pouvait être considéré comme efficient* ». Le *HMS Erne* reste en Grande-Bretagne afin de participer à des exercices avant de rejoindre le 15e Groupe d'Escorte.

les corvettes. À 05 h 34, un nouveau message parvient aux vaisseaux britanniques, augmentant l'inquiétude : « *D/F… émettons la probabilité que deux U-Boote supplémentaires sont arrivés dans le voisinage du convoi* ».

Les émissions de Linder attirent sur lui les escorteurs qui tentent d'éloigner l'*U-202* de la route suivie par le convoi. Mais le commandant du U-Boot, un vétéran de la guerre sous-marine, ne renonce pas si aisément et, obstinément, il renoue le contact jusqu'à ce que les autres « loups gris » arrivent en renfort. Le jeu mortel entre les escorteurs et le sous-marin allemand dure toute la nuit et, même si les corvettes tiennent Linder à distance, les Britanniques savent qu'en fin de compte ils ont échoué à sauver le convoi des prédateurs lancés à leur poursuite.

Quand l'aube teinte de feu les épais bancs de nuages à l'est, Teddy trouve enfin le temps de s'allonger sur sa couchette afin de recharger ses propres batteries. Le soleil dans sa course lente luit faiblement au travers des nuages, éclairant une mer anormalement calme, seulement perturbée par la fine et grise étrave de l'*U-564*.

Le bâtiment de Suhren est prêt pour l'action et trace sa route sur les rapports de position émis par Linder. Finalement, à 11 h 50, l'attention des membres de l'équipe de quart est enfin récompensée par les panaches de fumée zébrant l'horizon à tribord, bientôt suivis par les mâts, semblables à de petites allumettes, et, enfin, les minuscules coques des cargos alliés se détachant sur la ligne d'horizon.

Choisir sa cible…

Avec Teddy au contact et les deux autres sous-marins approchant rapidement, Linder, presque à court de carburant, cesse la poursuite et reprend la route du retour, échappant de peu aux tirs des navires d'escorte lancés à ses trousses. Il fonce désormais à pleine vitesse en surface.

À bord de l'*U-564*, Suhren et ses officiers étudient leurs cibles et mettent sur pied la meilleure approche possible. La décision est prise dans l'heure et, après une brève émission en morse, le sous-marin allemand plonge pour lancer la première attaque en immersion, la proue du sous-marin directement dirigée sur la tête du convoi.

Bien loin de là, à Paris, la tension monte d'un cran à l'état-major quand Dönitz reçoit la brève transmission de Teddy : « *Convoi carreau BD 9592. Attaque. Suhren.* » La dernière position de l'*U-564* est mise à jour sur la grille atlantique et la fine ligne représentant le convoi OS.34 est déplacée par les membres de l'état-major, tous vétérans de la guerre en mer, à l'affût de la moindre nouvelle.

Le mélange familier d'appréhension et d'excitation saisit tous les hommes de l'*U-564* quand Gabier amène le sous-marin à quatorze mètres de la surface. Dans son réduit, à la base du kiosque, Teddy s'installe sur la petite selle devant le péricope d'attaque. Il fait émerger l'étroite tête de celui-ci, juste à la surface, et commence à annoncer les informations nécessaires pour une attaque à la torpille. Toutefois, les conditions ne sont pas idéales pour une attaque de ce type, le sillage laissé par le périscope risque d'alerter les navires d'escorte protégeant les flancs du convoi. Deux corvettes ouvrent la marche, tandis que les trois autres tournent autour, en sentinelles. Leurs équipages, attentifs au moindre mouvement, sont à leurs postes de combat depuis le premier contact avec Linder et sont bien conscients de la menace allemande.

Ci-dessus, de gauche à droite. La chasse au convoi est lancée et à 5 h 34, l'*U-654* rejoint le bâtiment de Suhren. L'III.WO, le *Stabsobersteuerman* Karl Limburg, debout dans le « jardin d'hiver » communique avec le nouvel arrivant par l'intermédiaire du sémaphore et des fanions. Son homologue à bord de l'*U-654* est à peine visible.

Dans le viseur de son périscope, Teddy choisit minutieusement les cibles de sa première salve de torpilles ; il égrène tranquillement les informations nécessaires au *Bootsmann* Webendorfer, en charge du calculateur de tir des torpilles, qui partage avec lui l'étroit compartiment. Soudain, au moment ou l'attaque va être lancée, le convoi OS.34 vire à tribord et se met hors de portée des torpilles de l'*U-564*. Une nouvelle fois, la danse mortelle entre le chasseur et sa proie commence. Le périscope de l'*U-564* a été repéré par la corvette *HMS Gorleston* qui fonce immédiatement sur lui. Teddy plonge profondément, sa poupe dirigée vers l'ennemi[5].

Profondeur périscopique

Les hommes du bord quittent alors leur poste de combat. Une fois revenu à profondeur périscopique, Suhren voit le convoi disparaître au large, à plus de vingt miles nautiques (35 km environ). Il est temps pour l'*U-564* de revenir à la surface et reprendre la chasse. Cette fois, il n'est plus seul : l'U-654 de Forster vient d'apparaître sur sa proue. Quand les deux sous-marins établissent le contact, les commandants communiquent par fanions et sémaphores, Teddy guidant Forster sur l'objectif :

« C [aptain] à C [aptain], en contact avec l'ennemi à 13 heures Prenez cap identique au mien et ne vous approchez pas d'eux »

« Message reçu et compris[6]. »

Forster, machine avant toute, gagne sa position le long du convoi puis les deux sous-marins s'éloignent l'un de l'autre... La décision d'attendre la tombée de la nuit pour attaquer est prise et les Allemands contournent leur proie, hors de portée des systèmes de détection de l'escorte alliée.

L'U-108 et l'U-126, un Type IX, approchant rapidement, Teddy trouve judicieux de desserrer les rênes. Plusieurs transporteurs, à la peine, trahissent la position de l'OS.34, par leurs épais panaches de fumée, leurs mécaniciens poussant à bout leurs vieilles chaudières fatiguées pour suivre le rythme du convoi. La piètre qualité du charbon utilisé à bord des *SS Port Auckland* et *SS Port Adelaide* produit une fumée dense et fait de la poursuite du convoi « une opération facile[7] ».

Au début de la soirée, Teddy note la présence importune d'un avion ennemi au-dessus de la zone. Un B-24 Liberator du *No 120 Squadron* du *Coastal Command* apparaît au crépuscule et survole OS.34 pendant près d'une heure. Convaincu que le bombardier l'a repéré, Teddy – qui n'est victime pourtant d'aucun harcèlement ou attaque – préfère plonger en urgence quand l'avion change de cap et s'approche de sa position :

« Plongée, à profondeur de périscope. En haut ! En bas ! Cela ressemble de plus en plus à un ascenseur ! Les patrouilles aériennes alliées sont diaboliques... En surface, la nuit commence à tomber. Les Premier et Deuxième officiers de quart au Capitaine ! Écoutez. Désormais, quand nous faisons surface, nous partagerons les quatre secteurs entre nous – et nous garderons les yeux bien ouverts[8] *! »*

Sur le moment, l'événement ne semble pas inquiéter plus que de raison Suhren... Et pourtant, c'est la première fois qu'un avion pénètre si loin dans l'Atlantique. En effet, le Liberator a vu ses bombes remplacées par des réservoirs supplémentaires, le transformant en avion de reconnaissance maritime sans capacité d'attaque. Bien que plus tard évalué comme peu intéressant par la Royal Navy – et n'ayant pro-

---

5. Le *HMS Gorleston* commence sa carrière sous le nom d'*USS Itasca* comme *Cutter* au sein des Garde-Côtes américains. Il est transféré dans la Royal Navy en 1941 conformément à l'accord Prêt-bail.
6. Journal de bord de l'*U-564*.
7. Analyse des opérations par le Lt-Cdr Gibson, Senior Officer du 42nd Escort Group, PRO ADM 237/145.
8. Voir le livre *Nasses Eichenlaub*, page 104.

duit « qu'un bref survol » –, cet appareil est le signe avant-coureur de situations bien plus dramatiques pour les sous-marins allemands. Le relatif succès de ces avions à long rayon d'action dans la reconnaissance et les opérations d'attaque au printemps 1943 permet toutefois de « boucher » ce trou dans l'Atlantique qui offrait, jusque-là, une zone de sécurité aux sous-marins allemands naviguant en surface.

À 05 h 34, l'incertitude se cristallise en angoisse quand le Liberator survole l'*U-564*, signalant deux sous-marins aperçus dans le sillage du convoi.

Progressivement, les derniers vestiges du jour disparaissent sous « le linceul funèbre du crépuscule ». Un léger vent souffle sur l'océan et la houle balaie le pont de l'*U-564* alors que les membres de l'équipage, une fois encore, rejoignent leurs postes de combat. La pression de la poursuite commence à affecter la maîtrise de soi de Suhren lui-même :

« *Je continue à me concentrer sur les traînées de fumée et je demande au quart de ne plus me faire sursauter en criant. Ils doivent indiquer n'importe quelle présence dans le bon timing… Mais tranquillement ! Mes nerfs ne sont pas faits d'acier ! Je reste collé aux nuages de fumée et je n'ose pas fermer les yeux ne serait-ce qu'un instant. Soudain, j'entends la vigie à ma droite annoncer, tout doucement, "Avion*[9] *!"* »

Une fois de plus, l'équipe de quart dégringole en catastrophe l'échelle du kiosque pour atterrir, bottes de mer cloutées en avant, sur le plancher du Central ; chaque homme étant extrait *in extremis* avant que le suivant ne lui tombe dessus. L'*U-564* s'incline de façon alarmante sous les ordres de Teddy, lançant le bâtiment vers les profondeurs, ses propulseurs tournant à plein régime… Mais il n'y a pas attaque et aucune grenade sous-marine ne vient exploser près du sous-marin. De nouveau, l'équipage estime que la chance est de son côté, inconscient que l'avion ne possède ni grenades sous-marines, ni bombes.

Prudemment, Gabier ramène le sous-marin à profondeur périscopique et Teddy utilise, cette fois, le grand périscope de navigation pour parcourir le ciel, à la recherche de leur attaquant. Le Liberator est reparti cercler au-dessus du convoi pour une heure encore avant de disparaître complètement.

Troisième jour de la poursuite

À 00 h 30, le 19 juillet, troisième jour de la poursuite, l'*U-564* émerge une fois encore des profondeurs. Dans le grondement des diesels, Teddy fonce vers l'avant du convoi. Cette fois, il va sonner l'hallali. Les hommes de son équipage rejoignent encore une fois leurs postes de combat.

Aucun des deux autres sous-marins allemands au contact ne signale sa présence et Teddy choisit finalement la technique risquée de « faire le mort » à l'avant du convoi et d'attendre pour ouvrir le feu. Après moins d'une heure à pleine vitesse, il rejoint la position de tir idéale. Les deux corvettes, à l'avant-garde du convoi – les *HMS Gorleston* et *Orissa* – surgissent des ténèbres. L'*U-564*, toujours en surface, ses moteurs tournant au ralenti, se positionne pour l'attaque. À peine visible au nord du convoi, la mince silhouette du submersible glisse en direction du sud. Les deux corvettes, surveillant successivement les deux flancs du convoi, ne peuvent qu'ignorer le sous-marin en embuscade : elles ne sont pas équipées de cet outil vital, le radar centimétrique.

Les colonnes de navires marchands avancent vers Teddy, invisible, idéalement placé sur leur flanc, entre la colonne de tribord – la plus éloignée – et les navires

Pages 52-53.
Le *Kaptitänleutnant* Forster manœuvre l'*U-654* pour le rapprocher au plus près, par bâbord avant, du submersible de Suhren afin de permettre aux deux commandants de communiquer par porte-voix, la *Gefüstertasche* (littéralement « sac à chuchotement »). L'insigne distinctif de Forster, une tête d'éléphant blanc, est visible sur le quart bâbord avant du kiosque.

9. Voir le livre *Nasses Eichenlaub*, page 106.

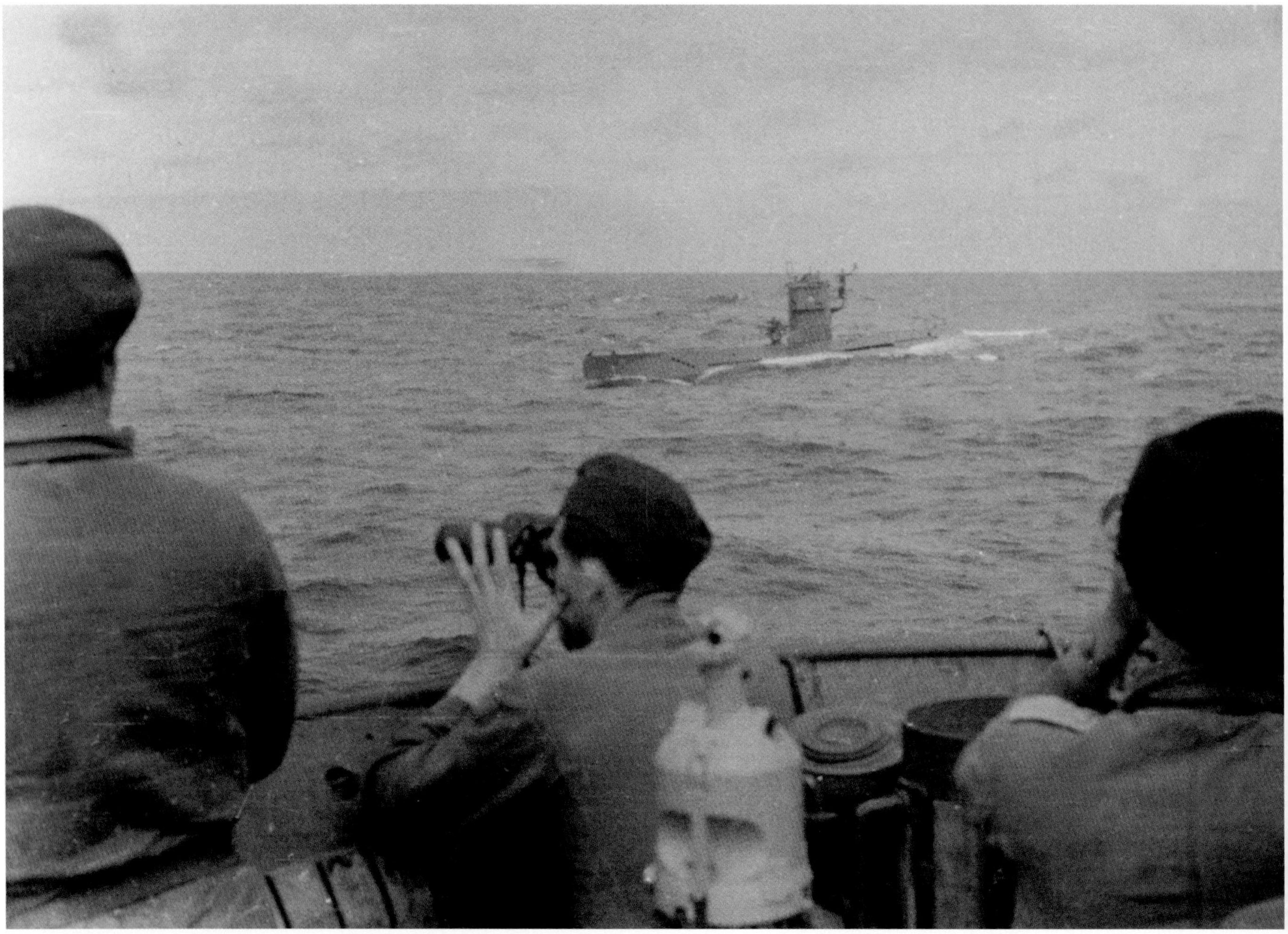

Son attaque en immersion déjouée, Suhren se lance une nouvelle fois à la poursuite du convoi. En début de soirée la « couronne de veille » de l'*U-564* repère les panaches de fumée du convoi.

d'escorte. Il ouvre les portes extérieures de ses quatre tubes lance-torpilles de proue. L'*U-564* est prêt à tirer.

Le convoi OS.34 est maintenant à portée et l'équipage du sous-marin entend le bruit des propulseurs se propageant dans l'eau. Le vacarme « enveloppe » leur bâtiment. C'est à ce moment que Teddy se rend compte qu'il est en réalité trop proche de ses cibles. Il décide alors d'emmener son bâtiment tribord avant puis de virer en arrière à 90° pour finir à bâbord et attendre que les bateaux alliés reviennent dans sa ligne de mire.

Trois bateaux de tonnage moyen

Suhren change de position doucement, de peur que l'explosion des torpilles ne le rende trop visible. Tout aussi tranquillement, il donne ses instructions de visée à Lawaetz chargé de l'UZO. Sa position de tir est idéale, les bateaux alliés, en file indienne, passent lentement devant les tubes du sous-marin.

Teddy choisit trois bateaux de tonnages moyens, une paire estimée à 5 000 tonneaux et un troisième, un cargo mixte, à 8 000 tonneaux. Le dernier navire présente une haute superstructure et deux cheminées qui font penser à Teddy que la deuxième cheminée pourrait être un leurre, dissimulant probablement les caractéristiques d'un croiseur marchand armé. Finalement, à 02 h 30, l'heure de vérité sonne : *« Rohre einer bis vier, Los ! »*

Dans le poste d'équipage, à l'avant, le *Mechanikermaat* Ehlers pousse vers le bas les quatre leviers de tir et les torpilles sont propulsées hors de leurs tubes, moteurs lancés pour commencer leur course vers la cible. En seulement 22 secondes, les quatre « anguilles » G7e sont tirées. Le cliquetis des lourds pistons refoulés contre les portes des tubes indiquent quatre lancements parfaits. Les chronomètres égrènent les angoissantes secondes avant l'impact. Le quartet des mortelles torpilles, déjà loin de l'*U-564*, fonce vers ses cibles. Les petits moteurs électriques DC ont été déclenchés au moment où les « anguilles » sont poussées hors du sous-marin par l'explosion d'air comprimé. Les torpilles filent à leur vitesse maximale de 30 nœuds (environ 55 km/h), à seulement quelques mètres sous la surface.

Pratiquement aucun sillage visible ne vient trahir le tir et les équipes de vigies alliées ne repèrent pas les projectiles. À cette distance de 600 m préconisée par les instructions, il suffit de seulement quelques secondes pour que l'équipage du sous-marin connaisse l'allégresse de la victoire ou la frustration de l'échec. Sans perdre de temps, Teddy aboie les ordres permettant de virer rapidement à tribord afin d'échapper aux navires d'escorte. La manœuvre lui permet, de plus, de placer son tube numéro cinq – celui de la poupe – en direction des navires marchands. Avant que l'*U-564* n'ait achevé son demi-tour – moins de deux minutes après le tir – l'enfer est déchaîné dans le convoi…

« Deux éclairs, suivis de deux énormes nuages noirs. Puis une troisième explosion, stridente, une extraordinaire gerbe de flammes et un cargo entier vole en éclats. Celui avec les deux cheminées ; il transportait des munitions[10]. »

La confusion règne sur la scène quand une quatrième torpille explose. Une spectaculaire boule de feu s'élève de ce qui avait été le *SS Empire Hawksbill* – un navire de 5724 tonneaux – illuminant le panorama. L'explosion procure aux attaquants ce soulagement de la victoire tout en les frappant de terreur : ils sont responsables de ce drame.

Les chantiers navals de la South Western Shipbuilding Company de San Pedro en Californie ont construit ce cargo, baptisé *SS West Nivaria* pour le *US Shipping Board*, en 1920. Le navire a connu deux changements de nom avant d'être vendu à la

10. Journal de bord de l'*U-564*.

Bartels et Waldschmidt scrutent sans relâche l'horizon. Ces quatre heures de veille et de concentration sont une tâche épuisante, mais elles font toute la différence entre le succès et l'échec dans le repérage du convoi, entre la vie et la mort… À ce moment de la guerre, la veille est le seul moyen efficace de repérer les menaces potentielles.

Grande-Bretagne en 1940. Son nouveau port d'attache est Londres où il est converti en DEMS (navire marchand défensivement armé) par l'adjonction d'un canon de 4 pouces et de mitrailleuses, avant d'être rebaptisé *Empire Hawksbill*[11]. Cette fois, après avoir traversé deux ans de guerre sans encombre, le capitaine Harold Theodore Lamb et son équipage de trente-sept marins et neuf artilleurs sont abandonnés par la Providence. Le *SS Empire Hawksbill* est un des huit bateaux dans le convoi transportant des explosifs. Lorsque l'ogive de la torpille touche sa coque, son explosion déclenche celle de la cargaison de munitions destinée à Table Bay en Afrique du Sud, vaporisant sa cargaison ainsi que tout son équipage.

Les fragments de métal pleuvent autour de l'*U-564* et, craignant pour la sécurité de ses hommes, Teddy ordonne à l'équipe de quart de s'abriter pendant qu'il reste sur place, fasciné par le spectacle. La proue d'un des vaisseaux d'escorte glisse entre l'*U-564* et les débris en flammes du cargo. Teddy, les yeux fixés sur les flammes, crie à Haring de venir sur le pont pour fixer l'instant avec son appareil photo.

Soudain, Suhren, abasourdi, entend le sifflement de l'air s'échappant des ballasts et voit l'*U-564* s'enfoncer rapidement sous l'eau.

« Que diable se passe-t-il encore? De pleins seaux d'eau se déversent sur ma tête quand je tire l'écoutille derrière moi pour la refermer… Je suis furieux. Êtes-vous tous devenus fous? Qui a donné l'alarme ? Qui a donné cet ordre? » [Stürkorl] est complètement désemparé devant les cris de Suhren. « Mais, Patron, vous avez donné l'ordre vous-même… » « Qui ?.. Quoi ?.. Quand ? Le ciel m'est témoin aujourd'hui que ce que ce pauvre garçon a fait était parfaitement raisonnable. Quand je renvoie l'équipe de quart en bas, comme je venais de le faire – et dans ce cas c'était à cause de tous les débris qui pleuvaient sur la baignoire – c'est toujours le prélude à une plongée en catastrophe. Mais, cette fois, je n'avais pas hurlé "Alarme !", *mais seulement* "PK man!" *En fait :* "PK, PK". *Notre maudit passager du ministère de la Propagande*[12]*… »*

Pendant les dix minutes qui suivent, Teddy frôle la crise d'apoplexie, le malchanceux Haring faisant les frais de sa colère dans la *Zentrale* encombrée. Les termes dont il use, bien que tous d'origine navale, demeurent d'une grande éloquence.

Quitter les lieux rapidement

Gabier interrompt finalement le torrent d'injures en annonçant tranquillement que le bateau se trouve à 100 mètres sous la surface. Le son caractéristique des propulseurs des vaisseaux de surface annonce une contre-attaque imminente venant d'en haut. À l'hydrophone, le *Funkmaat* Rudi Elkerhausen suit la progression de la menace et Teddy ordonne rapidement d'utiliser le tout récent lanceur de « Bold », le leurre anti-sonar, expédié depuis le compartiment arrière, au moment où l'*U-564* entame sa fuite. Cette fois, la chance sourit à Suhren : les six grenades de profondeur lancées par le *HMS Gorleston* le sont à l'emplacement présumé du sous-marin. Les charges explosent près des bulles émises par la capsule « Bold ». La ruse permet à l'*U-564* de quitter les lieux discrètement. L'utilisation du « Bold » a permis de nombreuses évasions sous-marines. La plupart des commandants de sous-marin expérimentés tentent de s'échapper en surface, où la silhouette basse et effilée du sous-marin et sa vitesse sont utilisées à leur avantage. À l'été 1942, le radar de surface centimétrique allié n'est pas encore répandu et restera longtemps inconnu de la Kriegsmarine.

En plongée, sous la menace, ou, comme dans le cas raconté ici d'une « plongée accidentelle », le leurre anti-sonar est souvent utilisé lors d'une tentative de remontée, pour essayer de déjouer les investigations ASDIC lancées depuis la surface.

Le leurre est le fruit d'une idée émise lors d'une réunion entre Adolf Hitler et des officiers supérieurs de la Kriegsmarine à Berlin au mois de septembre 1941. Le Führer exprimait son souhait de voir réaliser *« une torpille leurre »*, simulant la destruction d'un sous-marin. L'idée originale consistait en une torpille spéciale pouvant libérer du pétrole et diverses épaves en cas de chasse prolongée menée par des destroyers ennemis. Malheureusement pour la suggestion de Hitler, l'utilisation d'un tube lance-torpilles pour le transport d'un tel leurre en situation opérationnelle est inacceptable pour les officiers sous-mariniers allemands. Une solution de compromis est alors trouvée; elle se révèle rapidement comme étant la contre-mesure sonar la plus efficace de tout l'arsenal allemand.

Appelée « Bold » (diminutif de *Kobold*, signifiant gobelin), ce dispositif est constitué d'une capsule de 15 cm de diamètre remplie de 370 g de calcium et de zinc, emballée dans un filet, le tout stocké à l'in-

---

11. Le préfixe « *Empire* » est donné aux navires dont la construction est commandée par le *British Ministry of Shipping* pour le gouvernement britannique ou bien encore pour les prises de guerre ou les navires réquisitionnés. Le ministère du Transport maritime fusionne avec le ministère des Transports pour devenir le ministère des Transports de guerre (MOWT) en 1941. Un total de 196 navires de la classe « *Empire* » est coulé pendant la Seconde Guerre mondiale.

12. Voir le livre « *Nasses Eichenlaub* », p. 108.

térieur d'une boîte en aluminium. Cette boîte est expulsée du compartiment arrière du sous-marin par un éjecteur spécialement conçu : le *Pillenwerfer* (lanceur de pilules). Scellée dans la couche extérieure imperméable d'aluminium de la boîte, une valve hydrostatique contrôle une entrée au goutte-à-goutte d'eau de mer. Le leurre est conçu pour demeurer en flottabilité neutre à une profondeur d'environ trente mètres. Au contact de l'eau de mer, le composé chimique produit de l'hydrogène dégageant une grande masse de bulles qui, sur l'écran ASDIC, ressemble à l'écho produit par un contact avec un sous-marin. Une capsule « Bold » dispense ses bulles pendant près de 25 minutes[13].

Un silence absolu règne à bord

Les hommes de Teddy attendent pour voir si le leurre « Bold » couvre leur retraite. Les fusées éclairantes et les fusées de détresse blanches lancées au-dessus du convoi ajoutent à la terrible illumination fournie par les épaves en flammes des deux bateaux encore flottantes. Teddy est convaincu qu'il a frappé quatre bâtiments, en coulant deux et endommageant les autres. Des années plus tard, les survivants de l'équipage restent persuadés qu'ils ont bien touché quatre bateaux lors de cette attaque nocturne.

Selon les rapports alliés concernant cette nuit de juillet, il y a bien eu deux navires touchés lors de l'attaque à la torpille mais aucun autre dégât n'est rapporté à l'Amirauté. En plus de l'explosion de l'*Empire Hawksbill*, il faut compter la perte des 5 372 tonneaux du *MV Lavington Court*.

Construit par la renommée *Harland & Wolff shipyard* de Belfast, pour la *Court Line* en 1940, ce solide cargo a reçu une torpille l'immobilisant. Pendant que l'*Empire Hawksbill* brûle et que l'attention d'une grande partie du convoi est fixée sur le spectacle, le chef mécanicien du *Lavington Court* entrevoit la traînée d'une torpille se dirigeant vers lui ; il crie au commandant, le capitaine J. W. Sutherland, de changer de cap. Mais il est déjà trop tard. Curieusement, l'explosion ne fait presque pas de bruit et aucune colonne d'eau ne vient marquer l'impact. Sutherland est alors persuadé que le bateau derrière lui, le *SS Tuscan Star*, est touché. En fait, la torpille a frappé le réservoir principal qui est rempli d'eau douce, ce qui ne produit aucun effet remarquable. Rapidement, le *Lavington Court* est hors de contrôle, son gouvernail est détruit et le propulseur endommagé. Il gîte désormais sur tribord, coupant le convoi. Les quartiers de l'équipage ont eux aussi été détruits dans l'explosion. Six hommes ont trouvé la mort. Ne pouvant plus maîtriser son navire, Sutherland ordonne de le mettre en panne et de l'abandonner. Les survivants à bord des canots de sauvetage quittent le navire, sans avoir pu pénétrer dans les quartiers de l'équipage. L'escorteur de la classe *Grimsby*, le *HMS Wellington*, parvient sur les lieux du naufrage et constatant les dégâts renonce à sauver pour le moment le capitaine Sutherland et ses marins. Avec si peu d'escorteurs pour protéger l'OS.34, les survivants sont laissés à leur sort jusqu'à ce que le « pacha » du *Wellington*, estimant tout danger écarté, puisse venir les récupérer.

Immédiatement après l'attaque sur l'OS.34, une fois les émotions déclenchées par la plongée accidentelle calmées, le silence absolu règne à bord de l'*U-564*. Les sous-mariniers attendent la vengeance des marins britanniques. Ils peuvent entendre, au loin, le bruit des grenades sous-marines sur l'autre flanc du convoi, quand le *HMS Folkestone* engage l'*U-654*. Les gouttes de condensation luisant sur les vestes

Le *Bootsmaat* Heinrich Bartels scrute l'horizon à bâbord avant. Chaque observateur est responsable d'un secteur de 90 degrés. À l'aube et au crépuscule, moments de faible visibilité, des hommes supplémentaires rejoignent l'équipe de quart. À la fin de 1942, un cinquième sous-marinier est ajouté au quart, chargé de surveiller le ciel et de repérer les menaces aériennes. La mitrailleuse MG 34, à gauche de la photo, dressée sur son affût, une des armes collectives en dotation sur l'*U-564*, est utilisée comme arme de défense antiaérienne, même si son utilité se révèle peu convaincante en la matière.

---

13. Deux autres conteneurs sont imaginés pour être expédiés par les *Pillenwerfer*. Le premier est une torpille miniature qui ne possède pas d'ogive explosive, mais un moteur électrique déclenché à une profondeur donnée et simulant le bruit des moteurs d'un U-Boot en plongée tant que la batterie fonctionne. Le deuxième reflète plus étroitement la pensée d'Adolf Hitler : le pétrole qu'il contient est lâché et remonte à la surface, créant une petite nappe de carburant aisément reconnaissable par l'ennemi à l'affût. Aucun de ces vecteurs n'a connu d'utilisation opérationnelle.

Le *StabsObstrmn* Karl « Stürkorl » Limburg, un vétéran du premier conflit mondial où il a gagné la croix de fer, est un navigateur remarquable - une qualification nécessaire pour intercepter rapidement les convois ou fixer et trouver les lieux de rendez-vous dans l'immensité de l'Atlantique.

de cuir ajoutent à l'ambiance angoissante de l'interminable attente.

Le bruit des propulseurs du *HMS Gorleston* continue de résonner au-dessus de l'*U-564* et, plutôt que de subir un grenadage, Teddy choisit l'évasion rapide en surface. L'air comprimé siffle dans les caissons étanches chassant l'eau des ballasts et le sous-marin commence à remonter. Tous les marins sont prêts à accomplir leur tâche dès l'air libre retrouvé. Les hommes de quart, regroupés au bas de l'échelle, ont chaussé leurs lunettes à verres rouges, préparant leurs yeux à l'obscurité extérieure.

Au-dessus d'eux, Teddy attend, la main sur le volant de l'écoutille. Dès que Gabier annonce que le pont est hors d'eau, il débloque le panneau, se précipite à l'extérieur, et parcourt rapidement l'horizon à tribord puis à bâbord. L'*Empire Hawksbill* est toujours enveloppé d'un nuage rougeoyant, éclairant la scène du drame. Le *HMS Gorleston* se trouve à moins de 800 mètres sur l'arrière et l'*U-564* se faufile entre les navires d'escorte et le convoi de toute la vitesse que les moteurs grondants de Gabier peuvent lui procurer. Le bâtiment s'enfonce dans la nuit[14]…

« *Nous savions que cela allait être une évasion risquée, mais nous savions aussi qu'en surface,*

« *11 h 50: BD9861 - Convoi repéré !* » Sur une mer calmée, Suhren et Gabier (au premier plan) observent les bateaux éloignés du convoi OS.34. L'I.WO Lawaetz attend la décision du capitaine quant à leur approche, pendant que les vigies continuent leur quart ; le sous-marin est dangereusement exposé aux éventuelles reconnaissances aériennes.

Le *MatrObGfr* Werner Grünert est à la manœuvre dans le kiosque pendant que l'*U-564* achève son approche en surface. Les deux diesels sont en position « *lentement en avant* » pendant que Suhren attend de voir apparaître au loin les panaches de fumée indiquant la présence du convoi. Grünert, l'homme de barre pour le combat, se concentre sur le compas et la boussole.

de nuit, loin devant l'ennemi, nous étions pratiquement invisibles et capables d'utiliser notre vitesse de pointe. Gabler pouvait obtenir des merveilles avec ses diesels[15]. »

Ils n'en ont pas fini avec l'escorteur

Soudain, l'escorteur britannique semble revenir à la vie et relance la poursuite, tirant plusieurs fusées éclairantes et plusieurs coups de canons. Un contact ASDIC, tout d'abord identifié comme une masse de débris par les opérateurs britanniques, est vite reconnu comme étant un sous-marin remontant vers la surface.

Teddy ordonne de lancer les moteurs électriques. Leur puissance s'ajoutant à celle des diesels, la vitesse monte graduellement et dépasse bientôt les 17 nœuds ; l'*U-564* commence à s'éloigner. Le *HMS Gorleston* commet l'erreur de ne pas se lancer à pleine vitesse et les deux nœuds à l'heure qui lui manquent lui auraient permis de rattraper le sous-marin allemand.

Le *HMS Wellington* revenu du lieu du naufrage du *Lavington Court* se joint à la poursuite. Les deux bateaux gardent l'*U-564* à bonne distance, le grenadant. Le *HMS Gorleston* est à deux encablures d'entrer en collision avec un cargo coupant soudainement sa

---

14. Suhren a probablement profité d'un accident inattendu pendant l'opération *Rapsberry* menée par le *HMS Gorleston*. L'explosion d'une des grenades sous-marines a projeté des débris et de l'essence en provenance du *Empire Hawksbill* désagrégé par un des hublots ouverts de la timonerie de l'escorteur, aveuglant temporairement le personnel présent.
15. Entretien accordé par Herbert Waldschmidt, le 27 septembre 2002.

route, surgissant derrière une brève rafale de pluie. Les canons de la corvette sont à deux doigts de tirer sur le nouveau venu. C'est le *SS Ettrick Bank* qui vient de quitter, cédant à la panique, le convoi. Secoué par les bombardements de plus en plus proches, aveuglé par les fusées de signalisation qui pleuvent sur lui, Teddy beugle pour avoir plus de puissance ; à ses côtés, l'II.WO, le *LzS* Waldschmidt, rentre involontairement le cou dans les épaules, surpris par une fusée éclairante lancée au-dessus de la baignoire. Il surprend un petit sourire sur les lèvres de son capitaine. Le pari de Suhren est gagnant... Quelques minutes séparent encore l'*U-564* de la sécurité. Les obus britanniques cessent brusquement de pleuvoir au moment où leur cible disparaît définitivement dans l'obscurité.

La bonne fortune fuit Teddy

Malheureusement, la bonne fortune n'a jamais honoré Teddy de ses bienfaits et, cette fois encore, elle ne lui facilitera pas son évasion. Comme la course de l'*U-564* semble enfin gagnée, un choc sourd et une série de vibrations sont le prélude à un ralentissement. Une épaisse fumée noire sort des échappements des diesels et de l'écoutille de la passerelle et, même si en planant au-dessus des eaux, elle masque le sous-marin aux yeux des vigies britanniques, elle n'est pas annonciatrice de bonnes nouvelles...

Teddy est consterné quand la voix de l'*Obermaschinist* Hermann Kräh lui parvient, assourdie dans le système de communication : *« Le bâtiment est incapable de plonger. Diesel tribord hors service. »* Le feu semble avoir démarré dans le compartiment des diesels et l'intérieur entier du sous-marin est plongé dans l'obscurité, la fumée recouvrant tout. Les hommes ont de la peine à respirer, étouffés par les vapeurs suffocantes. Suhren, entre deux épaisses volutes de fumée, aperçoit les escorteurs s'approcher rapidement de leur position et, comble de malchance, le moteur bâbord montre lui aussi des signes de faiblesse... Précédé des hommes de l'équipe de quart, il se précipite à l'intérieur du sous-marin, fait claquer l'écoutille et ordonne de plonger à 150 m *(« À + 70 »)* – feu ou pas feu – au moment où un projecteur britannique éclaire le kiosque.

Suffocants, les mécaniciens coupent le diesel bâbord et lancent les moteurs électriques *« avant toute »*, la proue de l'*U-564* plongeant vers l'abysse pendant que de nouvelles capsules « Bold » sont éjectées de la poupe. Tous les hommes disponibles courent à l'aveuglette vers le poste d'équipage, à la proue, pour aider à la plongée en urgence. Le sous-marin est dangereusement exposé aux attaques au moment où il tente de rejoindre l'abri des profondeurs. Gabier, les yeux en larmes, un mouchoir sur le nez et la bouche, tentant désespérément de respirer, lutte pour maintenir le bateau dans la bonne direction :

« Le bateau réussit à plonger et je peux entendre les moteurs électriques. Je n'en crois pas mes yeux. Debout au milieu de la Zentrale, je ne peux même pas voir ma main devant mon visage. La fumée est partout ; tout le monde tousse et suffoque. L'éclairage est-il hors-service ? Pourquoi l'éclairage de secours ne fonctionne-t-il pas ? L'obscurité persiste et le bateau plonge. À en juger par les bruits, nous devons être à environ 50 ou 60 m de profondeur.

Les hommes aux barres essayent de maintenir le bâtiment dans la bonne assiette, mais la proue de

« L'orgie vacillante de couleurs illuminant le ciel se reflétait dans l'eau... Flashs brillants, crépitements, et à l'arrière-plan une colonne imposante de feu » : le convoi OS.34 subit des pertes lors de l'attaque à la torpille de Suhren. L'*U-564* n'en sortira pas entièrement indemne.

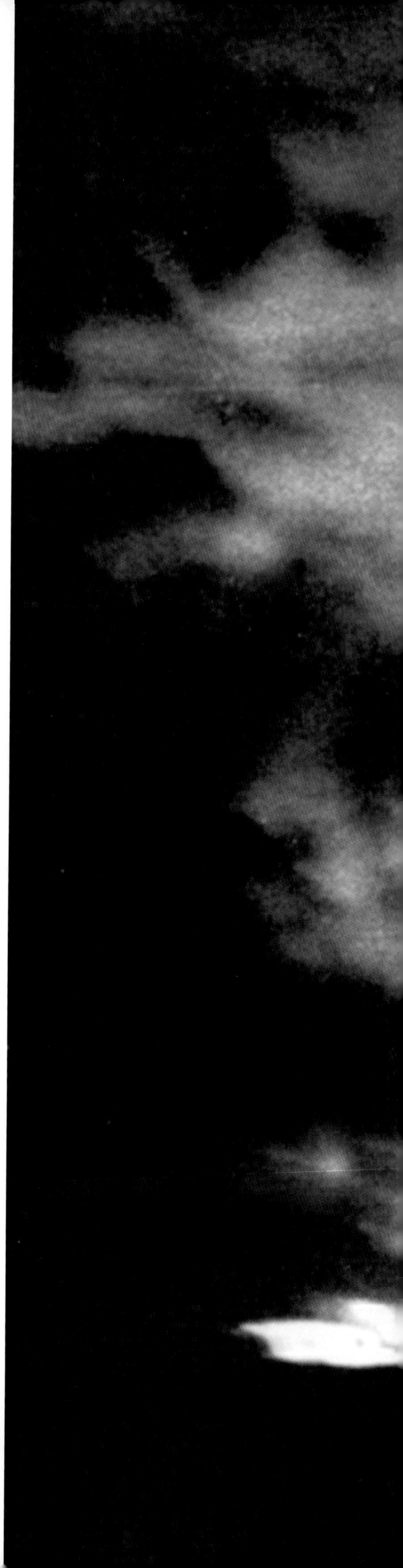

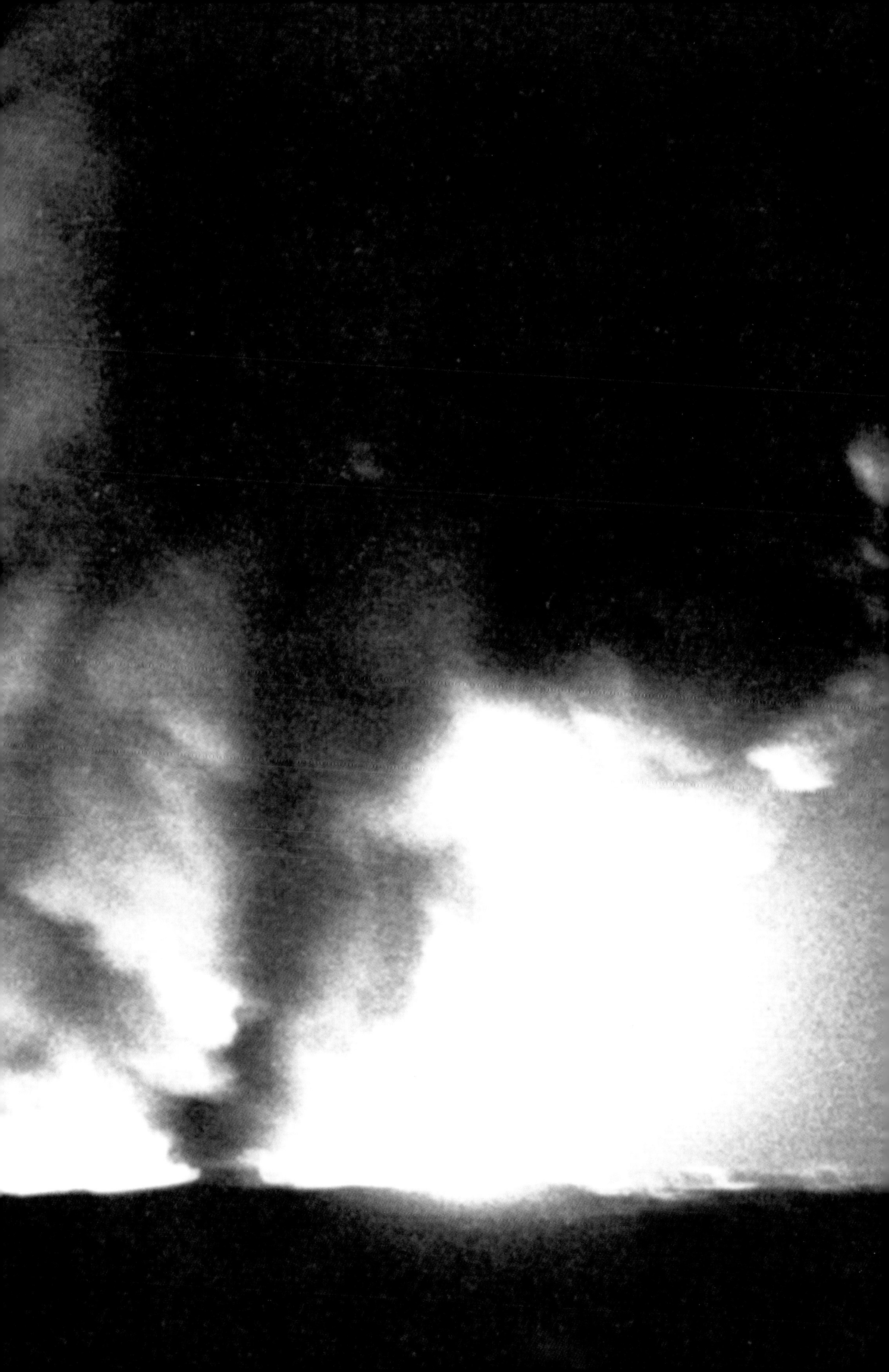

Forster et Suhren, de conserve, continuent à pourchasser le convoi OS.34. Les rapports de situation sont régulièrement échangés par l'intermédiaire des sémaphores entre les officiers de quart allemands. En règle générale Limburg manipule l'appareil.

Finalement les deux bâtiments cessent la chasse, ce qui reste du convoi OS.34 échappant à ses poursuivants. Après un dernier échange au porte-voix, les sous-marins se séparent empruntant, à distance, des routes parallèles les menant tous les deux plus à l'ouest, vers leur « Eldorado ».

Lampe phare pour les communications optiques – et donc silencieuses – en morse. *(Fonds Fantastic Attic, Bayeux)*

l'U-564 remonte à nouveau. Nous ne pouvons pas continuer comme cela. La poupe est comme aimantée par le fond et nous devons finir par avancer en plongée. L'air est saturé de fumée, épaisse, à couper au couteau. Nous pressons nos mouchoirs sur le nez et la bouche; certains s'emparent des appareils respiratoires de secours. Tandis que nous sommes tous désemparés, les escorteurs s'approchent à toute vitesse, moteurs grondant[16]. »

En surface, le *HMS Gorleston* et le *HMS Wellington* foncent sur eux et se préparent au grenadage. Les Anglais ignorent tout du drame qui se joue à bord du submersible mais pensent que le sous-marin allemand est devant eux. Ils progressent à vive allure sur une mer « dure » parcourue de brèves rafales de pluie comme le révèle le rapport de combat rédigé quelques heures après la poursuite. « *[Gorleston] Le C.O. est confiant dans sa capacité à continuer la poursuite en visuel, misant sur le fait que les Allemands seront moins méfiants, persuadés d'avoir échappé à leurs poursuivants. Les « Pom-Poms » et les .50 Browning sont dirigés sur la cible, prêts à répondre à n'importe quelle attaque. À 01 h 22, de la fumée est repérée provenant du sous-marin allemand; elle augmente en volume jusqu'à à 01 h 35. On entend clairement à une distance inférieure à 2500 m, un moteur s'arrêter à 01 h 39, une observation visuelle indique que le sous-marin allemand a bien mis en panne; puis affirme qu'il a plongé*[17]. »

Le *HMS Wellington* fait route devant sa conserve et expédie dix charges de profondeur le long de la route suivie par le U-Boot. Bien que sévèrement bousculé par les explosions, l'*U-564* ne subit pas de nouveaux dommages et réussit à plonger au milieu des charges de profondeur. Dix nouvelles grenades envoyées par le *HMS Gorleston* explosent à 15 puis 40 m autour du

16. Voir le livre *Nasses Eichenlaub*, p. 110.
17. Rapport sur les opérations du capitaine du *HMS Gorleston*, Pro Adm 237/145.

« Bold », nouvelle preuve de l'efficacité du leurre. À bord des escorteurs, une *« grosse explosion »* entendue mais non identifiée persuade les Anglais que leurs charges ont touché la cible.

Les deux bateaux effectuent une nouvelle attaque ; chacun d'entre eux considérant les relevés ASDIC comme douteux. Le temps de la célébration de la victoire à bord des escorteurs n'est toutefois pas encore venu ; ils revendiqueront plus tard une victoire « probable ». *« Bien qu'il ne soit pas possible d'obtenir une preuve de la disparition du sous-marin, sa profondeur et ses mouvements nous étaient si bien connus qu'il est difficile d'imaginer qu'il ait pu échapper à sa complète destruction*[18]. »

Ils échappent à la destruction

Cependant, la disparition présumée de l'*U-564* est prématurée. Bien que l'équipage n'ait pas réussi à évacuer totalement l'épaisse fumée – il a réussi à la confiner dans les limites de la coque étroite – la tension qui l'avait saisi recule en proportion. L'anxiété à bord de l'*U-564* est atténuée par l'attitude de « Stürkorl » Limburg, debout, impassible à sa table de navigation. De sa voix, teintée d'un fort accent de Thuringe, il exprime calmement son avis sur la situation pour tous ceux qui peuvent l'entendre : « *Il fait aussi sombre que dans le cul d'un ours ici.* » Aussi incroyable que cela puisse paraître, ils réussissent à s'échapper. Les propulseurs des escorteurs disparaissent lentement dans le lointain. Le feu à bord est désormais sous contrôle après que des flots d'eau aient été employés pour éteindre les flammes, les extincteurs ayant échoué à les étouffer… et tout cela à une profondeur de 120 mètres. Prenant conscience de la très faible marge entre leur survie et leur disparition dans un déluge de grenades sous-marines, Teddy attend prudemment sous l'eau que toutes traces de moteurs ennemis disparaissent complètement du système de repérage audio :

« J'essuie la sueur de mon front et respire à nouveau normalement. Ils sont partis… Progressivement, tout devient plus léger à l'intérieur du bateau. Les lampes d'urgence semblent comme clignotantes entre les volutes de fumée qui lentement s'évanouissent. Nous virons et mettons cap à l'ouest, tentant de conserver soigneusement l'assiette. Il n'arrive rien de plus [9]. »

Finalement, à 05 h 45, Suhren donne l'ordre de faire surface et l'*U-564* émerge devant un horizon vide de toute présence ennemie. Les hommes de quart, haletants, patauds, font irruption dans la baignoire et l'air frais inonde le sous-marin. Tout est recouvert d'une épaisse couche de suie noire et Teddy demande à Gabier et Kräh, son mécanicien diesel en chef, de venir sur le pont pour déterminer les circonstances de l'accident. Gabier n'a aucune réponse, il était à son poste de combat au Central quand le sous-marin a plongé en urgence ; Kräh, par contre, a une explication concernant les circonstances malheureuses qui ont presque mené au désastre. Un membre – qui restera anonyme tant dans les pages du KTB que dans l'autobiographie de Suhren – de l'équipe diesel a distraitement laissé une petite pile de chiffons huileux en équilibre précaire, immédiatement au-dessus du pot d'échappement du diesel.

Avec les mouvements frénétiques du bateau lors de son évasion à grande vitesse, les chiffons sont tombés sur la conduite chauffée au rouge et ont pris

Les heures suivant l'attaque du convoi OS.34 par l'*U-564* sont mises à profit pour recharger les quatre tubes lance-torpilles de proue. La première étape de cette procédure délicate est de déplacer le revêtement en bois du plancher afin d'accéder aux deux premières torpilles. Ici, le *Mechanikerobergefreiter* Wilhelm Bigge est accroupi entre les deux mortelles anguilles de 1,5 tonne, préparant les chaînes avec lesquelles elles vont bientôt être hissées en position (1). Le *Mechanikermaat* Gerhard Ehlers et Bigge préparent les poutrelles en acier sur lesquelles vont être suspendues les torpilles (2). Ehlers, Bigge et le *Mechanikergefreiter* Horst Becker abaissent le lourd rail de métal afin d'y attacher une torpille (3). Ils la hisseront ensuite à l'aide du treuil et des chaînes à la bonne hauteur pour la graisser, la vérifier et la faire entrer dans son tube. Pendant que Bigge fixe les larges bandes de soutien (4) sur la première torpille, le *Maschinenobergefreiter* Reinhold Abel, « chauffeur » des moteurs diesel, actuellement dispensé de service, se détend dans la couchette supérieure en lisant un magazine. Les couchettes inférieures, repliées à l'écart du passage, sont visibles derrière Bigge (5). C'est avec joie que les « Lords » de la chambre des torpilles de proue saluent les deux premiers rechargements de tubes. Une fois que la paire de torpilles aura quitté « le plancher », les couchettes inférieures pourront enfin être utilisées et l'incroyable inconfort des premiers jours de la croisière deviendra un mauvais souvenir.

Insigne de manche de *Mechanikersmaat* (second-maître de 2e classe) *Torpedomechanikerlaufbahn* (branche mécaniciens torpilles). *(Fantastic Attic, Bayeux)*

---

18. Rapport sur les opérations du capitaine du *HMS Gorleston*, Pro Adm 237/145.
19. Voir le livre *Nasses Eichenlaub*, page 111.

2

4

3

Une fois les torpilles préparées par les trois torpilleurs, d'autres « Lords » interviennent et les aident à disposer les armes à leur emplacement. Au premier plan, à gauche, le cuisinier du bâtiment, Hermann Hausruckinger, se prépare à hisser « l'anguille » en position.

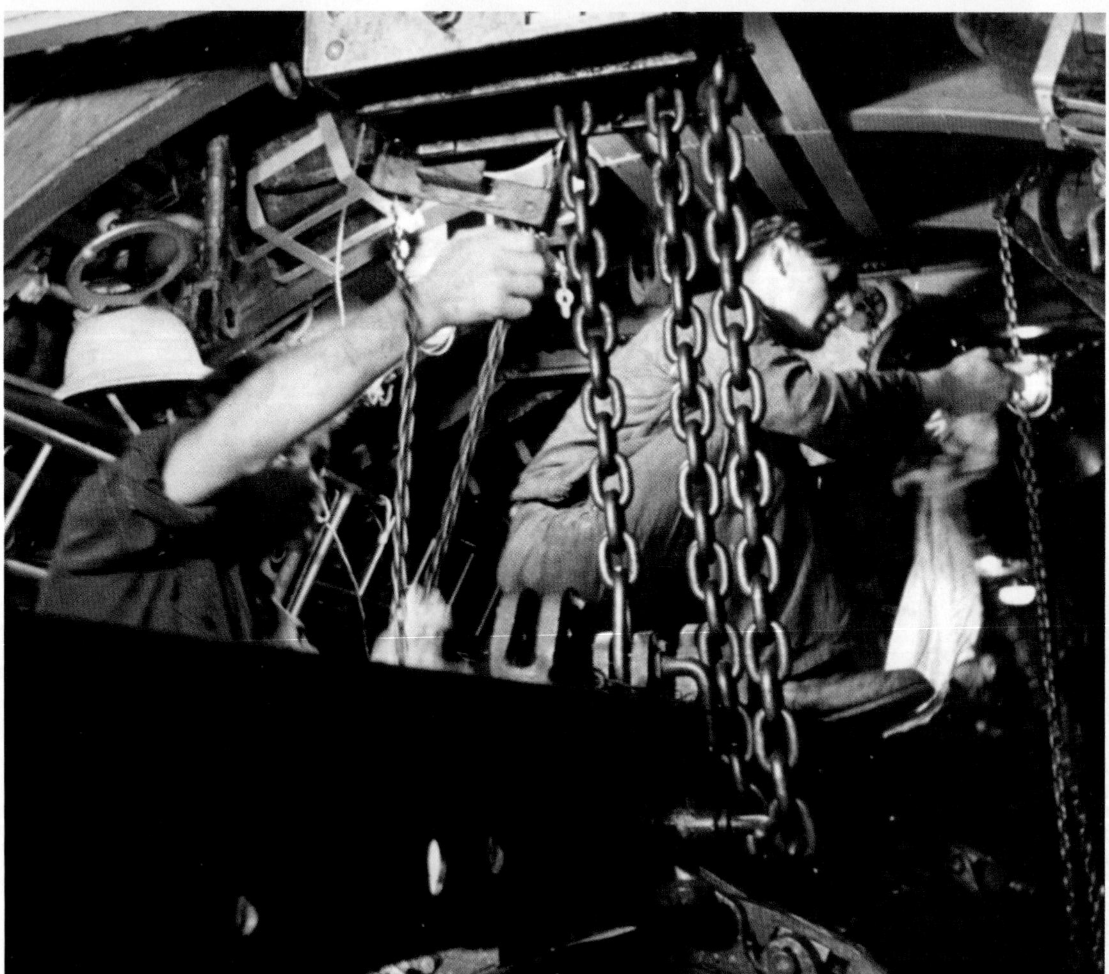

Pendant que Hausruckinger aide à placer l'encombrant projectile dans la bonne position, l'observateur averti glane un indice de la destination finale du sous-marin en remarquant le casque tropical coincé au-dessus de la couchette supérieure repliée, derrière le cuisinier.

20. Voir le livre *Nasses Eichenlaub*, page 111.

feu puis, ensuite, sont arrivés dans « le ventre de la bête ». Après huit jours en mer, une quantité non négligeable de fuel renversé s'était accumulée dans l'eau stagnant dans le compartiment diesels. Ce mélange a promptement pris feu. C'est Kräh qui a finalement réussi à forcer les conduits d'échappement et inonder d'eau de mer tout le circuit, éteignant les flammes. Comme le précise Teddy, *« de petits incidents dégénèrent souvent en catastrophes spectaculaires*[20]. »

L'équipage s'attelle maintenant à la laborieuse tâche de nettoyer chaque surface visible dans le sous-marin noirci. L'*U-564*, de nouveau, se relance à la poursuite du convoi sur une route estimée. Les tubes lance-torpilles sont rechargés et le bateau est bientôt prêt à combattre à nouveau.

À 14 h 00 heures, le bâtiment de Suhren croise de nouveau la route de l'*U-654*. Forster a été forcé de s'éloigner de l'OS.34 avant qu'il n'ait pu même lancer une attaque. L'*U-126* a, pour sa part, échoué à prendre contact. Le quatrième chasseur à engager le convoi, l'*U-108*, n'a pas eu plus de chance : toutes ses torpilles – une salve de six – ont manqué leur cible avant que le contact ne soit perdu. Les victoires de Teddy sont les seules pertes infligées à l'OS.34. Suhren et Forster se lancent sur les traces du convoi pendant toute la journée. D'autres sous-marins recherchent les navires marchands qui semblent s'être évaporés. Au crépuscule, les deux submersibles se séparent. La férocité et l'angoisse des combats étant

Le mécanicien torpilleur en chef, le *Mechanikermaat* Gerhard Ehlersthe, le seul officier marinier à dormir en dehors des quartiers des sous-officiers, partage le compartiment avant avec ses précieuses « anguilles ».

Le poste d'équipage après que toutes les couchettes aient été repliées, les torpilles positionnées avec succès et que la dernière d'entre elles ait été glissée dans son tube. Parmi les nombreuses pièces d'équipement répandues sur le sol, on distingue deux pagaies utilisées avec les canots gonflables du sous-marin, stockés sous le plancher.

Afin de maintenir l'*U-564* au meilleur de ses capacités de combat, les hommes de l'équipage branche « machines » doivent par d'incessantes maintenances surveiller et entretenir les différents équipements et machines du bord. Alors que les quarts sont de quatre heures, les mécaniciens sont assujettis à des services de six heures. Ici, pendant que le bâtiment se déplace sous l'eau à l'aide de ses moteurs électriques, le *Maschinenobergefreiter* Walter Labahn, un des diésélistes bâbord, intervient sur un cylindre du moteur placé sous sa responsabilité.

L'exiguïté du poste de travail de Labahn empêche Haring de capturer facilement sur sa pellicule les faits et gestes du mécanicien ; il ne peut se placer que dans l'étroite coursive traversant le bâtiment sur toute sa longueur.

Finalement, Labahn ne peut recourir qu'à la force brute – efficacement aidé en cela par l'*Obermaschinist* Hermann Kräh – pour desserrer les écrous fixant la culasse afin de pouvoir accéder aux organes internes du moteur.

maintenant passées, l'équipage se consacre aux différentes tâches susceptibles de remettre leur bâtiment en bon ordre de marche.

Au moment où la nuit tombe, il n'y a quasiment plus de trace de suie à l'intérieur du sous-marin et un bref discours du commandant loue les qualités de l'équipage sous le feu… Même « *la tête de mouton* » qui a laissé les chiffons huileux sans surveillance dans la salle des machines.

Malgré l'avis de Kräh demandant que le coupable reçoive une punition pour la forme, Suhren refuse. Teddy est persuadé que l'acte n'est pas délibéré, mais relève de la distraction stupide. Le coupable serait mort avec le reste de l'équipage si l'incident avait tourné à la tragédie et les froncements de sourcils qui lui sont destinés de la part des hommes obligés de nettoyer de fond en comble leur bâtiment sont une punition bien suffisante.

Suhren met fin à la chasse

L'*U-564* traverse la nuit dans une douce houle atlantique, Suhren met fin à la chasse et l'autorisation radio du BdU confirme la fin de la poursuite. L'OS.34 s'est échappé. L'équipage retourne à sa routine ennuyeuse, passant le temps, en dehors de ses heures de service, dans les couchettes à lire, jouer aux cartes ou dormir. Teddy s'effondre dans sa couchette, épuisé par ce mal de dos désormais familier qui ne le quitte plus pendant les longues périodes d'alerte. La bataille continue de se jouer dans son esprit, le formidable spectacle se répétant derrière ses yeux fermés comme un film surréaliste :

« *C'était un spectacle pour les dieux. Jamais je ne verrai plus le pareil en mer. La vision de ce feu d'artifice lors de l'explosion du bateau de munitions était une expérience unique. Les images de cette nuit se sont gravées de façon indélébile dans ma mémoire. Les ombres massives des escorteurs, les fusées éclairantes au-dessus de nous*[21]… »

Bien loin de l'*U-564*, le très endommagé *Lavington Court*, étonnamment, n'a pas coulé ; son équipage recueilli par le *HMS Wellington* retourne plus tard inspecter les dommages. Quatre survivants, blessés, sont retrouvés à bord ; ils ont quitté le poste d'équipage après l'explosion et ont réussi à remonter sur le pont dévasté. Si le retour vers l'Angleterre est jugé trop dangereux – l'équipage est finalement débarqué – le sauvetage du bâtiment est toutefois recommandé. Deux remorqueurs sous l'escorte d'une corvette sont envoyés de Gibraltar pour venir le prendre en charge. Finalement, le 26 juillet, le remorqueur *Prudent* repère le *Lavington Court*. Mais, après avoir passé les énormes haussières de remorquage à la carcasse et effectué un voyage de cinq jours vers l'Angleterre, cette vaillante tentative de sauvetage du navire échoue quand l'épave coule tout à coup le 1er août. Le rapport officiel rédigé par la corvette d'escorte, le *HMS Rhododendron*, relate les derniers moments du bateau : « *Par 49° 40' nord et 18° 04' ouest, cap à 042 °, à la vitesse de 5 nœuds (9,26 km/h), le* Lavington Court *a soudainement disparu. Avons lancé fusées éclairantes et entamé la recherche sans résultat... Nous NE considérons pas* [l'accentuation est bien dans le rapport original] *que le navire a été torpillé. Considérez le navire coulé après effondrement de la cloison…* »

Ainsi, la seconde victime de Teddy appartenant à l'OS.34 a finalement sombré des suites des dégâts causés par la torpille, envoyant par le fond 6 000 tonneaux de cargaison militaire destinée à l'Afrique du Nord.

Clefs plates et clef à douille à cliquet utilisées par les sous-mariniers de la Kriegsmarine. *(Fonds Fantastic Attic, Bayeux)*

21. Voir le livre *Nasses Eichenlaub*, page 112.

4 Le rendez-vous…

Du 21 juillet au 1er août…

Probablement la plus extraordinaire paire de photographies prises à bord de l'U-564. Ces prises de vue mettent en scène un *Matrose* procédant à une inspection du ballast bâbord. Ni le journal de bord – ni même, d'ailleurs, un des membres de l'équipage survivant – ne mentionne – ou se souvient – des circonstances de cette inspection, très inhabituelle en pleine mer. Sans doute le sous-marin aura-t-il subi des dégâts lors de l'attaque à la grenade la nuit précédente. Dégâts exigeant une évaluation immédiate de la coque externe et de la coque épaisse.

Cette première victoire revendiquée est de bon augure pour la septième patrouille de guerre de l'*U-564*. Le bateau n'a subi aucun dommage, malgré la perte de puissance en pleine poursuite à grande vitesse lors de l'immersion. L'intérieur du sous-marin est saturé de fumée huileuse, mais l'*U-564* a roulé ses poursuivants « dans la farine » et a survécu. Il est prêt à se battre à nouveau.

Pour fêter cette fin heureuse, Teddy donne l'ordre à Hausruckinger, le cuisinier du bord, déjà débordé, de préparer *« un thé de célébration »*, une espèce de *Geburtstagfeier* (fête d'anniversaire). À l'aide de provisions encore suffisantes et de rations soigneusement récupérées, Hausruckinger commence à cuisiner. Il demande l'aide des seconds maîtres qui ne sont pas de service, les enrôlant pour la décoration des gâteaux à base de crème fouettée et de fruits confits. Tout le luxe donné à ce moment n'échappe pas à l'équipage fatigué, les officiers arborent ce qui ressemble à leur meilleur uniforme afin de rendre hommage aux créations d'Hausruckinger.

Les conditions de vie dans le poste d'équipage avant sont bien meilleures depuis la brève attaque du convoi. Avec quatre torpilles tirées, la coursive est maintenant plus praticable et les douze couchettes peuvent enfin être toutes utilisées. Malheureusement, la vie dans cet endroit humide et confiné, en dépit des qualités d'adaptation des membres d'équipage, a déjà atteint ce point de non-retour où l'hygiène est oubliée. La moisissure a déjà colonisé l'intérieur du bâtiment, un voile permanent d'humidité sature l'atmosphère, s'accrochant aux vêtements et aux corps non lavés. Cette atmosphère saturée d'humidité est, déjà, la cause d'un grave problème de santé touchant un des membres de l'équipage. À 17 h 36, le 20 juillet, Teddy adresse par radio un message de détresse au BdU :

« *Nous avons un cas sévère de polyarthrite chronique évolutive à bord. Transfert demandé dès que possible à bord d'un bateau retournant à la base. Carreau CF 7679. Suhren.* » C'est le *Matrosengefreiter* Ernst Schlittenhard qui souffre à l'agonie, ses articulations enflammées. Tordu de douleur, le jeune officier marinier est cloué sur sa couchette, incapable du moindre mouvement. Le Type VIIC, contrairement aux Types IX et XIV, bien plus grands, ne dispose pas d'une cabine réservée au personnel médical qualifié ; traditionnellement, c'est l'opérateur radio en chef qui assume les fonctions de « médecin du bord ». L'*Oberfunkmaat* Georg Seitz – « toubib » à bord de l'*U-604*, un autre Type VIIC – justifie cette double et improbable casquette :

« *Nous étions les seuls membres de l'équipage à avoir les mains propres. Vous ne pouvez pas émettre en morse ou écrire dans le journal radio avec de la graisse sur tous vos doigts*[1]. »

Vis d'un des panneaux de la structure d'un U-Boot (à gauche) et une vis de la coque externe, en aluminium (à droite).
(Fonds Fantastic Attic, Bayeux)

Arranger un rendez-vous…

Mais, sur l'*U-564*, le médecin désigné, l'*Oberfunkmaat* Rudi Elkerhausen, possède les rudiments des premiers secours, appris lors de la rapide formation donnée à tous les personnels médicaux désignés. La crise rhumatoïde est malheureusement bien au-delà de sa capacité à soigner et Teddy sait que Schlittenhard doit être rapatrié en France sans tarder pour recevoir les soins appropriés. Incapable de raccourcir son voyage, Suhren attend les instructions de Dönitz, le seul à pouvoir traiter au mieux la situation. Avec les navettes constantes de sous-marins entre l'Atlantique et la France, arranger un rendez-vous avec un sous-marin retournant à sa base et rapatrier Schlittenhard ne devrait pas être trop difficile. Comme espéré, la réponse ne tarde pas à parvenir au commandant de l'*U-564* un peu après minuit : *« Mützelburg et Suhren se rencontreront dans le secteur DG 4627, 23 juillet à 10 h 00. Sur signal de Suhren si retard jusqu'à 15 h 00.* » Pour confirmation, Mützelburg expédie un bref message : *« Ja »*.

Tout près, en effet, croise un camarade de flottille, le *Kapitänleutnant* Rolf Mützelburg de l'*U-203*. Il rentre à Brest après une patrouille dans l'Atlantique et les Caraïbes occidentales qui lui a permis de couler cinq navires marchands au nord et à l'est des Petites Antilles. En rencontrant Suhren au point désigné, Mützelburg pourra

Bien loin de la guerre et de ses dangers, la présence des dauphins est une distraction toujours bienvenue pour les sous-mariniers.

1. Entretien accordé à l'auteur par Georg Seitz, à Mannheim, en 2000.

Avec 45 hommes enfermés dans l'étroit cylindre, une quantité considérable de déchets est vite accumulée dans les coursives. Le problème reste très préoccupant pendant l'immersion forcée, et les commandants permettent de les évacuer dès que possible. Cependant, la question de l'élimination des déchets n'est pas toujours aussi simple que l'on pourrait l'imaginer. De nombreux cargos sont suivis à la trace par les U-Boote allemands qui se concentrent sur les déchets jetés à la mer par les matelots de la marine marchande. Toutefois, la quantité de déchets lancée par-dessus bord par les sous-mariniers de l'*U-564* ne représente probablement aucun risque pour le bâtiment de Teddy Suhren.

Ici, Ernst Schlittenhard surveille pendant que Heinz Schmutzler jette un plein seau de déchets à la mer.

prendre l'équipier atteint de rhumatisme et le rapatrier à l'hôpital de Brest.

Mützelburg, une autre « star » de la 1re U-Flottille, s'est taillé une formidable réputation pendant la bataille de l'Atlantique. Il a, tout d'abord, bien appris sa leçon lors de son affectation comme I.WO de Joachim Schepke à bord de l'*U-100* avant de réussir, avec l'*U-203*, à envoyer par le fond 21 bateaux ennemis confirmés. Ce début de carrière lui vaut, le 15 juillet 1942, la croix de chevalier avec feuilles de chêne. Mützelburg, constamment de bonne humeur, et son équipage de vétérans sont dotés d'un moral exceptionnellement haut. Il fait partie des quatre officiers sous-mariniers préférés de Dönitz qui avaient reçu l'autorisation de s'adresser à lui en utilisant le familier « *Du* » à la place du plus formel « *Sie* ». Ces quatre hommes ne sont plus désignés par Dönitz que par le qualificatif de « *Die vier Asse* » (les quatre As). Mützelburg, Erich Topp, Adalbert « Adi » Schnee et Suhren sont, incontestablement, les meilleurs officiers de cette seconde génération de commandants de sous-marins. Ils ont tous commencé la guerre comme officiers de quart de ceux qui sont désormais tous morts, prisonniers ou débarqués.

Sémaphores et porte-voix

Mützelburg est donc informé par message radio des coordonnées où il devra procéder au transfert de Schlittenhard. Au moment où le soleil commence son ascension, l'*U-564* est au sud-est des Açores ; il met alors cap plein sud, vers l'*U-203* et l'île de San Miguel encore invisible à l'horizon.

Au troisième quart, dans la lumière crue et une lourde humidité ambiante malgré des conditions météo clémentes, la coque grise et lisse d'un sous-marin apparaît lentement sur une route convergente. C'est un Type IXC, l'*U-162* de la 2e U-Flottille. Le *Fregattenkapitän* Jürgen Wattenberg a quitté Lorient le 7 juillet, en direction des Caraïbes, pour sa seconde patrouille de guerre. « Grand cousin » du petit Type VIIC de Suhren, l'*U-162* est déjà un vétéran des opérations dans les eaux tropicales. Wattenberg a coulé neuf bateaux lors de sa dernière incursion sur les côtes de l'Amérique du Sud, s'insérant dans le trafic marchand au large de la Guyane et de Trinidad. Après un bref échange par porte-voix et sémaphore interposés, les deux U-Boote se séparent et l'*U-564* continue sa route vers son rendez-vous avec Mützelburg. À l'aube, le jour suivant, Teddy est tiré d'un sommeil profond par le parfum du café frais qui vient d'envahir son étroit réduit lui servant de cabine, le seul domaine privé du bord. En rampant hors de sa couchette, Suhren quitte son pyjama blanc en coton – « *Vous savez, on ne peut avoir un vrai sommeil que dans un pyjama* » – au moment où lui parvient un rapport de l'équipe de quart : « *Cheminées à bâbord !* » « *Et je suis toujours en pyjama ; je jette une veste sur mes épaules et je monte sur la passerelle. Oui, en fait, deux cheminées[2] !* »

Avec inquiétude, leurs lourdes jumelles Zeiss rivées à leurs yeux, Teddy et les veilleurs observent le contact éloigné, incapables d'identifier le bâtiment. Curieusement, les cheminées semblent ne pas se déplacer par rapport à l'*U-564* qui, lentement, les contourne. La situation les rend perplexes ; ils finiront par comprendre que les navires rencontrés sont deux bateaux de pêche des Açores et que leurs voiles ont été prises pour des cheminées de plus grands bateaux. Les épaules se relâchent et l'angoisse s'envole à la confirmation de la fausse alerte, la nouvelle courant d'homme à homme tout le long de la coursive. Suhren reste toutefois la proie d'une vague inquiétude. Son sixième sens lui dit qu'il y a plus à voir que ce qu'il n'y paraît. Il demande que ses plus grandes jumelles lui soient apportées sur la passerelle. Posant ses coudes sur la rambarde du massif, il observe encore une fois les deux bateaux de pêche. Soudain, avec un hoquet audible, Suhren se retourne et hurle, ordonnant une plongée en urgence.

Immédiatement derrière les deux pêcheurs sont apparues les superstructures clairement identifiables de deux grands navires de guerre. Une paire de cuirassés

2. In *Nasses Eichenlaub*, page 112.

Gamelle de bord en aluminium utilisé par Hausruckinger, le cuistot du bord.

Détail du poinçon de réception frappé sur un des flancs, près du bord de la gamelle.
(Fonds Fantastic Attic, Bayeux)

Après avoir frôlé le désastre pendant l'attaque du convoi OS-34, Suhren donne l'ordre de servir « un thé de célébration ». Débordé, Hausruckinger, le cuisinier, enrôle le *Funkmaat* Anderheyden pour l'aider à décorer les gâteaux de crème fouettée et de fruits confits. Anderheyden est bientôt rejoint par *l'ObMaschmt* Heinz Nordmann et Gerhard Ehlers. La photographie (*ci-dessus à droite*) semble démontrer que la contribution de Ehlers reste douteuse, tant il paraît plus intéressé par la vérification de la consistance de la crème que par la décoration. La crème fouettée – un luxe dont la présence est régulièrement attestée à bord des sous-marins allemands – est habituellement conservée dans un placard fermé et reste à la discrétion du capitaine. Malgré des conditions de vie souvent épouvantables, les sous-mariniers reçoivent probablement la meilleure nourriture de toute l'armée allemande.

britanniques, accompagnés de leur escorte de trois destroyers. Le *HMS Nelson* et son sister-ship le *HMS Rodney* ont été récemment libérés de leur rôle d'escorteurs de convoi et se dirigent vers Freetown avant de retourner à Gibraltar. Là, ils doivent rejoindre la force navale mise sur pied dans le cadre de l'opération *Piédestal* chargée de soulager l'île de Malte assiégée. Les deux vaisseaux de la *classe Nelson* sont facilement identifiables avec leurs trois tourelles abritant neuf canons de 400 mm montées en avant du château, même si à cette distance considérable Teddy ait par erreur cru que le *Rodney* ne présentait que deux tourelles au lieu de trois. Impressionnants et de grande valeur pour la Royal Navy, les deux cuirassés seraient une victoire remarquable pour l'*U-564* et Suhren se prépare immédiatement pour une attaque en immersion alors que les vaisseaux britanniques avancent directement sur lui. Ses moteurs électriques obéissant à la consigne *« en avant, lentement »*, Teddy monte son périscope afin d'observer l'impressionnante formation.

Les tours de veille au périscope

L'inquiétude ne le quittera pas pendant les cinq heures qui vont suivre ; il attend de savoir si son sous-marin est repéré, ou si les bateaux continuent leur route de convergence, présentant des conditions d'attaque presque idéales. Lawaetz et Waldschmidt prennent leur tour de veille au périscope et observent l'ennemi. Ils prendront rapidement conscience que les vaisseaux britanniques font route à l'ouest, hors de portée de l'*U-564*, 8 000 mètres les séparant alors.

Lentement, le sous-marin vire de bord et met le cap au nord à 15 nœuds. Avec cette vitesse réduite en immersion, il n'y a plus aucune chance de lancer la poursuite. La perspective de faire surface est abandonnée elle aussi : en effet, une poursuite lancée à la puissance des diesels relèverait du suicide face à la formidable puissance de feu des deux cuirassés et de leur escorte de destroyers.

Teddy se résigne à voir l'ennemi disparaître hors de sa vue. Quand il fait surface, l'horizon est vide et, moins d'une heure plus tard, il abandonne tout espoir de voir l'ennemi revenir à la bonne distance d'attaque. Il se contente de signaler par radio au BdU la nouvelle de sa rencontre avec l'ennemi, espérant qu'ainsi prévenues, d'autres forces allemandes pourront les trouver et les attaquer. Espoir vain : aucun sous-marin allemand ne réussira à prendre contact et les deux cuirassés, sans encombre, atteindront bientôt leur ancrage protégé à l'ombre du rocher de Gibraltar. Tôt le lendemain matin, la navigation précise de Limburg amène l'*U-564* dans le carreau DG 2633, prêt pour le rendez-vous avec Mützelburg.

La veille, l'*U-203* a bien progressé et croise maintenant à quelques encablures de la route suivie par l'*U-564* quand Waldschmidt et les trois membres de son quart arrivent en haut du kiosque pour commencer leur fastidieux service de veille. L'*U-203* approche par l'arrière, Suhren ordonne aux diesels de venir juste au-dessus de neutre, assez pour garder la fine coque d'acier gris au ras des flots. L'*U-203* vient sur le bâbord de l'*U-564* et l'équipage de Mützelburg met à l'eau le petit canot pneumatique sur lequel le commandant et son ingénieur en chef, l'*Oblt (Ing.)* Heinrich Heep, prennent

Soucoupe, tasse à café, cuillère et fourchette d'un service de bord de la Kriegsmarine. En haut à droite, une cafetière – ou une théière – « réglementaire ». En théorie, la couleur des liserés de la vaisselle de bord est codifiée. Pas de liseré pour la porcelaine des matelots; liseré vert pour les officiers mariniers et orange pour la vaisselle des officiers. Les amiraux, pour leur part, possèdent une vaisselle agrémentée de filets noir et or. *(Fonds Fantastic Attic, Bayeux)*

place. Ils rejoignent Suhren et Gabier qui les attendent dans la baignoire de l'*U-564*.

Depuis déjà plusieurs jours, les deux sous-marins ne sont plus soumis à la tension générée par les patrouilles aériennes alliées et les officiers autorisent les marins des bordées de réserve à monter sur le pont. L'occasion est bonne pour certains d'entre eux de « piquer une tête » dans l'océan, même si le bateau est encore loin des eaux réchauffées par le climat tropical.

Et il pique une tête depuis le massif…

Schlittenhard, quasiment incapable de bouger, est porté sur le pont avec ses maigres possessions. Pendant que Webendorfer l'aide à s'installer dans la petite embarcation, Heep, chargé de tout le courrier de l'équipage de l'*U-564*, embarque à son tour dans le canot pour retourner sur l'*U-203*. Mützelburg, quant à lui, choisit de rallier son bord… à la nage. Après avoir brièvement fait la course avec Hermann Kräh et quelques sous-mariniers le long du pont de l'*U-564*, il grimpe agilement en haut du massif pour exécuter un de ses tours favoris… « *Nous jouions l'étiquette quand Mützelburg se dirige vers le haut du massif et plonge dans l'eau avec élégance, la tête la première, du sommet de la passerelle. Mes cheveux se sont dressés sur la tête et je lui ai crié : " Pourquoi as-tu fait cela ? Tu ne me verrais pas faire cela. C'est imprudent ; l'espace entre les bateaux est si étroit, avec les réservoirs et les ballasts sur les côtés… Ce n'est pas évident de plonger entre les deux". Mais il a ri et m'a dit qu'il le faisait assez souvent et qu'il ne le ferait plus avant sa prochaine croisière. Et puis il a continué à nager vers son bâtiment*[3]. »

Après ce rendez-vous couronné de succès et le retour de Mützelburg à son bateau, Teddy continue son voyage vers la zone de chasse qui lui a été désignée. À ce moment de la guerre, les U-Boote se considèrent en relative sécurité quand ils parviennent dans ce secteur de l'océan surnommé « trou de l'Atlantique » *(Atlantic Gap)*, où aucun avion ne peut les atteindre. L'*U-564* naviguera désormais en surface jusqu'à ce qu'il parvienne dans la zone où les avions décollant des îles caribéennes pourront l'atteindre. Le sous-marin avance bien, les quarts se succèdent sans connaître aucune alerte. Une fois encore, Suhren met à profit l'absence de menace aérienne pour permettre à certains de ses hommes de passer un peu de temps sur le pont supérieur. Dans « le Trou », on permet en règle générale aux membres de l'équipage, en dehors de leurs heures de service, de rester sur le massif ou le pont pour jouir des rayons du soleil. Teddy profite aussi de l'occasion pour mettre en panne et initier une séance de baignade et de nettoyage… au savon de mer.

« *Il existe un endroit dans l'Atlantique, entre les Petites Antilles et le continent européen, qui n'est toujours pas couvert par l'aviation; j'ai donné la permission à l'équipage de profiter de quelques baignades d'un quart d'heure par bordée. Vous remarquez que, à tout hasard, si quelque chose devait arriver, nous pouvions rapidement plonger* ».

En plus des évidents bénéfices que de telles activités apportent au moral, elles règlent de nombreux problèmes de santé que les sous-mariniers doivent affronter. L'humidité, surtout celle régnant à l'intérieur de la coque épaisse, a déjà fait une victime parmi les hommes d'équipage de Suhren. L'air marin, l'eau et le soleil atténuent les maux d'articulations et aident à soigner beaucoup de maladies de peau communes.

Une fois sous les tropiques, d'innombrables problèmes vont apparaître, le moindre étant les éruptions de petites vésicules blanches sur la peau dues aux fortes chaleurs. Les frictions constantes des vêtements sur ces petites pustules les déchirent et causent un inconfort constant à la victime, la chair étant à nue.

Une fois encore, le 25 juillet, l'*U-654* de Forster, véritable miroir du chemin emprunté par l'*U-564*, apparaît dans les jumelles des hommes de quart. Cette fois, grâce à la sécurité procurée par le trou de l'Atlantique,

3. Entretien accordé par Reinhard Suhren en 1981 ; côte A1981/22/002, archives *Royal Navy Submarine Museum*.

Les efforts combinés d'Hausruckinger et d'Anderheyden sont récompensés par la gourmandise du commandant. Le banc sur lequel Gabier et Suhren sont assis dans le carré des officiers devient, le moment venu, la couchette de l'ingénieur en chef. Derrière eux, on distingue les emplacements des supports d'une autre couchette qui n'a, apparemment, jamais été utilisée. Toutes les traces de suie déposées par l'incendie récemment déclaré à bord ont été nettoyées et les célébrations commencent dans le carré des officiers. Suhren, en tant que « seul maître à bord après Dieu » est aussi responsable du partage du gâteau. L'I.WO, l'*ObltzS* Ulf Lawaetz, attend sa part avec une évidente impatience.

Suhren, accompagné de Gabier, remplit le journal du radio du bord, ou *Funkspruchkladde*. Le journal mentionne par écrit chaque message émis ou reçu ; Rudi Elkerhausen en est responsable. Ces annotations écrites à la main sont plus tard retranscrites et ajoutées au Journal de guerre du bateau (KTB) pour le BdU. À l'arrière-plan, le *Bootsmaat* Heinz Webendörfer les regarde, sa main posée sur le berceau de l'UZO, le système automatique de réglage pour le lancement des torpilles en surface. Après dix jours passés en mer, Ernst Schlittenhard a développé un sérieux et très handicapant rhumatisme, forçant Suhren à demander de l'aide par radio au BdU. Quelques heures plus tard, il reçoit l'ordre de retrouver le *Kaptlt* Rolf Mützelburg de l'*U-203* et de procéder au transfert de Schlittenhard à son bord.

il sera possible de procéder à quelques « activités sociales ». Forster et son LI, *l'Oberleutnant (Ing.)* Bernard Klaasen, arrivent à bord de l'*U-564* pour prendre un café dans le petit carré des officiers. Bien évidemment, le café et les biscuits sont prétexte à partager les informations et les précisions tactiques que les deux commandants de bord ont pu glaner, avant que les deux bateaux ne se séparent une nouvelle fois à 23 h 15.

Rendez-vous avec la « vache à lait »

Forster est un autre vétéran de la guerre sous-marine. Diplômé de la promotion 1936, il est II.WO sur l'*U-29* quand, le 28 septembre 1939, Adolf Hitler décore personnellement de la croix de fer l'équipage entier après que le bâtiment ait coulé le porte-avions britannique *HMS Courageous*. Après un court passage comme commandant du sous-marin école *U-62*, il prend le commandement de l'*U-654* en novembre 1941. Jusqu'à présent, comme capitaine, il a achevé trois missions dans l'Atlantique et coulé – fait confirmé – quatre bateaux. Sa première victime est la corvette française *Alysse*, torpillée le 9 février 1942. Bien évidemment, aucun des hommes présents ce jour-là dans le petit carré lambrissé de l'*U-564* ne peut deviner qu'un mois plus tard Forster et ses quarante-trois hommes trouveront la mort sous les bombes d'un B-18 américain, au nord de Panama.

Le 30 juillet, Teddy reçoit les coordonnées de la zone proposée pour le réapprovisionnement de son bateau par l'U-463 de Leo Wolfbauer, un submersible ravitail-

« 22 juillet 1942 : CF78, 08 h 10. Voilier en vue... » À l'aube, deux mâts apparaissent sur la ligne d'horizon. Ils sont tout d'abord considérés comme l'expression de cibles marchandes, avant d'être définitivement identifiés comme appartenant à un bateau de pêche des Açores. Sur cette photographie, Lawaetz, Webendörfer et Kalbach observent à la jumelle le pêcheur au loin. Toutes les apparitions ne sont pas aussi inoffensives. Quelques instants après que Haring ait pris cette photographie, les cuirassés britanniques *HMS Nelson* et *Rodney* apparaîtront à l'horizon pour venir tout droit sur l'*U-564*.

3. In *Nasses Eichenlaub*, page 76.

leur, une *Milchkuh*. Le lieu désigné par le BdU est dans les 36 miles carrés du carreau DD 9455 de la grille, au sud-ouest de sa position actuelle. Le cap est pris et l'*U-564*, à bonne vitesse, file vers son rendez-vous. En plus de la question du carburant, la perte de quatre de ses précieuses torpilles, cruciales pour sa mission, lors d'une attaque non prévue, préoccupe gravement Suhren. Bien qu'elles aient été mises à contribution pour de bonnes raisons, ces torpilles vont manquer au moment où le sous-marin va entrer dans sa zone de chasse ; cette pensée ronge Teddy Suhren. Il réfléchit à son délicat problème, à l'intérieur de la petite cabine radio, au rythme des cliquetis des rotors d'*Enigma* qui décodent le trafic radio saturant l'éther entre Paris et l'Atlantique. Plusieurs rapports circulent faisant état de bateaux retournant à leur base avec leurs torpilles non utilisées. Suhren garde cette information dans un coin de sa mémoire et, avant le rendez-vous planifié avec Wolfbauer, Suhren appelle Gabier et Ehlers pour leur faire une suggestion inhabituelle. L'*U-564* ne possède pas le lourd mécanisme de levage qu'ont l'habitude d'utiliser les sous-mariniers pour transférer des torpilles d'un sous-marin à un autre, mais un peu d'ingéniosité pourrait permettre à Suhren de récupérer les « anguilles » inutilisées d'un de ses camarades. Dévoilant sa théorie sous les regards vigilants de ses subalternes, Suhren suggère de récupérer la torpille stockée dans le conteneur externe de poupe, l'extraire de son tube par huit membres de l'équipage, puis utiliser le berceau de chargement.

Avec les moyens du bord

Les officiers décident de passer immédiatement à la réalisation de ce plan. La torpille récupérée est enveloppée de seize gilets de sauvetage et sa nageoire caudale est fixée à la rambarde du « jardin d'hiver » par une aussière. La deuxième phase du plan de Teddy est alors mise en place. Ehlers, en haut du massif, assure la manœuvre. Le filin reliant la torpille au massif l'empêcherait de flotter et de dériver si, d'aventure, l'eau submergeait le pont trop rapidement. Deux canots en caoutchouc sont gonflés et le reste des hommes maintiennent la torpille sur son berceau pendant que Gabier, lentement, immerge le sous-marin jusqu'à ce que les hommes, la torpille et les dinghys flottent librement.

Ehlers, de son poste, s'assure qu'ils ne perdent pas le contrôle du mortel fuseau de 1,5 tonne pendant que les hommes dans les canots et dans l'eau poussent la torpille vers la proue du sous-marin. Là, « l'anguille » est manœuvrée, pour être portée jusqu'au berceau de chargement avant. Les ballasts vidés de l'eau qu'ils contenaient sont remplis à nouveau d'air comprimé, permettant ainsi à l'*U-564* de remonter juste sous la torpille apportée doucement au bon endroit par les sous-mariniers. Une fois le sous-marin de retour en surface, la torpille est assujettie à son berceau avant d'être levée et glissée dans l'écoutille ouverte. « L'anguille » est alors glissée dans le poste avant. Le problème du ravitaillement en mer des torpilles est ainsi résolu en un peu plus de trois heures.

« 24 juillet 1942, 08 h 00. DG2633. U-Boot en vue (Mützelburg). » Dans la matinée du 23 juillet, au changement de quart – entre le premier et le second –, l'*U-203* apparaît dans les jumelles des hommes de veille.

Lors de ce rendez-vous médical, Rolf Mützelburg, en chemise blanche, et son *LI*, l'*Oblt(ing.)* Heinrich Heep, le deuxième homme à gauche, montent à bord de l'*U-564* pour une visite de courtoisie entre camarades de flottille. Derrière eux, les vigies continuent de scruter inlassablement l'horizon : le *Btsmt* Bartels, à gauche, et l'II.WO, le *LzS* Herbert Waldschmidt, partiellement caché par Gabier, à droite. Le grand porte-voix de métal blanc est posé sur le dispositif d'attaque en surface UZO.

Ci-contre, de gauche à droite. Lance-amarre « Comet » *(Comet Leinenpistole).* Cet outil permet de lancer une amarre d'un bâtiment à l'autre lors des opérations de ravitaillement en mer.

Le coffre de rangement en métal du lance-amarre « comet ». *(Fonds Fantastic Attic, Bayeux)*

En plein cœur de l'Atlantique, à l'est de Colorado Banks, en plein « trou de l'Atlantique », les deux U-Boote ne prennent pas de risques étant déjà loin des zones couvertes par l'aviation alliée. À la fin du rendez-vous, plusieurs membres de l'équipage de Suhren ont la possibilité de faire une pause baignade. Mützelburg, à ce moment, décide de rejoindre son bord après avoir plongé, la tête la première, depuis le massif de l'*U-564*. Suhren s'en souvient encore : *« Mes cheveux se sont dressés sur la tête et je lui ai crié : "Pourquoi as-tu fait cela ? Tu ne me verrais pas faire cela. C'est imprudent ; l'espace entre les bateaux est si étroit, avec les réservoirs et les ballasts sur les côtés… Ce n'est pas évident de plonger entre les deux". Mais il a ri et m'a dit qu'il le faisait assez souvent et qu'il ne le ferait plus avant saprochaine croisière. »*

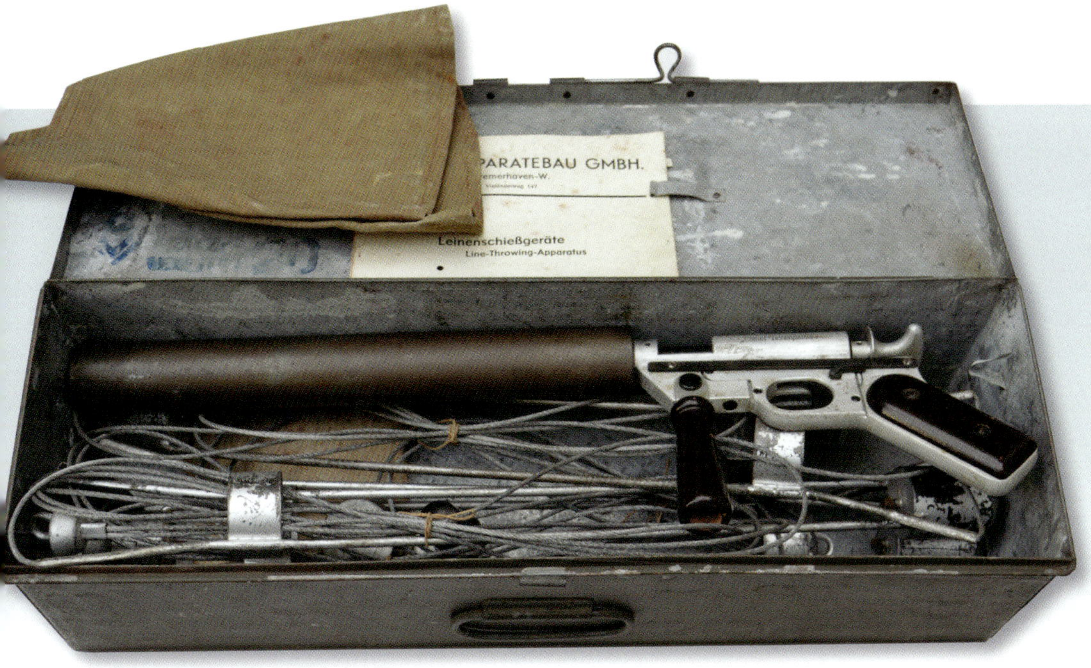

Il y a, bien sûr, une raison plus pratique au rendez-vous des deux submersibles : le rhumatisme du *MatrGef* Ernst Schlittenhard n'a connu aucune amélioration après tout ce temps passé à l'intérieur d'un sous-marin humide. Transféré à bord de l'*U-203* rentrant au port, il sera dirigé sur l'hôpital de Brest. Le *Bootsmaat* Webendörfer aide le semi-invalide à s'installer à bord du petit canot pneumatique. La navette transportant les deux hommes se dirige vers le bâtiment de Mützelburg : de la proue de l'*U-564* à la poupe de l'*U-203* pour permettre à Schlittenhardt d'embarquer plus aisément *(voir pages 82-83)*.

La permission est donnée aux hommes d'équipage qui ne sont pas de service sur les deux bâtiments de rester sur leurs ponts respectifs pour saluer leurs camarades. Les nuages de vapeur et de fumée visibles à la poupe de l'*U-203* proviennent de la mise en route des moteurs diesel. Le sous-marin entame son retour vers Brest, emmenant son passager invalide. Sept semaines plus tard, l'*U-203* quitte Brest pour la huitième et dernière patrouille de guerre sous les ordres de son commandant. Lors de celle-ci, le *Kaptlt* Rolf Mützelburg est victime d'un accident resté unique dans l'histoire de l'arme sous-marine : à cause du roulis, il se tue accidentellement après avoir percuté un ballast de la tête en réalisant une de ses célèbres plongées depuis le kiosque. Suhren à son retour apprendra la tragique disparition de son ami.

Sur la série de photographies à venir, on voit les hommes de l'U-564 anticiper les préparatifs de réception des torpilles supplémentaires que l'*U-154* leur cédera. Les sous-mariniers déchargent les « anguilles » stockées extérieurement afin de les rentrer à l'intérieur de la coque pressurisée. C'est une tâche longue et laborieuse et l'absence de menace aérienne est un prérequis pour la sécurité du bateau. Aidé par autant d'hommes de réserve qu'il est possible, envoyés sur le pont déjà encombré, Bigge fait préparer la poulie qui sera utilisée pour treuiller la lourde torpille depuis son logement, sous le pont en bois. Sous les regards de l'III.WO Limburg et de Teddy Suhren, le treuil est lentement tourné pour extirper la torpille. Le projectile sort du pont, les ailerons du gouvernail émergeant lentement de la cavité.

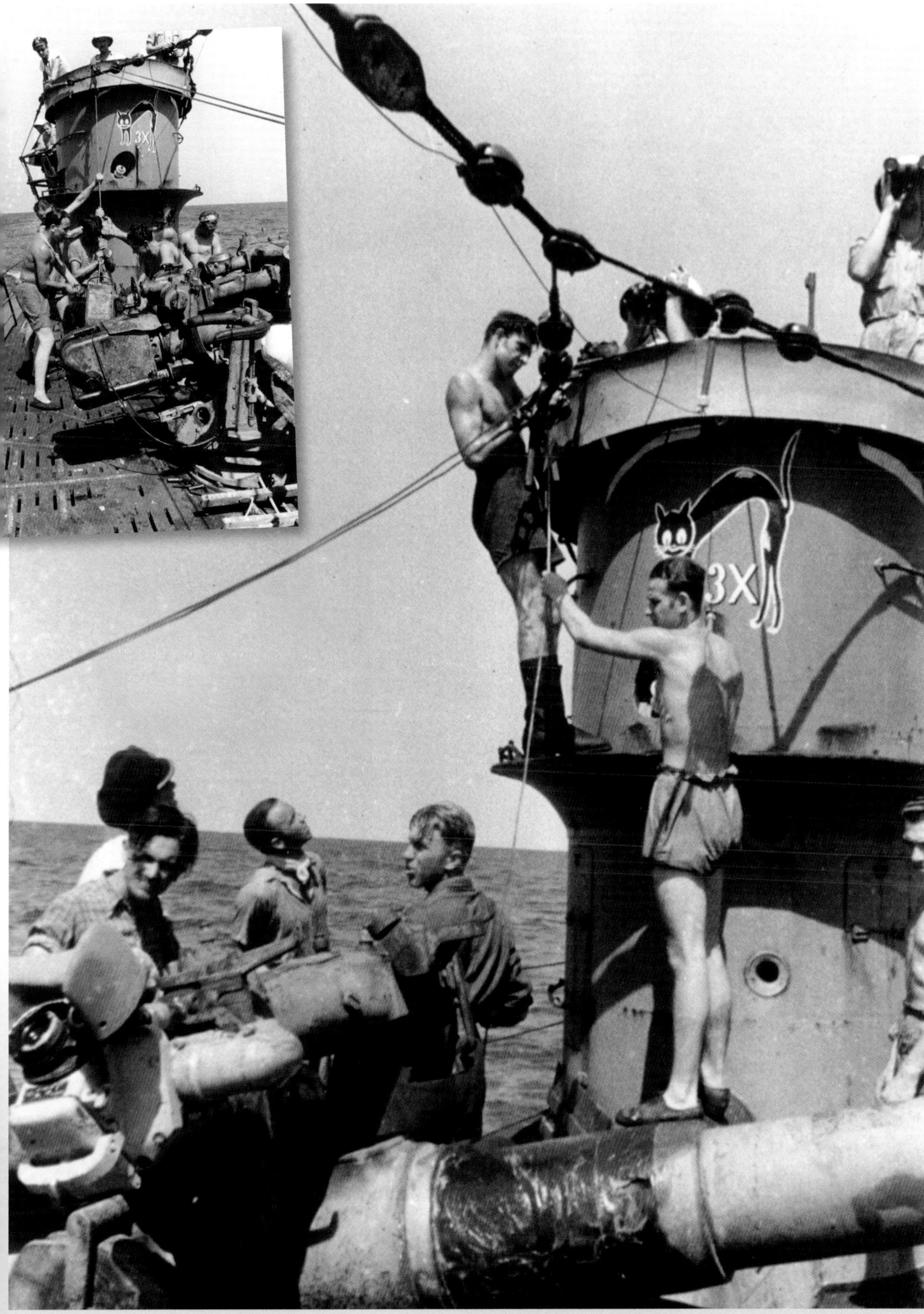
3X
3X

1

2

3

4

5

6

7

1. Nombreuses sont les mains désireuses d'apporter leur concours à la manœuvre. Labahn prend son tour à la poulie.

2-3. Comme la torpille est soulevée de son logement pour être placée sur le berceau de chargement, Gabier – avec le casque blanc – surveille l'opération. L'II.WO Waldschmidt est debout, plus loin, à la proue.

4-5. Une fois déplacée, la torpille repose sur son berceau, attendant d'être descendue dans la chambre des torpilles à la proue.

6. Le logement maintenant vidé est amené à la position horizontale par le volant de manœuvre placé à l'arrière. Le pont reprenant son aspect normal, la torpille peut être amenée doucement dans le poste d'équipage par l'écoutille ouverte, où les poutrelles de transfert, contrôlées par un système de chaînes, permettent de la descendre jusqu'au sol où elle sera stockée avant d'être chargée dans un des tubes.

7. Sur cette photographie, après le transfert réussi, Haring montre le berceau de chargement en détail. Au premier plan, les isolants céramiques fixés aux filins réduisent les risques d'électricité statique se propageant le long des câbles de manœuvre. Les filins, eux-mêmes doublés comme antennes radio, sont reliés à l'émetteur sans fil via le câble électrique mince tout juste fixé à l'isolant principal. Les câbles de proue sont utilisés pour la transmission et ceux de poupe pour la réception.

Le 25 juillet, Forster de l'*U-654* apparaît encore une fois sur une photographie prise à bord du bâtiment de Suhren. Forster, à gauche, et son LI, l'*Oberleutnant (Ing).* Bernard Klaasen, en chemise à petits carreaux, sont montés à bord de l'*U-564* pour « prendre un thé et des biscuits » dans le carré des officiers. Les pièces du service en porcelaine comme cette fragile théière sont, bien souvent, les premières pertes recensées lors des combats. Les occasions de les briser sont fréquentes, le gros temps ou les grenades sous-marines étant les plus fréquentes. Le grand marteau de forgeron au-dessus de la tête de Suhren a été utilisé pour libérer l'*U-564* de ses entraves de cale lors de son lancement. Il est conservé comme talisman depuis ce jour. Le marteau est arboré en haut du massif quand le bateau revient triomphant de ses patrouilles indiquant ainsi le bon « *martèlement de l'ennemi* ».

1. Hermann Kräh utilise le petit chalumeau à acétylène du bateau lors d'une intervention de maintenance sur le périscope d'attaque, pendant que la couronne d'observation continue de scruter l'océan.

2. Avec la permission de récupérer des torpilles supplémentaires de l'*U-154* de Kölle, Teddy et son équipage s'entraînent à transférer les torpilles. Gilets de sauvetage enfilés et canot prêt à l'emploi, le premier pas est de vider le compartiment de stockage externe afin de pouvoir utiliser la torpille.

3. Lors du déplacement, seize gilets de sauvetage enveloppent « l'anguille », lui permettant de reposer sur le berceau de transfert. Ehlers reste en haut du massif ; la nageoire caudale de la torpille est rattachée à la rampe pour l'empêcher de flotter et dériver si d'aventure l'eau submergeait le pont. Pendant que Haring – en équilibre précaire sur le logement du périscope – immortalise la manœuvre, Gabier, précautionneusement, vide l'air des ballasts et permet au pont d'être progressivement submergé.

4-5. Le pont arrière disparaît sous les flots et les calculs quant à la capacité des gilets de sauvetage à faire flotter la torpille sont validés. Les hommes, à moitié immergés, et le canot permettent de guider la charge encombrante vers le berceau, lui assurant de flotter vers sa destination finale avant que les réservoirs d'air ne soient de nouveau remplis, ce qui permettra à l'*U-564* de revenir à la surface. Les gilets de sauvetage sont enlevés au fur et mesure de la remontée du submersible: la torpille est alors prête à être chargée dans son logement de coque.

Boîte de rations alimentaires de survie étanche et torchon de cuisine de la Kriegsmarine. *(Fonds Fantastic Attic, Bayeux)*

1

2

4

3

5

Après ce chargement de torpille laborieux, profitant de l'absence de menace aérienne et d'un horizon dégagé, Suhren donne l'ordre de mettre en panne et autorise une pause baignade à ses hommes. Au-delà de l'aspect détente évident de cette pause, les avantages en termes de santé sont indéniables. Les hommes prennent l'air, se lavent et bénéficient des bienfaits des rayons du soleil. Les plaies et les brûlures sont fréquentes au sein des équipages de U-Boote et ces derniers sont heureux en rejoignant les eaux tropicales de se baigner et quitter pendant quelques minutes les limites moisies et humides de la coque pressurisée du bâtiment.

1-3. En plongeant depuis le pont de l'*U-564*, les marins du bâtiment profitent de quelques moments de répit. Gabier (*au premier plan, ci-dessus*) apparaît dans ce vêtement désigné dans la terminologie navale allemande comme étant celui de la « banane pelée ».

4-5. Même le commandant de bord goûte à la chaleur de l'Atlantique ; une des rares occasions où Suhren quitte son écharpe rouge.

6. La *Kriegsmarine* n'hésite pas à utiliser le savon de mer, ce que font Teddy et son équipage quand Webendörfer les arrose avec l'eau en provenance de la salle des machines. Les avis demeurent toutefois divisés sur les mérites de ce savon : Suhren le trouve merveilleux ; les autres sont beaucoup moins enthousiastes en évoquant le résidu cireux laissé sur leur peau.

7. Même en pleine guerre, Suhren profite d'un moment paisible pour prendre le soleil, une pratique habituelle chez les naturistes allemands.

5

6

7

En attendant l'arrivée de l'*U-463*, les observateurs ont coiffé le casque tropical pour lutter contre les rayons du soleil équatorial. Juste sous les pattes de devant des « Trois Chats Noirs », on distingue le logement isolant par lequel l'antenne radio pénètre dans la coque épaisse du bâtiment, traversant la face avant du massif pour rejoindre le local radio.

Insigne réglementaire porté sur les effets de sport. *(Fonds Fantastic Attic, Bayeux)*

Les berceaux rangés, Teddy, triomphant, mais épuisé après les efforts consentis lors des opérations de transfert, est immortalisé par l'appareil photo de Haring. Le périscope déployé ici est celui dit de navigation, ou de recherche aérienne, avec son puits plus épais et sa tête plus large. Le périscope de navigation est mis en œuvre depuis la *Zentrale* et, contrairement à de nombreuses croyances, il n'est pas utilisé pendant les attaques en immersion ; Il est de temps en temps employé la nuit car la lumière pénètre mieux par sa grande lentille. Le grand puits de ce périscope laisserait un sillage trahissant la présence du bateau lors de l'attaque. Il est donc utilisé, sans risque, dans des périodes de faible visibilité.

Casque tropical de la Kriegsmarine. *(Fonds Fantastic Attic, Bayeux)*

5 Le ravitaillement

Du 2 au 11 août...

De bas en haut. Insigne de spécialité (couleur rouge) d'hydrophoniste. Les chevrons indiquent, traditionnellement, le niveau de qualification plus ou moins élevé du titulaire. *(Fonds Fantastic Attic, Bayeux)*

PLUS TARD DANS LA JOURNÉE, les dernières instructions précisent les modalités du rendez-vous avec l'*U-463* ravitailleur. Teddy décide de rejoindre directement le lieu du ravitaillement.

Le message de Dönitz révèle parfaitement l'étroit contrôle exercé par le BdU :

« *1/8/42 : 0055 2154*

1. Un ravitaillement est prévu assuré par Wolfbauer à partir de 14 h 00, le 3 août. Aucune radiobalise. Lors attente, les bâtiments restent voisins, signalisation à poste. Surveillance maximum. Prenez garde aux sous-marins ennemis.

2. Aucun trafic radio inutile. Seuls les bateaux arrivant après le 6 août sont autorisés à signaler leur présence.

*3. Les bateaux devront prendre : Senkel (*U-658*) et Holtorf (*U-598*) : 68 m³ ; Zurmühlen (*U-600*), Forster (*U-654*) : 60 m³ ; Suhren (*U-564*) : 50 m³, Neitzel : 80 m³ ;* U-129 *: le minimum nécessaire pour le voyage du retour.*

4. Finalement, les bateaux ravitaillés mettront 200 miles entre eux et le ravitailleur pour permettre le ravitaillement des bateaux suivants.

5. Wolfbauer, après les transferts, restera dans une zone de 150 miles nautiques. »

Deux jours plus tard, Limburg, de son poste de veille, repère la silhouette basse du premier sous-marin arrivé sur le lieu du ravitaillement. C'est celle, familière, de l'*U-654* de Forster. Il est suivi, trente minutes plus tard, à 11 h 40, de l'*U-129*, le Type IX C de Witt. Deux heures après, c'est la forme trapue de l'*U-463* qui apparaît à l'horizon.

À 11 h 10, le premier U-Boot repéré est l'*U-654*, de Forster, déjà prêt à prendre son tour au rendez-vous du ravitailleur. Waldschmidt, l'officier de quart présent, échange de brefs signaux avec le bâtiment de Forster.

Le *KorvettenKapitän* Leo Wolfbauer n'est pas le commandant le plus typique de ces grands et peu maniables sous-marins ravitailleurs. À quarante-sept ans, nombreux sont ceux qui l'auraient vu aux commandes d'un sous-marin de combat. Wolfbauer, vétéran de la Première Guerre mondiale, a servi comme officier de quart à bord de l'*U-29* avant de reprendre du service actif en février 1942 et prendre le commandement de l'*U-463* ; il est affecté comme officier d'état-major à la 24e Flottille, unité de formation.

En provenance de Kiel

Avec pratiquement aucune capacité de combat, à l'exception de celle dédiée à la défense aérienne, les grands sous-marins citernes – des types XIV – exigent une main sûre, les officiers plus jeunes convenant mieux aux rigueurs des sous-marins allemands de chasse, plus petits. Ce rendez-vous est le premier du voyage inaugural de l'*U-463* et le submersible arrive directement de Kiel. Le Type XIV est le fruit d'une idée de Dönitz datant du 8 septembre 1939, quand il prend conscience que les distances susceptibles d'être parcourues pendant la guerre exigeront des capacités de ravitaillement en combustible en pleine mer.

Plus court, plus large et plus profond que tout autre U-Boot contemporain, l'*U-459*, le premier Type XIV, réalise sa mission opérationnelle inaugurale en mai 1942, prouvant immédiatement sa valeur. Le pont supérieur, large et plat fournit la surface suffisante à l'équipage pour la manutention des provisions et des conduites de carburant. Le submersible possède de nombreuses écoutilles supplémentaires sur le pont afin de faire transiter les ravitaillements au sous-marin en attente, mais elles sont rarement utilisées, le franc-bord étant trop bas et donc trop enclin à l'inondation comme à bord d'un Type VIIC classique. Le Type XIV peut emporter 720 tonnes de gazole supplémentaires, 34 tonnes d'huile de graissage, 10,5 tonnes d'eau douce et trois tonnes d'eau distillée pour les batteries.

En plus des torpilles, du carburant et de l'eau potable, les ravitailleurs présentent d'autres caractéristiques utiles pour les sous-marins en mission : un petit atelier d'usinage pour les réparations, un magasin de pièces de rechange, de « vastes » unités de réfrigération pour les produits frais et une boulangerie capable de produire quatre-vingts pains de seigle de 1 kg toutes les dix heures.

De plus, à bord de l'*U-463*, le docteur Fritz Walter Hoch, *Marineoberassistenzarzt*, est disponible pour tout soin exigeant un traitement médical. Suhren fait transférer à son bord le *Maschinenmaat* Emil Grade, l'officier marinier du Central, pour être soigné par Hoch. Grade a effectivement subi quelques blessures assez sérieuses à la tête. Curieusement, aucun survivant avec qui l'auteur s'est entretenu ne peut se souvenir de l'événement à l'origine de ces blessures et aucune mention, une fois encore, de celui-ci n'est portée sur le journal de bord officiel de l'*U-564*. Même le journal de l'U-463 fait seulement mention du passage à bord de Grade : « *Masch. Maat Grade de l*'U-564, *est monté à bord pour soigner un traumatisme crânien.* » Comme il n'y a aucune nouvelle référence de Grade regagnant le bord de l'*U-564* – et puisqu'il ne figure sur aucune photographie ultérieure – on peut raisonnablement penser que les blessures, probablement subies lors d'une prise de plongée en urgence, ne pouvant être soignées correctement en mer, ont nécessité le rapatriement du patient vers la France à bord du ravitailleur. L'omission de cet événement par Suhren dans son journal de bord laisse cependant perplexe, alors que le départ de Schlittenhard du bateau est clairement noté. Il est possible que Grade ait été réembarqué sur l'*U-564*, bien que la gravité apparente de sa blessure rende la chose peu probable.

C'est à Witt d'être le premier à remplir la tâche laborieuse de se connecter son *U-129* au lourd tuyau de transfert de gasoil – auquel est couplé un câble téléphonique afin de faciliter la manœuvre – par lequel le ravitaillement en combustible est assuré. Les deux sous-marins se connectent à 14 h 20, au moment où un quatrième sous-marin allemand, l'*U-510* de Karl Neitzel arrive sur le lieu du ravitaillement.

Avec un tel rassemblement de sous-marins en surface, le besoin de multiplier les postes d'observation s'impose. N'importe quel arrivant inattendu à l'horizon les placerait en danger extrême, bien qu'en cet été 1942 aucune présence aérienne alliée ne soit signalée dans la région. Avec l'incapacité momentanée de Bentchley Park de déchiffrer les messages codés par *Enigma* et *Triton*, le flux d'instructions permettant les ravitaillements en combustible et la fixation des rendez-vous demeurent, pour le moment, à l'abri de la curiosité anglaise. Le glas ne sonnera pour les *Milchkühe* que pendant l'année 1943.

Avec l'*U-129* et l'*U-463* engagés dans leurs opérations de transfert de carburant et les échanges par canot pneumatique de fournitures et d'eau, les autres sous-marins, cerclent, à allure réduite, formant un cordon protecteur autour du navire-citerne, au centre du dispositif.

Enfin le tour de Suhren…

Finalement, à 19 h 00, Teddy commence son propre ravitaillement. Dès le départ de la manœuvre, un problème survient quand le lourd tuyau en provenance de l'*U-463* commence à couler, manquant de la flottabilité nécessaire. Le tuyau est normalement rempli d'air par un compresseur (qui est aussi utilisé pour nettoyer entièrement et à grande eau le bâtiment après l'utilisation) pour lui permettre de flotter derrière l'*U-463*, et lui permettre d'être récupéré. Ce jour-là, le tuyau n'a pas été suffisamment empli d'air et il disparaît rapidement sous les flots. Après l'avoir remonté et assuré à bord de l'*U-564*, les hommes regroupés sur le pont assujettissent le lourd tuyau dans la bonne position. Franz Stocker dévisse les casquettes métalliques des conduits et commence

Jumelles Zeiss (7 x 50) de sous-mariniers. Ce modèle est utilisé principalement pour le réglage des pièces d'artillerie du bord. *(Fonds Fantastic Attic, Bayeux)*

Dans l'heure, deux nouveaux submersibles arrivent, l'*U-129* – un Type IXC – de Hans-ludwig Witt et le « navire-citerne » de Leo Wolfbauer, l'*U-463*. Witt est donc le premier à pouvoir se ravitailler en combustible ; il ne prend que le minimum nécessaire pour retourner à Lorient, base de la 2e U-Flottille. Witt a réalisé une patrouille fructueuse dans le golfe du Mexique, coulant onze bateaux. La photographie ci-contre montre bien l'*U-129* dans le sillage de l'*U-463* qui va procéder à son ravitaillement en combustible et en vivres frais. On peut clairement voir – sur la grande photographie – le franc-bord significatif du grand submersible ravitailleur de Wolfbauer pendant qu'il transfère son gasoil à l'*U-129*.

le remplissage des réservoirs. Les deux sous-marins sont ainsi reliés pour les trois heures et demie que va durer l'opération. Pendant ce temps, les produits frais et l'eau potable sont laborieusement acheminés par les nombreuses navettes assurées par les canots gonflables. L'occasion est donnée aussi d'acheminer le courrier de l'équipage en direction de la France par l'intermédiaire du ravitailleur.

Suhren avait suggéré, à l'issue de sa précédente patrouille dans l'Atlantique, qu'un tuyau plus approprié pourrait être utilisé par les *Milchkühe*. « *Les Type VII, en effet, n'utilisant que du fuel (30-40 cbm) et pas d'huile de graissage, il émet l'hypothèse que le pétrolier soit doté d'un tuyau plus léger que ce double tuyau et son câble de guidage bien trop lourds et peu maniables pour d'aussi petites quantités transférées. Une lance d'incendie française en toile à voile, recouverte de caoutchouc (caoutchouc ayant fait ses preuves d'inaltérabilité), d'un diamètre intérieur de 18,2 cm, fixé à un simple câble de manœuvre, s'est révélée parfaite lors d'un transfert de carburant vers l'*U-107. *Le vaisseau-citerne et le sous-marin pourraient alors, avec cet équipement et sans aucun câble de guidage supplémentaire, avancer en formation à 50 m de distance (jusqu'à 100 m), par le travers. Le temps supplémentaire que prendrait le pompage serait ainsi largement compensé par celui gagné lors des montages-démontages, et celui passé lors du nettoyage à grande eau. L'autre avantage, bien plus intéressant encore, serait de pouvoir procéder au transfert de carburant par mer bien plus démontée que ce qui est possible à présent*[1]. »

De nouvelles instructions

Pendant que l'*U-564* est ravitaillé en combustible, de nouvelles instructions parviennent au commandant du submersible à propos des torpilles supplémentaires qu'il a demandées. Bien que l'U-463 emporte assez de carburant et de provisions pour plusieurs sous-marins, il ne dispose que de quatre torpilles dans ses soutes, lesquelles ont déjà été distribuées. Une solution a donc été trouvée pour que Suhren puisse recompléter ses munitions.

Dönitz, bien que préoccupé par un engagement en cours à l'ouest de Terre-Neuve impliquant Karl Thurmann et son U-553 qui a réussi à accrocher le convoi ON.115, donne l'ordre à Suhren de rencontrer le *Korvettenkapitän* Walther Kölle, commandant l'*U-154*, (un type IXC), aux coordonnées du carreau DP1455 de la grille pour récupérer autant de torpilles que possible, avant de continuer la patrouille dans les secteurs EE et EO au large des côtes de la Guyane britannique. Kölle, ancien officier instructeur à l'école navale de

1. Livre de bord de l'*U-564*.

Mürwik, est parti de Lorient le 4 juin et a traversé le golfe de Gascogne de plus en plus dangereux, sans incident sérieux, avant de traverser l'Atlantique et d'entrer dans la mer des Caraïbes par les îles du Vent au début du mois de juillet. Le 6 de ce mois, alors que l'*U-154* navigue dans le canal du Yucatan, en plein golfe du Mexique, Kölle coule son premier bateau, un gros chalutier panaméen, le *Lalita*, en surface, à coup de canon. C'est le seul succès de Kölle. Lors des deux semaines suivantes, l'*U-154* patrouille le long des côtes de Floride et d'Alabama à la recherche de proies. Par deux fois, il échoue à couler un cargo rapide aux larges des îles *Dry Tortugas*, à l'ouest de la Floride.

En dehors de quelques navires neutres, Kölle n'aperçoit aucun trafic et demande la permission de continuer sa route vers Galveston, à la recherche des nombreux pétroliers sillonnant le golfe du Mexique au large du Texas. Comme si cela ne suffisait aux malheurs de Kölle, voilà que l'*U-154* passe sous la menace d'une présence aérienne constante, les efforts défensifs américains ayant été multipliés dans la zone depuis le début des hostilités. Le moral de l'équipage est au plus bas alors que le bateau évolue dans une chaleur tropicale étouffante. De terribles éruptions cutanées, de nombreuses insolations frappent les hommes du bord. La crainte constante des attaques aériennes rend les quarts et la veille sur la passerelle de plus en plus pénibles et inefficaces malgré le soleil et l'air frais.

Cette calamiteuse patrouille est heureusement raccourcie le 19 juillet quand Kölle signale au BdU une fuite dans un de ses réservoirs de carburant. L'*U-154* laisse désormais une trace luisante dans son sillage. Incapable de remédier au problème, Kölle demande la permission de regagner Lorient. Dönitz refuse d'accéder à la requête de son commandant puis finit par accepter quand Kölle décrit son état physique très dégradé. Finalement, l'*U-154* interrompt son voyage, mais avant qu'il ne retourne à Lorient, il lui est donné l'ordre de retrouver Reinhard Suhren et l'*U-564*, le 5 août.

Et 50 tonnes de gasoil de plus...

En attendant, ce dernier achève son ravitaillement en combustible : 50 tonnes de gasoil supplémentaires reposent désormais en sécurité dans ses réservoirs externes. Limburg calcule la route pour le prochain rendez-vous sur la route de retour de Kölle. L'*U-564* s'éloigne du ravitailleur qui procède maintenant au transfert de carburant dans les réservoirs du bateau de Forster. Teddy peut continuer sa patrouille vers les Caraïbes. En tout, treize sous-marins allemands sont approvisionnés lors du voyage inaugu-

Il est 19 h 00, Suhren est en mesure de commencer son ravitaillement, l'*U-129* venant d'achever le sien avant de reprendre la route de Lorient. À l'arrière, les sous-mariniers halent à la main le lourd tuyau de transfert de carburant à l'aide de l'aussière-guide. Très vite, le transfert se révèle problématique, le tuyau n'est pas assez « gonflé » pour flotter à la surface. Après une séance de réflexion et une immersion rapide dans l'eau, le tuyau récalcitrant est opérationnel.

ral de Wolfbauer. L'*U-463* rejoindra ensuite Saint-Nazaire pour intégrer la 10e U-Flottille[2].

L'*U-564* et l'*U-154* convergent vers le lieu de leur réapprovisionnement privé. Les hommes sont maintenant à leurs postes d'observation, seulement vêtus de leurs shorts et, de temps en temps, des encombrants casques tropicaux. Ils parcourent sans arrêt l'horizon. Haring est maintenant une présence familière, en haut du kiosque, filmant pour les actualités et photographiant sans discontinuer, accomplissant sa mission pour la propagande.

Le 5 août, Teddy Suhren pénètre enfin dans le carreau DP1455 ; le berceau prévu pour le chargement des torpilles est assemblé pendant que l'*U-564* commence à croiser dans la zone déterminée pour rencontrer le Type IXC de Kölle. C'est pendant le quart de Waldschmidt qu'apparaissent les mâts d'un bateau sur l'horizon. Immédiatement, l'officier de quart déclenche l'alarme, appelant les hommes à leurs postes de combat; Teddy plonge pour se préparer à une attaque sous-marine. Comme le bateau grandit dans le périscope, son nom et sa nationalité deviennent lisibles : c'est un bateau suédois, un neutre : le *MV Scania*. Construit en 1934 par le chantier naval *Kockmus Mekaniska Verkstad* de Malmö, le cargo jauge 1 629 tonneaux et sillonne l'Atlantique entre les États-Unis et la Suède pour la compagnie maritime *Svenska Lloyd Rederi-A/B*, de Goteborg. Malgré sa neutralité, le cargo naviguant dans la zone d'exclusion prescrite par les Allemands, peut être coulé par Teddy. Ce dernier ordonne de faire surface et de procéder à l'interception du bâtiment neutre. Les servants du canon grimpent rapidement à l'échelle du massif pour prendre leur poste au canon de 88 mm, au moment où les moteurs diesel grondent, propulsant le sous-marin vers sa cible.

L'interception du *Scania*

Webendorfer descend sur le pont pour prendre le commandement de la pièce principale, pendant que le canon de 20 mm antiaérien maintenant armé est prêt à tirer. Tous les hommes dans la baignoire protègent leurs tympans des aboiements du 20 mm à l'aide de bouchons de ouate enfoncés dans les oreilles. En effet, cette arme serait certainement la première à être utilisée lors de l'arraisonnement du bateau suédois. Ironiquement, l'état de préparation des Allemands joue contre eux. L'équipe de tir du canon principal, sanglée dans ses harnais de toile épaisse, ne peut pas tirer.

En effet, la rampe de chargement des torpilles est directement placée devant le museau du canon depuis que la route d'interception de l'*U-564* l'a placée droit devant. L'effet de souffle du tir risque de briser le berceau.

À bord du navire suédois règne la consternation. La pièce d'artillerie mise en batterie et la menace d'une attaque à la torpille inquiètent les marins neutres. Derrière leurs puissantes jumelles, ils découvrent plusieurs hommes d'équipage et leurs pistolets-mitrailleurs MP 40 présents sur le pont de l'*U-564*, en prévision de l'abordage du cargo.

2. La base de la 10e U-Flottille est à Lorient. Peu de temps après cette mission, l'*U-463* et les autres sous-marins citernes sont transférés à la 12e U-Flottille nouvellement créée, à Bordeaux. Après quatre missions de ravitaillement réussies, l'*U-463* est attaqué puis coulé par un bombardier Halifax du *Squadron No 58* de la RAF, le 16 mai 1943, au sud-ouest de la Sicile. Les 55 hommes d'équipage disparaissent avec leur sous-marin. En juin 1944, après une énergique campagne de destruction systématique, les Alliés ont réussi à couler les dix *Milchkühe* opérationnels.

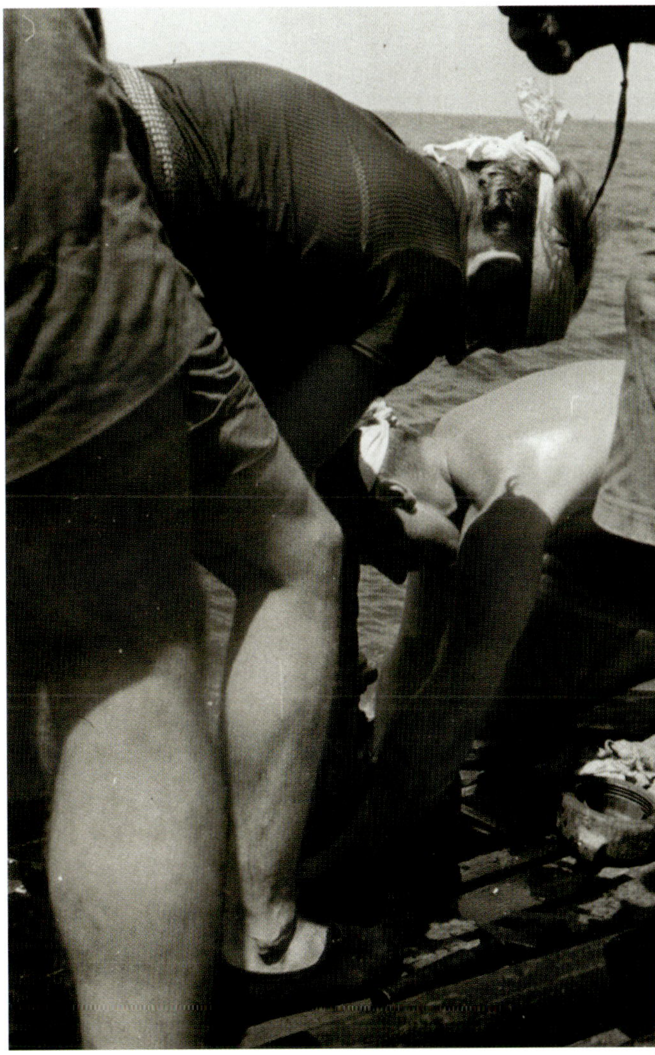

Les officiers et les vingt-cinq membres d'équipage du *Scania*, sous les ordres du capitaine Carl Isak Jansson, ont déjà une expérience de la guerre dans l'Atlantique. Plus tôt, cette même année, le 19 janvier, le bateau suédois est venu au secours du cargo américain *SS Malay*, en flammes après l'attaque menée au canon par le *Kaptlt* Reinhard Hardegen de l'*U-123* engagé dans l'opération *Paukenschlag*. Les feux maîtrisés, l'équipage américain est parvenu à reprendre son voyage en direction de Port Arthur, sa destination au Texas, malgré une dernière torpille lancée par Hardegen, revenu sur la scène de sa première attaque. Quelques mois plus tard, le 12 avril, le *Scania* joue à nouveau le rôle du sauveteur, récupérant vingt-sept survivants du cargo norvégien *MV Balkis*, torpillé et envoyé par le fond au large de la côte du Brésil par le submersible italien *Pietro Calvi*.

À bord de l'*U-564*, Waldschmidt en équilibre sur le rebord étroit de la baignoire envoie à l'aide du projecteur de bord un message lumineux au cargo suédois. Les mots, dictés par Teddy, sont projetés dans l'alphabet morse international pendant que le sous-marin gagne rapidement du terrain sur sa cible. Le 20 mm antiaérien ponctue d'un coup assourdissant le message envoyé pour stopper le navire afin de contrôler son manifeste. Bientôt, le grand bateau est obligé de stopper ses hélices alimentées par des diesels MAN de 7 cylindres. Il court encore sur son erre avant de mettre en panne. En se rapprochant du *Scania*, les marins de l'*U-564* peuvent voir les matelots suédois mettre à la mer un grand canot de sauvetage.

Double page suivante.

1. Franz Stocker aide Hermann Kräh à positionner la manche dans le bon logement.

2-3. Les signaux entre les deux bateaux sont réalisés par sémaphore, porte-voix ou en utilisant la ligne téléphonique dont le câble est couplé au tuyau de ravitaillement. Les autres ravitaillements parviennent au U-Boot par les canots pneumatiques. Le pain frais et les produits alimentaires réfrigérés sont transportés dans des conteneurs d'étain volumineux qui peuvent comporter entre vingt et trente boîtes plus petites ; chaque canot est capable de transporter dix conteneurs. D'autres grandes boîtes métalliques sont utilisées pour le transfert d'eau douce depuis les réservoirs de stockage de l'*U-463*.

4-6. Le *Milchkuh* abrite à son bord un membre du personnel médical, le Dr Fritz Walter Hoch, le *Marineoberassistenzarzt*. Cette remarquable paire de photographies montre l'officier marinier chargé de la conduite de l'*U-654* – le *Maschinenmaat* Emil Grade – transféré par canot pneumatique sur l'*U-463* pour être soigné pour une blessure à la tête. Curieusement, le journal de bord de Suhren ne fait aucune mention de la blessure ou des circonstances qui l'ont provoquée. De même, seul le journal de l'*U-463* fait mention du transfert de Grade pour son retour en France. Webendörfer surveille le transport de Grade ; l'homme blessé, en plus de ses rares affaires, emporte avec lui le courrier vers le sous-marin ravitailleur.

7-8. Une fois le transfert du gasoil achevé, l'*U-463* achemine vers l'*U-564* les provisions. L'I.WO surveille les canots passant d'un submersible à l'autre en utilisant les aussières et le tuyau comme guides. Après trois heures de navettes incessantes, le ravitaillement est achevé et l'*U-564* prend un nouveau cap, en direction de son prochain rendez-vous.

Ci-contre. Rame pour canot pneumatique utilisé comme annexe.
(Fonds Fantastic Attic, Bayeux)

Waldschmidt ordonne, toujours par signaux lumineux, au capitaine suédois de se présenter avec le journal de bord du *Scania* et son manifeste. Un petit parti d'hommes, menés par un officier de la marine marchande suédoise, sanglé dans un uniforme irréprochable, se met en route vers l'*U-564* pendant que le U-Boot surveille sa prise, maintenant

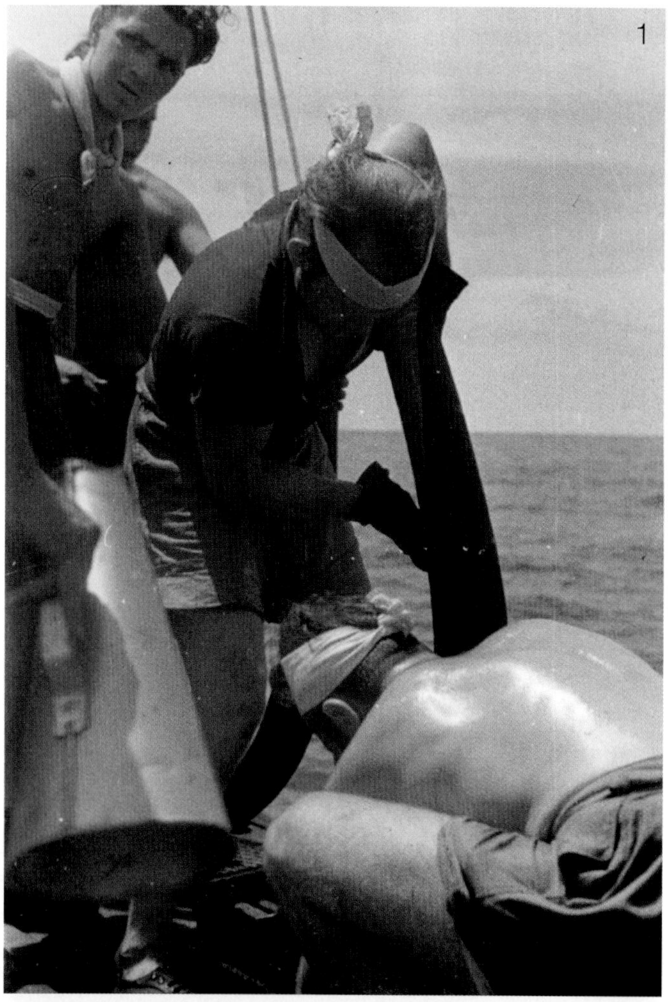
1

2

5

6

3

4

7

8

Pendant le ravitaillement les veilleurs ne cessent de scruter l'horizon. Limburg, III.WO *(à l'extrême-droite)*, surveille les différentes manœuvres ; le porte-voix est à portée de main, afin de mieux diriger les hommes sur le pont ou les prévenir en cas d'alerte.

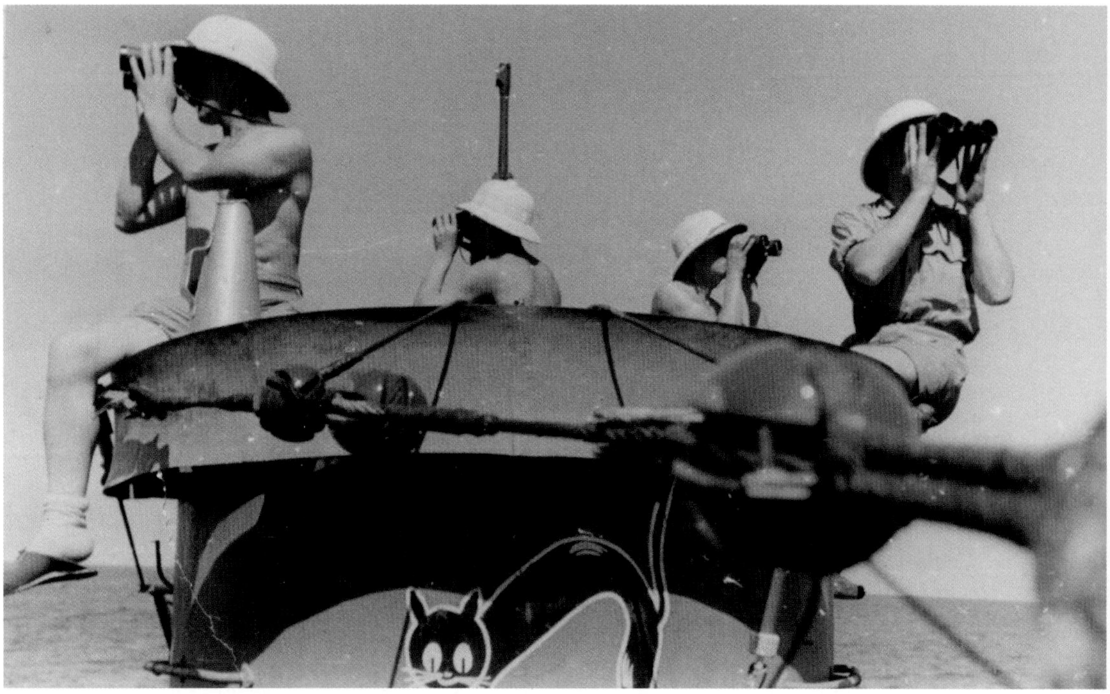

Ci-dessous, de gauche à droite. Le *Maschinenobermaat* Heinz Nordmann, responsable du moteur électrique bâbord, se détend en haut du massif. Nordmann, qui sert à bord de l'*U-564* depuis le début de sa carrière opérationnelle, est un membre important et populaire de l'équipage.

L'*Oberfunkmaat* Willi Anderheyden, photographié au même moment, est second maître radio à bord du submersible. Anderheyden assure une des deux veilles dans le local radio.

Le *PK Maat* Haring est ici photographié par Nordmann pendant que l'*U-564* se dirige vers le lieu de son rendez-vous avec Kölle.

immobile. Le premier officier suédois, âgé de 32 ans, Stig Anders August Lundh, assisté de son opérateur télégraphiste, arrive bientôt sur le submersible avec les documents exigés. Il est emmené sur le pont devant Teddy, qui commence la lecture des documents. Heureusement, Lawaetz, né à Copenhague, maintenant coiffé de sa casquette d'officier, est en mesure de parler avec Lundh. La croisière et la destination du vaisseau neutre sont bien confirmées. Le *Scania*, les cales pleines, doit rejoindre Buenos-Aires, par les Bermudes, en provenance de New-York. Teddy qui n'est pas persuadé de l'utilité de couler le transporteur, se contente de donner un avertissement à Lundh, lui interdisant d'utiliser sa radio et de quitter immédiatement la zone des combats. Le plus sérieusement possible, il l'avertit que si l'*U-564* croise à nouveau le *Scania* près des côtes américaines, il ouvrira le feu.

« *Ainsi, parce que même les neutres ne sont pas en sécurité si près des États-Unis, le premier officier est très reconnaissant que nous les laissions repartir. Revenu à son bord, il nous fait parvenir un petit-déjeuner, avec du pain frais accompagné de nourriture américaine... Et bien, c'était très différent de ce que nous pouvions manger même en Allemagne ! Nous avons estimé que nous n'avions jamais mangé aussi bien*[3]. »

Après cette brève mais mémorable interruption, le *Scania* reprend sa route et disparaît progressivement de la vue des sous-mariniers. Bien que personne ne

3. Entretien avec Herbert Waldschmidt, le 27 septembre 2002.

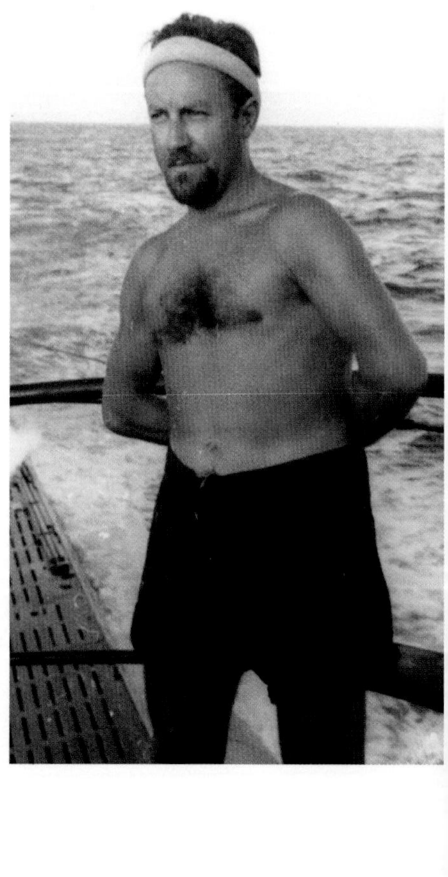

Ci-dessus.
Malgré l'absence de menace aérienne, la surveillance de l'horizon est indispensable. Le 5 août, à 14 h 30, un filet de fumée apparaît à l'horizon. L'*U-564* entame la poursuite.

Ci-dessus, à droite.
Herbert Waldschmidt utilise le sémaphore pour demander au navire de mettre en panne sous peine d'être canonné. Sur cette photographie, Waldschmidt, Lawaetz, Suhren et Wagner (*de gauche à droite*) observent leur cible ; leurs oreilles sont bouchées par de petits tampons de coton en prévision d'éventuels tirs d'intimidation du canon de 20 mm antiaérien.

Ci-contre.
Pendant que l'équipe de servants du canon principal se rassemble sur le pont avant, prête à tirer, le canon de 20 mm est lui aussi mis en mesure de menacer le *Scania*.

Ci-dessous, de gauche à droite.
Derrière Waldschmidt, Lawaetz et Suhren, agenouillé, un quatrième homme fait parvenir aux servants du canon de 88 les obus en provenance de l'intérieur du sous-marin.

Les artilleurs et l'équipe Flak sont réunis sur le pont et la passerelle, prêts à passer à l'action. On distingue le canon d'un pistolet-mitrailleur MP-40 au centre de la photo.

L'impossibilité d'utiliser le canon de 88 apparaît clairement sur cette photographie : devant les artilleurs, le berceau de chargement des torpilles est bien visible. Il vient d'être mis en place en prévision du rendez-vous avec Kölle quelques minutes avant l'arrivée inattendue du cargo. Au premier tir du canon, le berceau peut se briser sous le choc et devenir inutilisable. Les pistolets-mitrailleurs sont donc privilégiés et arment l'équipe d'abordage. Bien que Suhren n'ait probablement pas l'intention d'ouvrir le feu avec le 88, sa seule présence renforce celles des armes aux mains des membres d'équipage sur la passerelle et le pont.

Malgré sa neutralité, le bateau arraisonné peut transporter une cargaison sensible pour une nation en guerre. En signalant par ses fanions l'accusé de réception du commandement de mettre en panne, le bateau coupe ses moteurs et permet à l'*U-564* de venir se placer sur son tribord. La coque du bateau indique clairement sa neutralité : *SS Scania - Suède*.

Le premier officier du bord se met bientôt en route pour se soumettre aux formalités de l'inspection.

Stig Anders August Lundh *(ci-dessous)*, avant de monter à bord de l'*U-564*, sous la surveillance de sous-mariniers allemands armés, présente le manifeste et le journal de bord du *Scania*.

Lundh est emmené sur la passerelle où Suhren épluche les documents officiels du *Scania*. Lawaetz, né à Copenhague, peut s'entretenir avec Lundh. Bientôt, le caractère neutre de la cargaison acheminée entre Bermudes et Buenos-Aires est confirmé.

Pendant que Suhren étudie les documents du bateau, la majorité des officiers du sous-marin et plusieurs hommes d'équipage sont réunis sur le pont ; ils portent pour la plupart leurs coiffures réglementaires donnant une allure un peu plus martiale à leurs tenues, pour le moins « tropicales ». À partir de la gauche, on reconnaît Gabier, Waldschmidt, Hammermüller (de dos), le *Maschinenobergefreiter* Werner Schlagel, Lawaetz, Suhren et Lundh. Au premier plan, Heinz Schmutzler pointe toujours le canon antiaérien dans la direction du navire suédois.

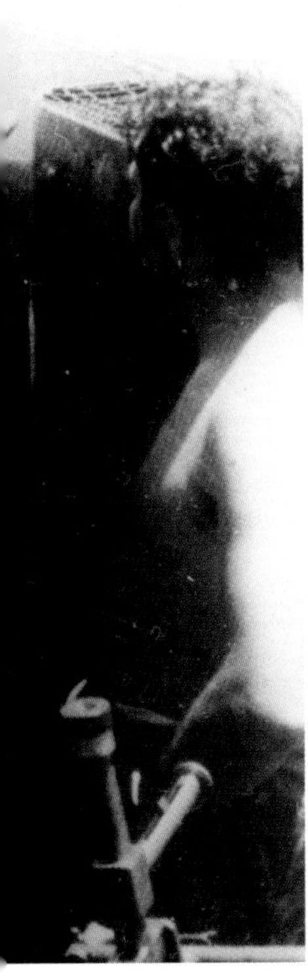

Peu convaincu de la nécessité de couler le bateau suédois, Suhren se contente d'adresser un avertissement à Lundh lui ordonnant de faire silence radio et de sortir le plus directement possible de la zone d'interdiction. Cette intéressante photographie, provenant de la collection personnelle d'Ulrich Gabler, est aujourd'hui visible dans les archives d'Altenbruch. Gabier cite le trait d'humour de Teddy dans un commentaire écrit à la main au dos de la photo : *« Et maintenant, je vais vous couler! »* Heureusement pour Lundh, ce n'est pas le cas, comme en témoigne son sourire. Mais malheureusement pour le *Scania*, le prochain commandant de U-Boot qu'il rencontrera, n'aura pas la même attitude.

puisse le savoir à l'époque, le cargo connaîtra encore une rencontre, cette fois fatidique, avec les hommes de Dönitz. Le 13 décembre 1942, l'*U-176* de la 10e U-Flottille l'interceptera, chargé de fret pour Philadelphie en provenance de Montevideo. De nouveau, le premier officier Lundh, dans son doris en bois, monte à bord du sous-marin allemand qui vient de l'arraisonner. Cette fois, à la lecture du manifeste, le *Kaptlt* Reiner Dierksen estime que les produits alimentaires acheminés vers les États-Unis sont une contrebande constituée. La visite de Lundh prend à peine vingt minutes pendant lesquelles il est traité, selon ses propres mots, *« avec la plus élémentaire courtoisie »*. Dierksen présente ses excuses et ordonne de couler le bateau suédois. Lundh est autorisé à retourner sur le cargo et se voit donner trente minutes

À 21 h 18, le même jour, l'*U-154* arrive sur le lieu du rendez-vous et, après un échange glacial entre les deux commandants de bord, le transbordement des torpilles commence. Ces images, prises depuis l'*U-154*, sont probablement l'œuvre de l'autre photographe présent sur les lieux – le PK Franke – en mission à bord du bâtiment commandé par Kölle. Haring, pour sa part, filme la scène depuis le sous-marin de Suhren.
Comme précédemment, les canots sont utilisés pour apporter l'eau douce sur l' *U-564*. Sur la photo du haut de page, le pont plus sombre et plus large de l'U-Boot Type IX est bien visible, au moment où la première torpille « ceinturée » de gilets de sauvetage va être mise à la mer.

pour que son équipage puisse abandonner le cargo et armer deux canots de sauvetage. Après s'être assurés que vivres et équipements de navigation ont bien été embarqués dans les canots, les Allemands envoient le bateau suédois par le fond[4].

Les torpilles de Kölle sur le retour

À bord de l'*U-564*, l'interception a pour le moins brisé la monotonie des derniers jours et permis d'embarquer des vivres frais qui vont améliorer l'ordinaire. Surhen s'éloigne maintenant rapidement, mais reste à portée de la zone de son prochain rendez-vous. Le sous-marin de Kölle est aperçu un peu plus d'une heure plus tard. Suhren, dans son autobiographie, se souvient de la rencontre :

« Nous rencontrons le capitaine [Kölle] et son bateau engagé sur le chemin du retour à l'heure et au lieu planifiés... Par une bizarrerie du destin, il s'est avéré qu'il était mon officier de division à l'Académie navale de Mürwik, où il avait souffert mille maux pour me préparer aux examens d'officier. Il était celui qui m'avait donné le temps de devenir meilleur. Ce jour-là, cependant, debout en face de moi, il m'a regardé stupidement avec mes décorations jusqu'à mon menton. C'était une vraie rencontre ! Quand je lui ai demandé pourquoi il avait l'intention de rentrer à la maison avec ses torpilles toujours à bord,

4. Après 60 heures passées dans les canots de sauvetage.

Pendant la croisière, les moteurs diesels accomplissent leur millionième tour, prétexte à une petite célébration. Sur les photographies ci-contre, Gabier remplit le verre d'Eberhard Hammermüller de schnaps ; l'*ObMsch* Kräh attend son tour. Bientôt rejoints par Helmut Brock, les quatre hommes célèbrent cette nouvelle étape vécue par leurs moteurs.

Bouteille en grès pour boisson alcoolisée; schnaps ou rhum selon l'humeur.
(Fonds Fantastic Attic, Bayeux)

il m'a répondu qu'il était malade, un problème de foie, et avait besoin d'un docteur. "Oh, je vois, le mal de ventre. Épargnez-moi les détails. Maintenant, occupons-nous de nos affaires". »

Teddy et plusieurs membres de son équipage enlèvent alors leurs vêtements et nagent vers l'U-154 afin de fixer leurs gilets de sauvetage sur trois torpilles, les remorquant à la main vers leur bâtiment. La technique se révèle payante jusqu'à ce que la quatrième torpille, malgré les gilets de sauvetage, sans doute dégonflés, échappe aux sous-mariniers et coule vers les profondeurs de l'Atlantique.

Toute la procédure est photographiée par Haring depuis l'*U-564* et, incroyablement, par un autre KB embarqué avec Kölle sur l'*U-154* pour immortaliser la patrouille. Il ne reste plus qu'à transférer deux mètres cubes d'eau potable sur l'*U-564* par le canot pneumatique, avant que les deux sous-marins ne se séparent. Kölle reprend son voyage de retour, se ravitaillant une dernière fois en combustible auprès de Wolfbauer. Il arrive en France et ne bénéficie, contrairement à l'usage, que d'une réception discrète. Kölle, après son rapport à Dönitz, est relevé de son commandement à la mer et muté à Mürwik. Le reste de l'équipage de l'*U-154*, déprimé, est transféré en masse sur l'U-105, encore en cale sèche après avoir connu de sévères dégâts lors de sa dernière sortie.

Teddy entre dans les Caraïbes

L'U-*564* se dirige vers sa zone de chasse à l'est des Petites Antilles. Il partage le secteur avec quatre autres U-Boote. Les *U-66*, *U-108*, *U-155* et *U-160* sont déjà très actifs, un peu plus au nord, près de la côte est de la Floride et des Grandes Antilles. Les patrouilles et les combats dans les eaux de Floride rencontrent très peu de succès.

Le 10 août, l'*U-600* attaque et coule un petit navire anglais solitaire de 130 tonneaux, le *Vivian P. Smith*, mais l'essentiel du trafic marchand est regroupé dans des convois bien défendus. En Floride, l'*U-98* dresse un champ de mines à l'entrée du port de Jacksonville, mais n'obtient aucun résultat.

Le 10 août 1942, à 09 h 20, l'*U-564*, à l'est de Sainte-Lucie, prend la direction du sud. De nouvelles instructions lui sont parvenues, le redirigeant au sud-ouest, vers le carreau ED 90 et la Grenade. Teddy entre enfin dans la mer des Caraïbes, loin des patrouilles stériles des Grandes Antilles. En naviguant sous un ciel dégagé, sur une mer douce et tranquille, il se voit confier la tâche de perturber le trafic commercial est-ouest, passant par la chaîne des Petites Antilles. Il pénètre enfin dans sa nouvelle zone opérationnelle à l'aube du 11 août.

Bénéficiant de la même technique de transbordement que celle testée précédemment, trois torpilles sont acheminées avec succès à bord de l'*U-564*. Malheureusement pour Suhren, la quatrième coulera, les gilets de sauvetage, dégonflés, ne pouvant plus assurer sa flottabilité.

6 Guerre dans les Caraïbes

Du 12 au 19 août…

L'*U-564* FAIT SURFACE un peu après 01 h 00 du matin et commence sa patrouille dans les Caraïbes. Lawaetz et ses trois hommes prennent leurs emplacements habituels dans le kiosque et scrutent la mer à la recherche des détritus laissés derrière eux par des navires marchands négligents. Les ordures jetées inconsidérément par-dessus bord indiquent clairement la route à suivre pour le sous-marin allemand. Le plus petit défaut dans la houle est scruté attentivement. Les heures passent, sans que le moindre signe ami ou ennemi n'apparaisse. Finalement, à 07 h 55 comme le quart de Waldschmidt tire à sa fin et que les hommes de Limburg avalent hâtivement un petit-déjeuner avant de remonter sur la passerelle, une ombre lointaine et discernable apparaît en avant du bâtiment.

Bien que l'heure allemande du bord suggère que le soleil devrait être déjà au-dessus de l'horizon, il n'est que 03 h 55 heure locale et la mer est encore dans l'obscurité. L'ombre devient maintenant un ennemi identifiable. Teddy arrive sur le pont pour décider de la ligne de conduite à adopter.

Ses hommes, debout, à leurs postes de combat, patientent, anticipant déjà les ordres de leur capitaine. Mais le petit vaisseau qui croise leur route est un navire américain de patrouille, indigne d'une torpille selon l'évaluation de Teddy. Cependant, cette rencontre atteste de leur entrée dans la zone de combat et son équipage se félicite de sa vigilance. L'*U-564* change de cap tranquillement et s'éloigne de la menace, continuant sa chasse. Il passe en immersion à l'arrivée de l'aube, permettant aux hommes de quart de prendre un peu de repos.

Pendant la Seconde Guerre mondiale, le U-Boot est particulièrement vulnérable aux raids aériens lors des attaques en surface. La vitesse est alors le seul moyen d'y échapper. Sur ces photos, une fois encore, quand l'alarme de plongée retentit, Labahn et Abel ferment les clapets d'échappement, coupent les diesels de surface et lancent les moteurs électriques. En s'approchant de la zone de combat, l'*U-564* est contraint de plonger. Face à la menace aérienne, les distances parcourues sous l'eau sont de plus en plus longues.

Compte-tours de moteur diesel. Il fournit les indications en marche avant comme en marche arrière. *(Fonds Fantastic Attic, Bayeux)*

Toute la journée, le sous-marin allemand navigue nord-ouest, vers la Grenade. Tôt dans l'après-midi suivant, un avion est aperçu au loin ; deux heures plus tard, un autre appareil surgit dans les jumelles des observateurs. Suhren a ajouté un homme à chaque quart, une cinquième paire d'yeux entièrement consacrée à la surveillance du ciel.

Toujours les bombardiers…

La régularité apparente des patrouilles aériennes ennemies ne permet pas aux observateurs de découvrir un troisième avion à 19 h 36. Un grand bombardier quadrimoteur plonge sur l'*U-564*, caché dans le soleil des Caraïbes, aveuglant les guetteurs. Il ne faut que quelques secondes à Waldschmidt pour hurler les ordres intimant une prise de plongée immédiate et faire claquer l'écoutille principale, la refermant derrière lui. Il atterrit sur le plancher du Central de l'*U-564*, déjà incliné en direction des profondeurs, le klaxon d'alarme retentissant à travers tout le submersible.

L'avion passe droit au-dessus du sous-marin, larguant deux charges de profondeur, loin de l'endroit où se trouve désormais le sous-marin allemand qui a déjà atteint sa profondeur de sécurité. Le coup est passé toutefois bien près de l'équipage chanceux. Encore une fois, les hommes de l'*U-564* sont sortis indemnes de la confrontation avec l'aviation alliée. Ailleurs, ce même 13 août, dans le détroit entre Cuba et Haïti, l'*U-658* aperçoit deux convois assurant la navette, via Curaçao, entre Key West et Trinidad. Le TAW.13 en direction du sud, et le TAW.12 vers le nord, ce dernier regroupant 47 navires. La découverte de l'équipage de l'*U-658* est récompensée par trois explosions et des flammes aperçues sur la mer, un tir de torpille par le tube arrière frappe une autre cible. Malheureusement un seul bateau est confirmé-coulé par les rapports alliés. L'*U-600* de Zurmühlen rejoint l'attaque menée contre le TAW.12, frappe l'*Everelza* et l'envoie par le fond. Une colonne de flammes monte à plus d'une centaine de mètres de hauteur. Une seconde attaque coule le vaisseau de commandement américain du convoi le *SS Delmundo*. Un autre sous-marin arrive au contact du convoi avant que celui-ci ne touche le port de Key West. L'*U-598* de Gottfried Holtorf coule alors trois navires du TAW.12, le 14 août.

Les messages en morse crépitent entre les sous-marins allemands engageant l'ennemi dans le passage du Vent et les opérateurs radio de Teddy interceptent les messages de victoire et de perte, décryptant les communications entre

les bateaux et le *BdU* à Paris. Bien que le combat fasse rage à des centaines de kilomètres de leur position, Suhren suit de près les développements de la bataille, attendant ses propres instructions en provenance du quartier général. Alors que ses camarades affrontent l'ennemi, Suhren ne croise la route que d'un seul bateau solitaire, le 14 août ; un Argentin neutre, clairement identifié ; il le laisse poursuivre sa route sans l'attaquer.

Teddy perd patience…

Le 16 août, après deux jours d'attente irritante, Suhren envoie par radio ses rapports de situation au BdU, demandant de nouvelles instructions. À 04 h 57, il perd patience devant l'incroyable silence de Dönitz et donne l'ordre de transmettre un message déplorant que, depuis le 12 août, parcourant les carrés ED 9417, 9883, 9527 et 9892, entre deux alertes aériennes, ils n'ont rencontré aucune possibilité d'attaque. Finalement, à 05 h 13, Suhren et Wattenberg, de l'*U-162*, sont envoyés sur le côté ouest du carré ED 9880 – au nord de l'île de Trinidad – leur nouvelle zone de chasse. L'*U-564*, une fois encore, ne trouve qu'une mer désespérément vide.

Les proies faciles des premières attaques de février, sur les voies de navigation encombrées des Caraïbes, sont déjà un souvenir.

La navigation auprès des terrains d'aviation de Trinidad devient terriblement risquée. Un avion est aperçu au loin le 17 août à 13 h 40, les hommes de quart suivent, attentifs, sa trace jusqu'à ce qu'il soit hors de vue. Sous le soleil brûlant des tropiques, les observateurs sont nus jusqu'à la taille, leurs têtes à peine protégées par leurs grands casques tropicaux. Les lunettes de soleil polarisées suffisent tout juste à atténuer la lumière éblouissante du soleil et son reflet sur les eaux des Caraïbes. Les changements de quart interviennent après quatre heures passées à scruter un horizon nu et un ciel immensément vide. Cette tension porte les hommes à leurs limites.

À 20 h 50, en ED 8641, le cri que l'équipage entier redoute d'entendre explose sur le pont : « *Flieger !* » Un grand avion surgit du soleil, à peine à vingt mètres au-dessus des vagues, se précipitant à toute allure sur le sous-marin, menant une attaque à basse altitude.

Précipitant le submersible dans une plongée précipitée, désormais routinière, Gabier donne un angle si aigu à l'*U-564* que tout ce qui n'est pas solidement arrimé aux parois ou aux instruments du bord tombe à terre dans un bruit infernal.

Le 10 août, l'*U-564* reçoit du BdU une nouvelle « zone » de chasse, dont le centre serait l'île de la Grenade. Ici, Rudi Elkerhausen, le second-maître radio, décode le message avec son *Enigma* à quatre cylindres. Il transmettra un peu plus tard une brève confirmation de réception et le rapport de situation.

Trois bombes bien placées encadrent le sous-marin qui n'est encore qu'à quelques mètres de la surface. Les explosions secouent sévèrement la mince coque de l'*U-564*, causant le chaos à bord. Une fine flamme s'échappe de l'écoutille fermée du tube lance-torpilles numéro cinq à la poupe. Cette vision déclenche un début de panique chez les mécaniciens travaillant sur leurs moteurs électriques et diesel. Heureusement, il n'y a aucune fuite d'eau et les hommes supposent que le tube a été endommagé par les explosions, mais reste étanche.

Les vétérans sont tétanisés

Les mitrailleuses de l'appareil ennemi criblent l'eau au-dessus de l'*U-564*, une façon pour les artilleurs alliés d'exprimer leur frustration plutôt que de tenter d'atteindre leur cible. La dernière bombe – un coup de dé ? – lancée par le bombardier frappe l'*U-564* à une profondeur de 40 mètres. La grenade sous-marine éclate dangereusement près du bâtiment de Teddy et cause de lourds dégâts. Les hommes sont presque tous projetés au sol et l'équipage de l'*U-564* est pendant quelques secondes comme « tétanisé » par l'impact.

Les lampes volent en éclats, le verre cassé tinte sur le sol, la pression de l'eau sur la coque la fait hurler, ajoutant à la cacophonie... Suhren tient ses hommes, les contrôle fermement. Son autorité et son sang-froid ramènent vite le calme, désamorçant tout début de panique. Depuis la *Zentrale*, il envoie tous les matelots disponibles vérifier l'état de la coque, à la recherche de la plus petite fuite. Malgré la pression sur la coque, les rapports demeurent négatifs : aucune trace d'eau n'est décelée. Les hommes se trouvent là où ils ont chuté pendant la plongée en catastrophe. Une atmosphère de professionnalisme résolu descend sur l'équipage et, bientôt, la bravade remplace l'angoisse : les flirts avec la mort finissent toujours ainsi.

Dans le Central, Gabier commence à ramener l'*U-564* à 60 m, une profondeur plus sûre. Il suffit de quelques secondes à Suhren et son ingénieur pour se rendre compte que quelque chose de terrible vient de se produire. Au-delà des bruits habituels produits par le submersible, des grincements se font entendre dans tout le bâtiment. Les gémissements du métal font frissonner les cadres les plus expérimentés de l'*U-564*. Pour un sous-marinier vétéran, ces bruits caractéristiques ne peuvent signifier qu'une chose : ils s'enfoncent dans les profondeurs, là où la pression de l'eau devient intolérable.

La crainte de glisser silencieusement au cœur de l'abîme jusqu'à ce que la pression fasse éclater la coque saisit soudain l'équipage entier. Teddy donne l'ordre d'orienter les barres de plongée vers le haut et de remplir les réservoirs des ballasts d'air comprimé. La descente doit être arrêtée, phase essentielle avant de pouvoir espérer regagner la surface. En proie à la panique, le marin responsable du panneau des ballasts a par erreur tourné les volants dans le mauvais sens. Heureusement, Teddy, traversant la *Zentrale,* s'en aperçoit et ouvre complètement les vannes. Gabier cesse de se fier à son hypsomètre, manifestement défaillant, pour ne se fier qu'aux instruments des hommes de barre. Il découvre que la profondeur à laquelle ils ont chuté est de près de 160 mètres, dix mètres sous le plafond théorique déterminé par les constructeurs.

L'air comprimé siffle dans les conduites et dans les réservoirs des ballasts, la plongée continue encore sur vingt mètres avant que l'*U-564* ne se stabilise enfin et ne revienne imperceptiblement à l'horizontale. La plongée infernale de l'*U-564* est arrêtée à 200 mètres. Chaque tôle, chaque couple du sous-marin gémit sous la pression, mais aucune fuite n'est signalée. Un silence absolu règne dans le sub-

Variante brodée et métallique de l'insigne de branche d'opérateur radio. L'ancre indique le grade; en l'occurence *Funkmaat* (second-maître opérateur radio) *(Fonds Fantastic Attic, Bayeux)*

Sous les implacables rayons du soleil tropical, le métal peut devenir extrêmement chaud et infliger d'ennuyeuses brûlures à ceux qui le touchent sans protection. Le panneau en bois sur lequel Richard Steinert s'appuie ici est la meilleure parade contre de telles blessures ; la serviette chiffonnée est prête à être utilisée s'il souhaite se percher sur le haut du kiosque.

« Guerre et Paix ». Les hommes de quart à leur poste de veille bénéficient de la tranquillité d'un crépuscule d'été dans les Caraïbes.

Le premier appel à rejoindre les postes de combat retentit le 12 août, quand un navire d'escorte américain passe à distance. Suhren considère toutefois qu'il ne mérite pas une torpille. L'*U-564* patrouille jusqu'au 19 août, subissant des attaques aériennes sporadiques et n'apercevant qu'un unique navire neutre avant de se jeter sur le convoi TAW SL/1 le 19 août. Deux attaques en surface sont lancées, et une troisième en immersion. Ici (à gauche), Gerhard Ehlers se tient prêt devant le tube numéro un. Les gilets de sauvetage sont portés par l'équipage pendant le combat. L'assistant d'Ehlers est Hausruckinger, le cuisinier du bateau (*à gauche*). Il manque deux hommes à l'*U-564* depuis les pertes de Schlittenhard et Grade et, bien que normalement dispensé de service à bord, Hausruckinger joue un rôle important pendant les combats comme il l'a déjà prouvé au cours de ses précédentes croisières quand il était cuisinier en second.

Hermann Kräh, depuis le compartiment diesel, chronomètre la torpille lancée. La première salve a manqué sa cible, la seconde s'achève par une détonation, témoin d'un coup au but, à peine une heure après le début de l'attaque. Celle-ci est menée depuis la passerelle par l'I.WO. La présence des navires d'escorte et d'un bombardier de lutte anti-sous-marine obligera Suhren à tenter une troisième attaque en immersion quand le soleil commencera sa course en plein ciel.

mersible. Gabier tente de rassurer l'équipage, perdu au fond de l'océan, écrasé par des milliers de mètres cubes d'eau. L'*U-564* remonte doucement à une profondeur plus raisonnable et bientôt les membres de la branche équipage se mettent à l'ouvrage et réparent les nombreux dégâts subis par les systèmes, remerciant les chantiers navals de Hambourg pour leur construction.

Gabier démonte l'hypsomètre principal pour découvrir que l'indicateur est hors-service depuis le choc subi lors de l'explosion de la dernière grenade sous-marine.

L'*U-564* reste à 60 mètres de profondeur et tente de se faire oublier de ses poursuivants.

Plusieurs instruments délicats, directement fixés aux panneaux de la coque, sont brisés ou sortis de leurs logements ; les ampoules et de nombreux verres de cadrans sont en miettes et nécessitent un remplacement. Malgré le scepticisme de leur commandant à la lecture du rapport d'avarie du tube lance-torpilles n° 5, les hommes tentent de localiser les dégâts et vider le tube temporairement inondé. Gardant prudemment son bateau immergé, Teddy surveille les réparations, s'assurant qu'aucun dégât sérieux n'a été infligé à son bâtiment. Réfléchissant aux dernières heures vécues par le sous-marin, il en conclut que sa couronne de veille manque d'efficacité après une longue période passée à cuire sous le soleil, ne pouvant détecter la menace ennemie quand elle apparaît le soleil dans le dos. Il va falloir faire plus confiance à son système de détection par hydrophone. Bien que la sécurité provisoire offerte par les profondeurs favorise une certaine forme de détente nerveuse pour une grande partie de l'équipage, rester enfermés dans un tube de métal humide, peu aéré, la sueur exsudant de chaque pore de leur peau, épuise les hommes.

« Après que les moteurs aient tourné à plein régime, nous sommes remontés vers la chaleur de la mer des Caraïbes. Quand nous étions sous l'eau, la température dans le sous-marin atteignait les 60 degrés... Une situation bien inconfortable pour tout l'équipage. Mais, malgré tout cela, nous savions que nous avions de nouveau la chance d'espérer revoir la Mère Patrie[1] » ! Au moment où l'*U-564* « panse ses plaies » et s'éloigne de la scène de sa dernière rencontre avec l'ennemi, l'*U-658* attaque le convoi PG.6 au sud de Cuba, coulant deux des 23 cargos placés sous escorte américaine, en endommageant un troisième. La bataille des Caraïbes continue de faire rage.

Brassière de sauvetage en dotation à bord des sous-marins de la Kriegsmarine. *(Fonds Fantastic Attic, Bayeux)*

Avec tous ses systèmes de navigation et de combat restaurés, y compris le tube lance-torpilles de poupe, l'*U-564*, le 18 août, est de nouveau prêt à fendre les flots pour répondre à l'appel de l'*U-108*. À 10 h 43, Scholtz, son commandant, indique les coordonnées d'un convoi proche de la route suivie par l'*U-564*. Le *Korvettenkapitän* est tombé par hasard sur le convoi TAW SL/1 comprenant quinze navires marchands escortés par les corvettes *HMS Clarkia* et *USS Courage*, assistées des patrouilleurs des Gardes-

1. Entretien accordé par Reinhard Suhren en 1981 ; côte A1981/22/002, archives *Royal Navy Submarine Museum*.

Côtes américains *Marion* et *Antietam* et des chasseurs de sous-marins *PC-482*, *PC-492*, *SC-504* et *SC-514*. Protégé dans les airs par les ombres bienfaisantes des bombardiers B-18 Bolo américains et Hudson britanniques, ce convoi de ravitaillement est parti de Trinidad ce jour-là pour la première étape d'un voyage qui le mènera, passant par Key West, sur les côtes du Royaume-Uni. Après s'être considérablement renforcé, le convoi vient enfin d'appareiller pour Halifax, en Nouvelle-Écosse. Il y recevra alors sa dénomination HX, avant de croiser vers la Grande-Bretagne, chargé de matériels et de vivres pour la grande île assiégée. Wattenberg a commencé à suivre le convoi dès sa formation et le BdU ouvre la chasse à tous les sous-marins de la zone. L'*U-564* se montre à la hauteur.

En attendant l'attaque...

Le sous-marin, machines avant toute, file vers le convoi avec une vigueur renouvelée ; les torpilles sont sorties de leurs tubes et vérifiées tandis qu'une myriade d'autres systèmes sont testés et re-testés, l'équipage utilisant au mieux le temps disponible avant le contact tant attendu.

Une fois leurs tâches achevées, les hommes qui ne sont pas de service vont se reposer en prévision de l'attaque. Sans nouvelle de Scholtz, Suhren reçoit, heureusement, des informations de première main sur la dernière position du convoi en provenance, cette fois, de l'*U-162*. La radio crépite : *« KR KR ; convoi Ingrid ED 9460, en route au nord-est, vitesse stable, Wattenberg. »* Suhren n'est plus qu'à seulement 35 miles nautiques (65 km) de la position rapportée, il accélère pour intercepter le convoi.

Une heure plus tard, l'*U-162* de Wattenberg attaque en surface ; il est 04 h 37 (11 h 07 heure locale) quand il coule l'*USS West Celina* au large de la Grenade. Deux torpilles ont été nécessaires. Au-dessus du convoi marchand, désemparé, le ciel s'illumine à la lueur phosphorescente des fusées éclairantes lancées par les navires du convoi. Ceux-

Ulrich Gabier est assis à son poste de combat, derrière les deux barreurs chargés des gouvernes de profondeur dans le poste central. Les barres de plongée avant sont contrôlées par Heinrich Bartels, ceux de poupe par Heinz Schmutzler. Au-dessus de la tête de Bartels (à gauche), la jauge de profondeur indique 18 mètres, à l'aide de ses gouvernails de profondeur, il va stabiliser la descente et amener le sous-marin à profondeur périscopique.

Teddy Suhren est ici à califourchon sur l'étroite selle devant le complexe et sophistiqué périscope d'attaque. Dans la petite chambre, – le kiosque – à la base du massif, au-dessus du centre névralgique de son sous-marin, le commandant reste à son poste pendant toute l'attaque, contrôlant les mouvements de ce délicat appareil optique qui, contrairement au grand périscope de navigation, ne dépend pas des mouvements du submersible. Sa rotation est assurée par des pédales au pied. La main gauche contrôle la hauteur du périscope et la droite l'angle du prisme supérieur, procurant au commandant un champ de vision variant entre 15° au-dessous de l'horizon et 70° au dessus.

Lui aussi, logé à l'étroit dans le kiosque pendant l'immersion, le *Bootsmann* Heinz Webendörfer, debout à son poste de combat, entre les informations dans le calculateur de tir des torpilles (*ci-contre à gauche et à droite*). Ce système analogique, nourri des informations sur la position du sous-marin, la distance estimée de la cible, la vitesse, etc., permet de calculer la meilleure solution de tir. Les changements sont ensuite automatiquement suivis par le calculateur, et les informations sont transmises aux torpilles dans leurs tubes. Lors de la deuxième attaque contre les navires du convoi TAW SL/1 ce fut en pure perte : les deux torpilles ont bien touché leurs cibles mais n'ont pas explosé.

ci prennent tous les risques pour ne pas entrer en collision avec le *West Celina*. Le convoi entier vire, s'éloignant de sa route et du lieu du torpillage. Au-dessus d'eux, le bombardier Hudson repère une vague forme sur la mer. C'est Wattenberg, trahi par les fusées de signalisation se balançant au bout de leur parachute. Le bombardier harcèle l'*U-162* jusqu'à ce que son commandant soit forcé de renoncer à une nouvelle attaque et plonge.

À 06 h 30 les fusées de détresse sont visibles sur le tribord de l'*U-564*, au nord-ouest, à quatre-vingt-cinq miles (157 km) de Boca Grande, sur l'île de Trinidad. Teddy ordonne un changement de cap et, dix minutes plus tard, il perçoit les ombres trapues de bateaux chargés à ras bord se détachant sur les zébrures de l'horizon. Les flammes et les fusées de signalisation projettent périodiquement un rougeoiement artificiel sur la scène. Les navires d'escorte et l'avion tentent de dissuader de nouveaux sous-marins allemands de faire surface et d'attaquer. Teddy réfléchit soigneusement à la meilleure approche et décide de profiter de l'obscurité à l'opposé du lieu de l'attaque de Wattenberg.

« Torpedo los ! »

Après près d'une demi-heure de délibération avec ses officiers sur le pont du sous-marin, Teddy ordonne à ses hommes de rejoindre leurs postes de combat et lance son sous-marin, en surface, sur le convoi. Lawaetz installe l'UZO et le sous-marin allemand fend les flots de toute la vitesse de ses moteurs. L'apparition soudaine et inattendue de la mince silhouette d'un navire d'escorte ennemi oblige les attaquants à tirer leurs torpilles d'une distance plus grande que celle programmée : quatre torpilles sont envoyées en direction des navires marchands sans doute bien trop lointains… La cinquième torpille est envoyée du tube arrière quand le sous-marin vire sur bâbord et présente sa poupe au convoi. Les chronomètres du bord égrènent les secondes les séparant de l'impact, mais, à la grande déception de l'équipage, on découvre que les tirs ont été prématurés : les torpilles ratent leurs cibles, la distance avait été sous-estimée. Les sillages phosphorescents des projectiles bien visibles dans l'obscurité passent loin derrière le convoi.

L'*U-564* fait alors route à l'est pour entamer, en sécurité, la laborieuse tâche de recharger les tubes. Ehlers et ses torpilleurs se précipitent pour soulever les « anguilles » stockées à l'avant du sous-marin. Ils les hissent à l'aide des chaînes et des poulies sur les poutrelles de chargement. Rapidement graissés, leurs délicates chambres d'équilibre inspectées, les cylindres mortels sont engagés dans les tubes et préparés pour le tir.

Une par une, les petites ampoules-témoins de charge des tubes, sur le panneau du Central, reviennent « à la vie » et à 09 h 00, à peine une heure après sa première attaque, le bateau est de nouveau lancé à l'attaque, ses tubes de proue un à trois et le tube arrière numéro cinq prêts à tirer.

Il faudra une heure de plus à Suhren pour placer l'*U-564* dans ce qu'il considère être la position idéale pour entamer le deuxième round. L'escorte veille à l'avant et sur le flanc exposé du convoi ; Suhren attend jusqu'à ce que ses cibles soient à une distance de 1000 m et correctement placées devant lui.

Quatre bateaux sont soigneusement choisis : deux gros pétroliers estimés à 8000 tonneaux chacun, un grand cargo de 7000 tonneaux et un autre transport de taille moyenne ne dépassant pas les 5000 tonneaux. Une torpille pour chacun. Pendant que Lawaetz, une fois encore, se charge de l'UZO et aligne les cibles, calculant au plus juste les dérives, calant sa visée sur chaque objectif, Teddy donne l'ordre de tirer. Lawaetz procède à un nouveau tir de barrage à 10 h 07. Les deux premiers tubes crachent leurs projectiles simultanément, suivis par le tube trois, une minute plus tard. Le dernier à être utilisé est le tube arrière, près de deux minutes après le dernier tir et pas avant que le sous-marin n'ait pu effectuer son demi-tour, au moment même où il prend son cap d'évasion…

« Les quatre torpilles touchent au but. Deux bateaux coulent rapidement, mais il est impossible de dire à cet instant si ce sont des cargos ou un des deux bateaux-citernes. Un des pétroliers disparaît dans une infernale boule rouge vif, semblant attendre que les deux autres navires coulent pour exploser à son tour. [Alors, il] a rapidement coulé jusqu'à l'étambot puis jusqu'au pont qui s'enfonce sous l'eau. »

Soudainement, un navire d'escorte se lance à la poursuite de l'*U-564*, dirigé par ce que Teddy estime être un hydravion britannique volant au-dessus de lui. Il donne l'ordre d'envoyer un rapport au BdU indiquant que deux navires-citernes et deux grands cargos ont été frappés, totalisant 28000 tonneaux ; que deux sont confirmés coulés et que les deux autres sont près de l'être. La fin du message précise qu'il est pris en chasse par un destroyer et un hydravion. En fait, Suhren a frappé et a coulé seulement deux des bateaux ciblés pendant son attaque.

Le pétrolier *SS British Consul* et le cargo *SS Empire Cloud* ont tous les deux été frappés par les torpilles et s'enfoncent rapidement dans les flots, le bateau-citerne étant le premier à couler. Ironiquement, les deux avaient déjà été torpillés. Le 19 février 1942, le *British Consul*, à l'ancre dans la rade de Port of Spain, à Trinidad, est touché par le *Kaptlt.* Albrecht Achilles lors d'une audacieuse attaque en surface menée de nuit dans le port étroitement gardé. Achilles touche alors deux navires, le cargo américain *SS Mokihana* et le *British Consul*. Les deux navires sont venus reposer sur le fond du port, peu profond et limoneux. Les feux du bord ont été vite éteints, les empêchant d'exploser. Les deux bateaux on ensuite été renfloués et ont repris du service à la mer[2]. La seconde victime de Teddy, le *SS Empiro Cloud*, a été gravement endommagé par les torpilles de l'*U-201* du capitaine

2. Voir Paterson, « *Second U-Boat Flotilla* », page 136.

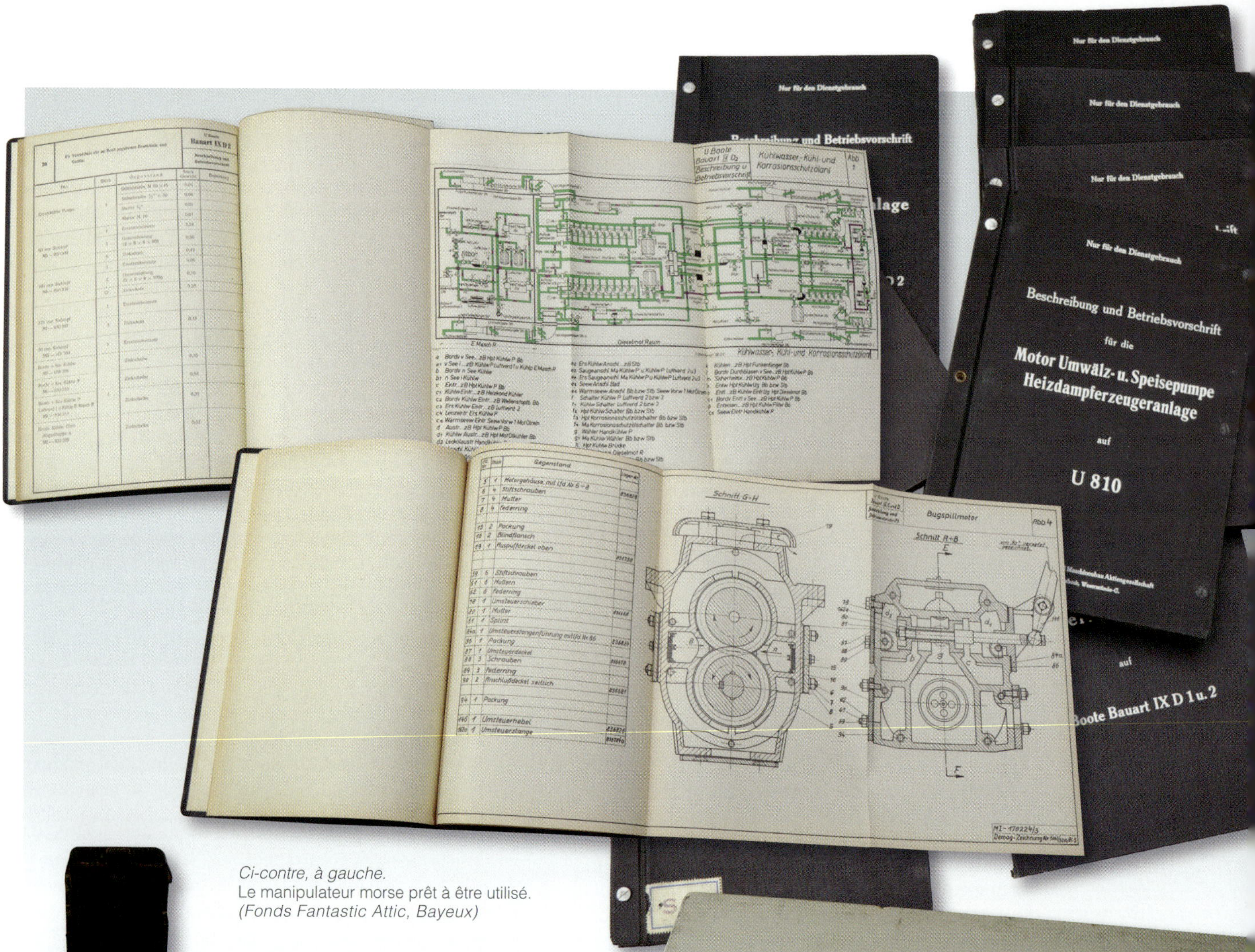

Ci-contre, à gauche.
Le manipulateur morse prêt à être utilisé.
(Fonds Fantastic Attic, Bayeux)

Ci-dessus.
Documentation technique de bord pour l'entretien et les réparations.
(Fonds Fantastic Attic, Bayeux)

Ci-dessous.
Casque d'écoute pour opérateur radio. Il est également utilisé par l'hydrophoniste. À droite, le manipulateur morse, couvercle refermé.
(Fonds Fantastic Attic, Bayeux)

Coffret d'accessoire de rechanges pour équipement radio.
(Fonds Fantastic Attic, Bayeux)

Chronomètre en usage dans la Kriegsmarine. Il est utilisé pour mesurer le temps que mettent les torpilles lancées vers leur cible ; il permet de déterminer précisément à quel moment le projectile doit être considéré comme perdu.
(Fonds Fantastic Attic, Bayeux)

Dans le Central…

Le sextant du bord et son coffret de rangement en bois (ci-dessus). *(Fonds Fantastic Attic, Bayeux)*

Sur la carte, un crayon de bois en dotation dans la marine allemande. *(Fonds Fantastic Attic, Bayeux)*

Deux cartes de navigation marine pour la mer du Nord utilisées par les équipages de U-Boote. *(Fonds Fantastic Attic, Bayeux)*

1

2

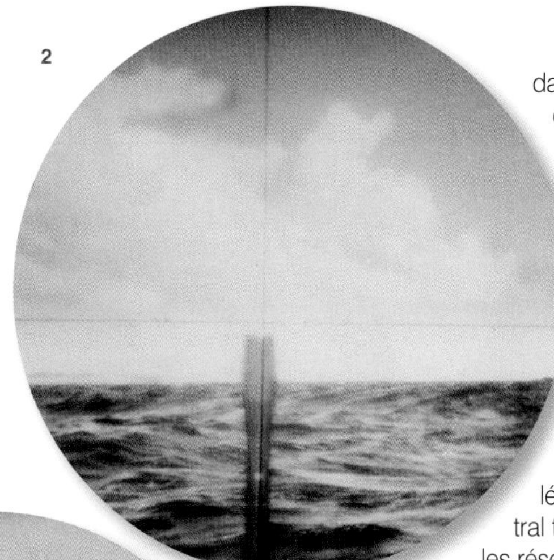

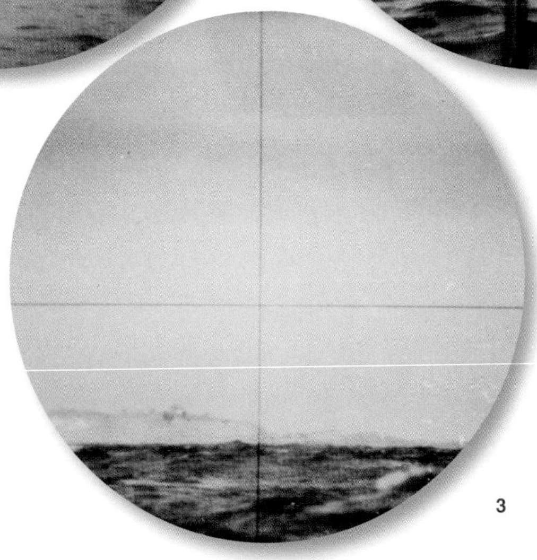

3

L'*U-564* a quitté maintenant les parages des ÎLes Sous-le-Vent et sa recherche de proies l'amène en vue des côtes de la Grenade (**1** et **2**). Haring qui a réussi à fixer son appareil photo au périscope de navigation peut prendre quelques clichés inhabituels. Le point est fait ici, au nord de Saint-Georges – la capitale de la Grenade – blottie à l'intérieur de son port naturel. Le promontoire reconnaissable de la baie de Molinaire, à gauche, clarifie la position du sous-marin allemand. Molinaire a déjà connu la guerre, un siècle auparavant, quand les troupes françaises et britanniques se sont affrontées pour la possession de l'île. Les falaises brûlées par le soleil de Point Saline (**3**) marquent le promontoire le plus sud de la Grenade. Ici, l'*U-564* croise lentement dans une mer peu profonde. Le phare de Point Saline est une aide importante à la navigation lors de l'entrée dans la zone sud des Caraïbes ; une radiobalise de navigation est installée à Pearl Airport, sur la côte est de l'île. Elle est utilisée pour le trafic aérien entre l'Afrique occidentale et l'Amérique du Sud, au-dessus des Caraïbes.

Teddy Suhren, l'œil collé à son périscope de combat, cherche la prochaine cible.

« Adi » Schnee, en mai 1941, puis a été abandonné avant d'être pris en charge par le remorqueur *Thames* à Reykjavik, ramené à Greenock et réparé.

Les torpilles de Suhren ont frappé les deux bateaux presque au même moment : deux ont touché le *British Consul,* vieux de dix-huit ans, lourdement chargé. Deux hommes sont immédiatement tués dans l'explosion et le commandant de bord, James Kennedy, donne l'ordre aux 40 hommes d'équipage, aux artilleurs et à l'unique passager d'abandonner le navire. Heureusement pour eux, le *HMS Clarkia* récupère les survivants à son bord[3]. Le pétrolier de 6940 tonneaux coule, entraînant avec lui sa précieuse cargaison de pétrole qui n'arrivera jamais au Royaume-Uni.

Le pacha du *SS Empire Cloud*, Charles Cottew Brown, compte, lui aussi, des pertes humaines lors de l'explosion. Trois hommes perdent la vie dans la coque du cargo quand l'eau envahit les cales, pénétrant par la grande déchirure provoquée par la torpille de l'*U-564*. Le cargo américain de 5969 tonneaux est un bateau récent, achevé l'année précédente au sein du programme de construction d'urgence pour fournir de nombreux transporteurs à l'effort de guerre. L'*Empire Hawksbill,* que Suhren a coulé lors de l'attaque du convoi OS.34, est un de ses « *Sister-ships* ».

Brown, lui aussi, donne l'ordre à ses marins et aux huit artilleurs du bord de se préparer à abandonner l'*Empire Cloud* qui gîte dangereusement. Les naufragés sont sauvés par d'autres navires du convoi et les membres de l'équipage sont dispersés sur deux bateaux, reconnaissants d'avoir été sauvés des eaux[4].

Une fois encore, l'*Empire Cloud* refuse de finir sous l'eau. Un remorqueur hollandais de Trinidad, le *Roode Zee*, tentera de ramener le cargo à Port of Spain mais, le 21 août, l'épave n'en peut plus et sombre.

Toujours en surface, Suhren quitte la zone à grande vitesse vers des eaux plus calmes. Il réussit à s'échapper dans l'obscurité et le bateau d'escorte lancé à sa poursuite renonce bientôt. L'hydravion, quant à lui, persiste et, finalement, l'*U-564* est rattrapé à 10 h 50 par un bombardier B-18. Dans le ciel obscur, l'appareil de lutte ASM se prépare à attaquer.

Le klaxon de l'alarme répercute sa plainte dans tout le bâtiment ; des lampes clignotantes dans la chambre des machines indiquent à Kräh et son équipe de fermer les clapets d'échappement des gaz brûlés des diesels et d'ouvrir dans le Central toutes les valves permettant de remplir les réservoirs d'eau sur les côtés du bâtiment. Avec une facilité évoquant une pratique largement maîtrisée, l'*U-564* plonge rapidement sous les flots, sa coque mince pointée vers les profondeurs, loin de son poursuivant aérien. Coincé à l'intérieur de la coque, l'équipage peut entendre les chocs sourds et angoissants des cloisons du *British Consul* explosant sous la pression au fur et à mesure que le pétrolier s'enfonce dans l'abîme. Le bruit déchirant du métal tourmenté, répercuté par l'eau de mer et les ravins sous-marins, n'apporte étonnamment aucune joie à l'équipage du sous-marin allemand. Cet ultime chant du métal est un rappel glaçant du destin qui s'empare du navire qui a perdu la bataille en mer.

Stabilisé par 50 mètres de profondeur

L'*U-564* est alors la proie d'une activité frénétique quand il plonge, ses hélices brassant l'eau à pleine vitesse. L'opérateur aux barres de plongée avant ne peut arrêter la descente quand Gabler demande qu'elles soient positionnées pour stabiliser le submersible. Le barreur actionne alors le volant de secours prenant le pas sur la commande « presse-bouton » inopérante. Lentement, le bateau qui plongeait de dix mètres toutes les trente secondes voit ses barres de plongée répondre aux sollicitations des hommes de Gabier. La plongée folle est enfin stoppée et l'*U-564* finit par être stabilisé à une profondeur de cinquante mètres.

Après avoir passé quinze minutes de navigation en immersion, Teddy espère avoir semé l'ennemi; il donne alors l'ordre d'orienter les barres pour la remontée. Une fois à la surface, les Allemands constatent que l'hydravion est bien loin, plusieurs miles nautiques devant l'*U-564*, surveillant les eaux des Caraïbes. À la faveur de l'obscurité, Teddy est maintenant persuadé qu'il va pouvoir quitter la zone tout en restant en surface. Il donne l'ordre de mettre à pleine vitesse et de rattraper le convoi dont il croise maintenant le sillage. Rapidement, les hommes de l'*U-564* aperçoivent sur l'horizon les lumières – comme de petites étoiles – des cargos. Le submersible vient se placer à la traîne du convoi épuisé.

La brève aube équatoriale laisse la place au grand jour à 11 h 30 heures (06 h 30 heure locale) et l'*U-564* plonge à immersion périscopique, les cargos, de manière tout à fait prévisible et réglementaire, avancent doucement en ligne droite, au nord-ouest, passant devant le bateau immergé de Teddy. Tout est réuni pour une attaque dans les règles de l'art. Lentement, le convoi entre dans son champ de tir, les grandes hélices des navires de commerce fournissant une impulsion paresseuse et rythmée, familière pour ainsi dire, se propageant dans l'eau des kilomètres à la ronde. À 13 h 56, les cibles sont à 20 degrés sur l'arc tribord. Teddy lance sa troisième attaque, expédiant ses deux dernières torpilles électriques en plein jour.

À une profondeur de 13,5 m et avec deux cibles choisies à une distance de seulement 500 et 600 m, Suhren donne l'ordre de tirer avec les tubes un et deux. Avec son posi-

3. Ils seront plus tard débarqués dans la baie de Guantánamo, à Cuba.
4. Les 51 hommes seront plus tard débarqués à Key West, en Floride, et à Mobile en Alabama.

tionnement idéal et des bateaux avançant lentement, Teddy estime le succès assuré.

La torpille manque son coup

Après seulement 59 secondes d'attente, le son d'une torpille non explosée frappant le métal est perçu par l'équipage entier tout autant que par les capteurs de l'hydrophone. Vingt secondes plus tard, les sous-mariniers allemands entendent un second choc métallique, et le ronronnement du petit propulseur de la torpille cesse brusquement d'être perçu. Les deux torpilles ont bien touché leurs cibles, mais elles n'ont pas explosé. Teddy, furieux, voit dans son périscope la première de ses cibles mettre en panne, puis rejoindre, sans encombres, le convoi au bout de quelques minutes. Le capitaine confirme plus tard son échec par un message radio au BdU :

« Les courses [des torpilles] étaient justes pour la distance évaluée à 73 degrés, profondeur 3 m. Détonateurs à percussion n°s 27908 et 32077, tous les deux en conteneurs au plomb… Bref choc métallique non suivi d'explosion de la torpille dans l'hydrophone. Un cargo s'est arrêté brièvement. Toujours deux Atos prêts pénétrer dans la zone Scholtz [sud-est de la Grenade]. 98 cbm. Contact perdu. Dernière position à 16 h 00, ED 8392, course à 315 degrés, vitesse 7 nœuds. Toujours 11 bateaux. Attendus en ED 9424. Suhren. »

S'éloignant discrètement du convoi pendant deux heures, Teddy Suhren remonte à la surface afin de signaler sa position au BdU et envoyer son rapport d'engagement. Il tente toujours de mettre une grande distance entre lui et son ennemi afin de pouvoir charger sa dernière torpille. Il voit le convoi s'éloigner et l'avion tourner, omniprésent, au-dessus du convoi.

Encore une fois, ce poison du sous-marinier allemand fait son apparition au-dessus de l'*U-564*, volant directement sur le submersible de Teddy, le forçant à plonger de nouveau. Aucune grenade sous-marine, pourtant, ne suit l'apparition du bombardier dans le ciel. Malheureusement, peu de temps après, le bruit distinctif de propulseurs annonce l'arrivée de deux petits navires de patrouille, guidés par l'avion, chargés de traquer le sous-marin soupçonné de naviguer au-dessous d'eux. Craignant le pire, l'équipage de Suhren est rassuré quand il comprend qu'aucune charge de profondeur ne viendra exploser sur leur vaisseau. Les deux bateaux ne sont pas équipés d'ASDIC et sont incapables de localiser l'*U-564*. Leur présence, toutefois, empêche Suhren de mener une quelconque action de guerre à la lumière du jour. Les patrouilleurs cerclent au-dessus de la position présumée du sous-marin jusqu'à 22 h 00 avant de s'éloigner doucement de la zone.

Ce convoi TAW (S) est le seul à avoir été attaqué par des sous-marins allemands de toute la guerre. Ces onze torpilles – transportées par train, depuis Kiel jusqu'à Brest, puis à travers l'Atlantique en sous-marin – utilisées pour détruire deux bateaux participent donc à un des taux de réussite parmi les plus hauts.

L'*U-564*, maintenant loin de la scène de ses exploits, avance lentement. Une seule torpille à air comprimé a été rapidement chargée dans le tube numéro un ; aucun autre projectile n'est disponible dans tout le bâtiment. La longue et délicate procédure de rechargement de « l'anguille » stockée à l'extérieur de la coque épaisse devra attendre la décision de faire surface en sécurité. Suhren met à profit cette période pour compléter le journal de bord et tirer les premiers enseignements de son expérience caribéenne. Ses commentaires, comme ceux de tous les autres commandants à la mer, permettent à l'amiral Dönitz de ressentir « immédiatement » les conditions du combat en mer.

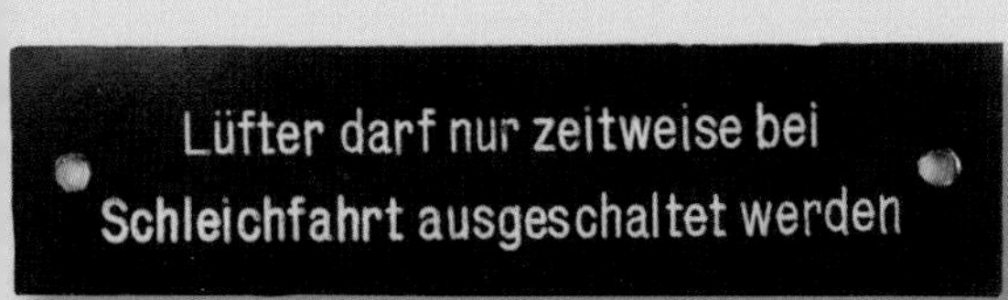

Plaquette signalétique provenant de la salle des machines.
(Fonds Fantastic Attic, Bayeux)

Foutue fortune de guerre...

« Les sous-marins allemands doivent rester en plongée dans la journée afin de rester invisibles. Ils doivent essayer d'attaquer aussi souvent que possible pendant la première nuit, puisqu'il est presque impossible de garder le contact les jours suivants en raison des nuits trop claires et des patrouilleurs. Ils doivent vivre avec le danger représenté par les « tracteurs » et leurs bombardements.

S'il y a trop de bateaux dans le convoi qui sont coulés, un sous-marin est désigné pour se déplacer à toute vitesse afin de suivre le chemin du convoi trois heures avant l'aube. Il doit alors naviguer sous l'eau, à trois ou quatre nœuds, dans la même direction que le convoi, afin de trouver un bon poste d'observation, trois à quatre heures avant le crépuscule. L'équipage peut se détendre pendant la journée... Cette méthode pour garder le contact est applicable dans les zones appropriées en mer. Elle peut l'être aussi pour des convois sortant du détroit de Gibraltar. Le sous-marin allemand [délégué] doit alors, naturellement, abandonner l'attaque [pour se déplacer vers l'avant]. La sécurité du convoi est assurée par la couverture aérienne, la protection en mer étant relativement faible. Une fois que le convoi est découvert, il faut dresser une route parallèle, la plus éloignée possible, permettant de ne pas perdre le contact visuel et, pendant trente minutes, tenir une vitesse permettant de dépasser l'ennemi... À tout moment, au-dessus du convoi, les avions, tous feux éteints, peuvent repérer le sous-marin et fondre sur lui. Cependant, [leur] vision nocturne est la même [que la nôtre], et il est nécessaire de toujours conserver une distance suffisante avec le convoi. Alors, à la limite de la visibilité, il faut virer pour que le convoi soit à 0 degré. Avec une course linéaire, l'attaque est menée droit devant.

Quand l'avion approche, le sous-marin se doit de ne laisser apparaître en surface que le minimum de silhouette possible jusqu'à ce que la menace aérienne quitte la zone. L'avion lance toujours une fusée afin d'éclairer la zone, ne sachant pas si le sillage phosphorescent qu'il a repéré est celui d'un sous-marin ou celui d'un de ses propres patrouilleurs. Quand les transports du convoi sont à la bonne distance, vous tirez et virez. Et quand un nouveau cargo est de nouveau dans votre ligne de tir, vous envoyez votre torpille du tube arrière. »

Avec le recul, il est clairement visible qu'au moment où Suhren quitte le théâtre d'opération des Caraïbes, la fortune de guerre, inconstante, s'est déjà retournée contre les sous-mariniers du Reich. L'aviation alliée, de plus en plus efficace, les radars centimétriques récemment introduits, les escortes de plus en plus nombreuses et leur expérience durement acquise changent l'équilibre des forces en la faveur des marins anglo-saxons.

Le théâtre restreint des Caraïbes devient bien trop risqué pour les grandes concentrations de sous-marins allemands et, début septembre, ceux qui sont encore dans la région sont envoyés vers Trinidad, plus à l'est, à la jonction de ce secteur et des routes empruntées par les convois en provenance de New York. L'étroite zone, à la jonction entre l'Atlantique et la mer des Caraïbes, que les sous-marins allemands parcouraient depuis le début de la guerre à la recherche de leurs proies, ne leur appartient plus. La puissance alliée ferme les couloirs empruntés jusqu'alors par les U-Boote.

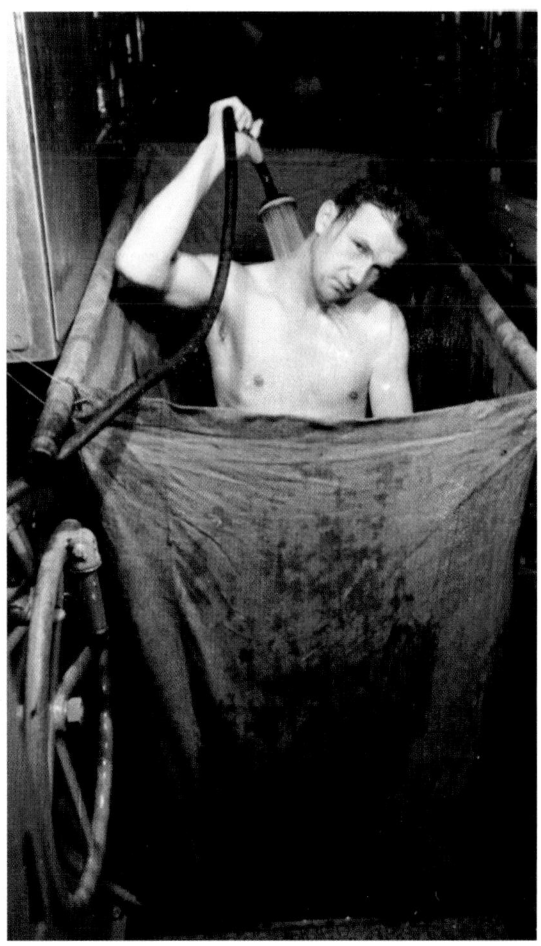

Heinz Nordmann profite d'une de ces installations inhabituelles aménagées à bord de l'*U-564* : une douche.
« À l'arrière de la salle des moteurs diesel, on pouvait enlever les lattes du plancher et, dans cet espace, délimiter une « baignoire », juste assez grande pour qu'un homme puisse s'asseoir et ainsi prendre une douche. Nous pouvions la prendre avec l'eau chaude du système de refroidissement. Et nous avions un savon d'eau de mer. Une merveilleuse idée ! »

Page précédente, en haut. Heinz Schmutzler décore les pantoufles de Teddy, moins pour célébrer les succès de la patrouille que pour aider son capitaine à identifier la gauche de la droite quand il est appelé à s'extraire, à peine réveillé, de sa couchette pour se rendre à son poste de commande !

Page précédente, en bas. Sur le pont, à l'heure du repas, Teddy arbore un uniforme pour le moins « informel ».

7 Duel d'artillerie... Le retour

Du 20 août au 18 septembre...

Quand tout danger pendant la traversée du « trou de l'Atlantique » est écarté et que le temps est au beau, la partie de l'équipage au repos est autorisée à monter sur le pont pour profiter du soleil et de l'air frais pendant que les hommes de quart continuent leur tâche de veille, scrutant sans discontinuer l'horizon.

EN JOURNÉE, l'*U-564* continue son voyage en immersion, craignant la menace de l'aviation ennemie. À l'intérieur du sous-marin, dans les profondeurs de la mer des Caraïbes, la température grimpe en flèche. Le crépuscule arrivant, Teddy fait remonter le bâtiment à la surface afin de renouveler l'air vicié et permettre aux batteries épuisées d'être rechargées à l'aide des générateurs couplés aux moteurs diesel. Le 21 août, l'apparition, au loin, de deux cargos escortés par une seule corvette déclenche une prise de plongée en urgence. Teddy étudie la situation à l'aide du périscope avant de conclure que les cibles sont bien trop loin pour être attaquées.

La dernière torpille stockée

C'est seulement à la nuit tombée que Suhren estime avoir rejoint une zone suffisamment tranquille pour permettre l'extraction de sa dernière torpille stockée sous le pont. C'est sous un ciel nocturne tropical que l'équipage peine à libérer la lourde et encombrante « anguille » de son compartiment. Les *Matrosen* ouvrent le panneau de chargement à l'avant du sous-marin et rentrent doucement la torpille à l'intérieur de la coque, où elle est chargée dans le tube numéro deux. Il aura fallu près de soixante-dix minutes à l'équipage pour effectuer cette manœuvre délicate. La dernière paire « d'anguilles » est désormais prête à être tirée et Suhren décide de parcourir une large zone au sud-est de la Grenade. Il autorise Haring à fixer son appareil Leica au périscope de croisière pour immortaliser leur passage devant Point Salines et la baie où est blottie Saint-Georges, la capitale de l'île.

Sur les hauteurs, derrière Saint-Georges, on trouve les deux principales positions d'artillerie de l'île: la première sur la colline de Richmond – aujourd'hui, la prison de la Grenade –, la seconde à Ross Point. Ces canons, cependant, n'offrent qu'une sécurité toute psychologique aux habitants de l'île, la Southern Caribbean Defence Force ayant pour instructions de ne pas tirer sur les sous-marins allemands repérés par crainte de représailles. À l'évidence, ces batteries sont dépourvues de la puissance de feu nécessaire à la destruction des U-Boote allemands.

Avec la priorité donnée de nouveau à l'acquisition de cibles, l'*U-564* passe plus de temps à croiser en surface, prenant le risque d'être surpris par une patrouille aérienne. Le 24 août, une nouvelle menace est repérée par les hommes de veille. Le bateau plonge en catastrophe. Cinq grenades sous-marines explosent bientôt autour du sous-marin, ne provoquant, cette fois, que des dégâts mineurs. Cinq minutes seulement après que le sous-marin ait refait surface, Suhren est obligé de replonger en urgence. Teddy change d'avis et décide de quitter la zone en immersion. Il ne refera audacieusement surface que plusieurs heures plus tard.

La chaleur tropicale inflige de nombreux tracas aux hommes enfermés dans la coque étroite du submersible. Les éruptions de boutons et de nombreuses plaies font leur apparition, malgré toutes les astuces inventées par Suhren pour éviter ces épouvantables conditions de vie à bord des vaisseaux de combat :

« *Nous savions bien que conserver un minimum d'hygiène était difficile. Les hommes n'avaient pas beaucoup d'eau pour se laver. Ils se laissaient pousser la barbe et rien de tout cela ne favorisait la propreté. C'est alors que notre ingénieur en chef* [Gabier] *et son chef diéséliste* [Kräh] *décidèrent qu'il y avait quelque chose à faire. À l'arrière du compartiment diesel, en ôtant les panneaux du plancher, on pouvait dans l'espace dégagé réaliser une espèce de tub, juste assez grand pour qu'un homme puisse s'asseoir et prendre une douche, alimentée par l'eau chaude du système de refroidissement* [du moteur]. *À cette époque, nous avions le « savon d'eau de mer »... Une merveilleuse idée ! Nous avons tous pu nous laver et les membres d'équipage ont reçu un litre d'eau douce pour se rincer. Cette initiative a réglé pas mal de problèmes et l'équipage, même avec cette chaleur terrible, s'est senti à l'aise. Nous avions aussi à bord un désalinisateur, mais il fallait un litre de fuel pour produire un litre d'eau douce*[1]. »

La chasse continue

L'*U-564* continue sa chasse et, le 25 août, la patience des sous-mariniers est récompensée quand parvient un message de Wattenberg émis depuis l'*U-162* : « *Important trafic NE-SW, en route près des carreaux 72-82. Couverture aérienne.* » C'est l'information que Teddy attendait. L'*U-564* change de cap, direction nord-est pour couper la route du convoi repéré par Wattenberg.

Plus loin, près de Haïti et des îles Vierges, les sous-marins allemands remportent quelques succès et il se passe peu de temps avant que Wattenberg n'annonce lui aussi une bonne nouvelle. Un message tombe le 26 août : « *Trafic dense observé en EE 5773 et 5781. Hier, deux bateaux rapides en EE 57, sur route SW, ont chassé en vain.* » La seconde attaque de Wattenberg est couronnée de succès et se conclut par la disparition du *SS Thelma*. En attendant, l'incapacité de Teddy à trouver de nouvelles cibles le force à revenir

1. Entretien accordé par Reinhard Suhren en 1981, *A1981/22/002, Royal Navy Submarine Museum.*

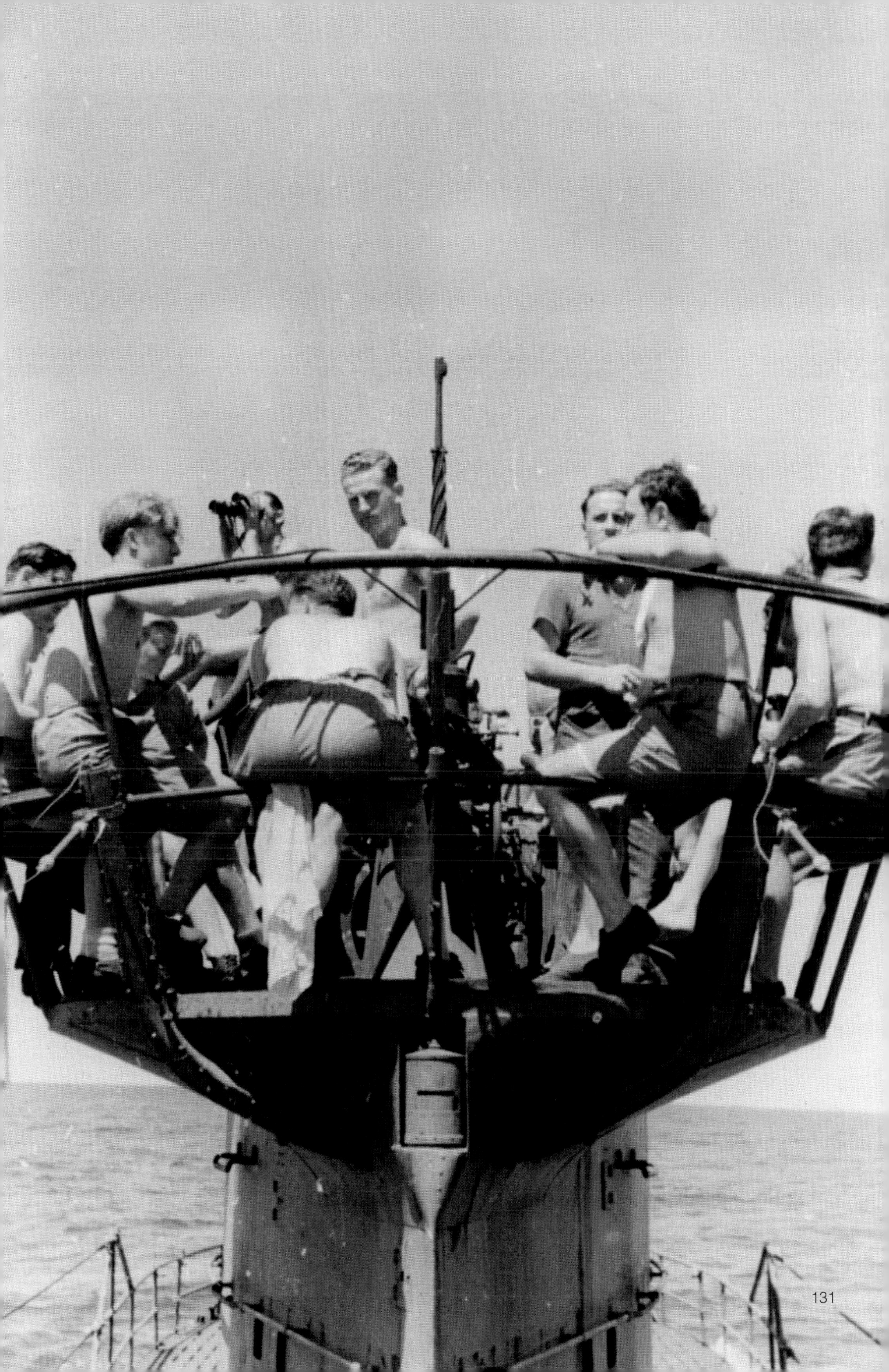

Avec seulement deux torpilles à air comprimé disponibles, Suhren décide de mettre le cap à l'est, au-delà des îles Sous-le-Vent et de se placer en embuscade le long de la voie maritime connue sous le nom de « Scholz ». Au petit matin, le 30 août, l'*U-564* attaque sa dernière proie, le *MT Vardaas*. La bataille a lieu dans l'obscurité, mais ces photographies prises lors d'un exercice de tir illustrent parfaitement la méthode employée à cette occasion. Ici, Richard Steiner, un des servants du canon de 88, émerge de l'écoutille dans la baignoire du massif.

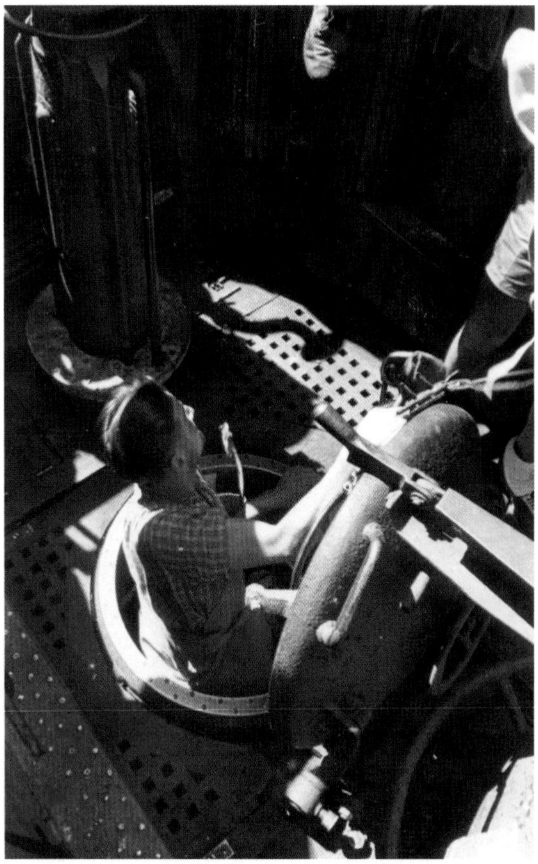

Paul Stephan le suit de près, il porte le harnais de sécurité lui permettant de s'arrimer sur le pont. Derrière lui, la soute à munitions est ouverte. À l'intérieur du bateau, Heinz Mattern et Wilhelm Bigge procèdent au transport des obus destinés au canon depuis les entrailles du navire, sous le pont, jusqu'à la surface.

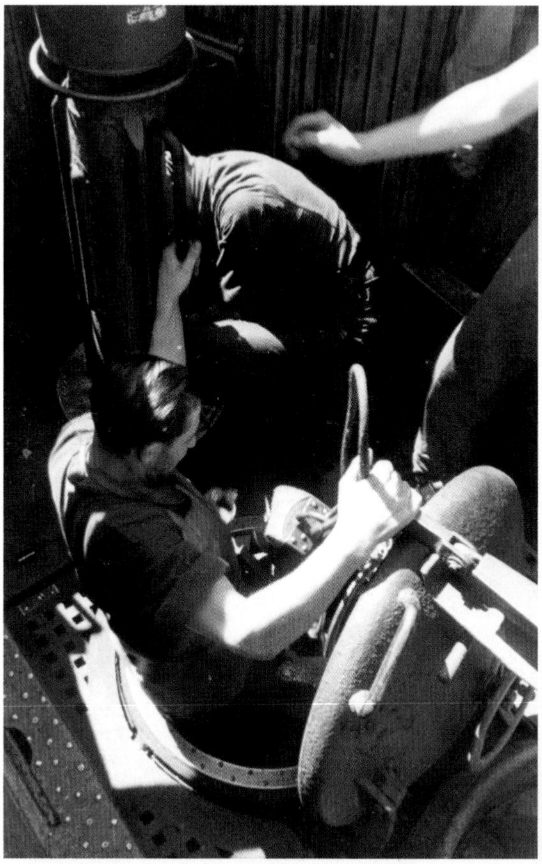

sur ses pas, vers l'ouest, avant de basculer sur Tabago, à la recherche de ce que, dans son rapport au BdU, il nomme *« une nouvelle mine d'or »*.

À l'aube du pénultième jour du mois d'août, mais toujours avant minuit heure locale, l'*U-564* croise dans une mer de carte postale. Un doux vent d'est glisse sur l'eau, l'océan se réduit à de calmes ondulations, à peine troublé par la coque du sous-marin fendant ses flots, cap au nord-est, vers Tabago. Quelques nuages passent parfois devant le disque lumineux de l'astre nocturne. Le clair de lune procure aux hommes de veille une excellente visibilité. Bientôt, dans les jumelles braquées sur l'horizon, une petite zone plus sombre que les ténèbres environnantes se matérialise.

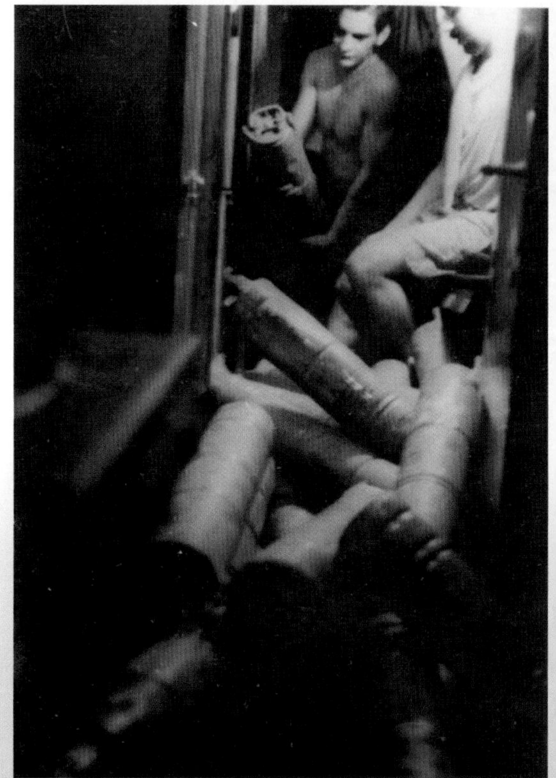

Un nouveau navire marchand

Teddy, appelé sur la passerelle, rejoint Waldschmidt occupé à étudier la nouvelle venue. Tout en discutant avec son capitaine, l'II.Wo fait placer le sous-marin sur une route d'interception. Progressivement, la forme indistincte se transforme en bateau-citerne naviguant en solitaire ; sa longue coque, haute sur les eaux caribéennes, trahit un navire voyageant à vide. L'*U-564* prend de la vitesse après que Teddy ait fait virer son bâtiment sur tribord et placer le sous-marin perpendiculairement au pétrolier. Peu de temps après, arrivé dans la position voulue, Teddy est contraint de plonger, le clair de lune étant trop lumineux pour permettre une approche en surface réussie. Heureusement pour lui, le navire marchand, inconscient du danger, est occupé à naviguer en zigzags réguliers, changeant de route toutes les dix minutes, immuablement à angle droit. De tels changements de cap prévisibles le mènent inéluctablement devant les torpilles de l'*U-564*.

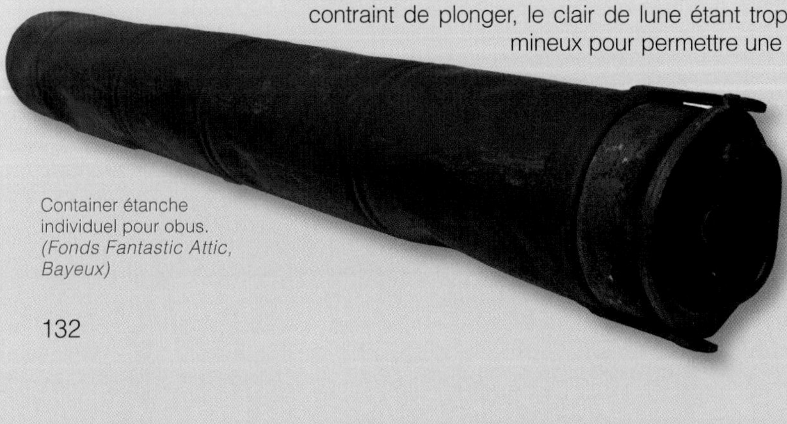

Container étanche individuel pour obus. *(Fonds Fantastic Attic, Bayeux)*

Le bateau que Suhren traque au périscope d'attaque est le *MT Vardaas*, un vaisseau de 8176 tonneaux

Cette autre photographie prouve que Kräh et Bigge sont eux aussi impliqués dans l'approvisionnement en munitions de la pièce de pont. Une fois extraits de leurs logements dans la soute à munitions, les obus sont remontés par les sous-mariniers le long de l'échelle du massif. Ils sont ensuite, un par un, descendus sur le pont extérieur. Là, les obus sont réceptionnés par les chargeurs : Richard Steiner, à droite et le cuisinier Hausruckinger, à gauche, qui remplace Ernst Schlittenhard. Il retrouve ainsi son ancien poste au sein de l'équipe de pièce.

Hausruckinger est prêt à placer l'obus dans la culasse du canon. Le *Bootsmann* Heinz Webendörfer, de dos, est le chef de pièce.

Double page suivante. Le câble retenant la tape de bouche de la pièce est enroulé autour du canon. Quand la tape (rendant l'âme du canon étanche) est dévissée, elle se loge à la base de l'affût dans un petit emplacement destiné à cet effet.

construit pour les Norvégiens à Kiel. Commandé par Hans Rustad, le grand bateau-citerne sert depuis 1940 au sein de la *Royal Fleet Auxiliary* – la « Flotte royale auxiliaire » est composée d'équipages civils chargés du soutien logistique aux navires de guerre – depuis la chute de la Norvège. Le *Vardaas* a passé la plus grande partie du printemps de 1942 à transporter du pétrole de la base navale britannique de Trincomalee (Ceylan) à Colombo, toujours sans escorte. La dernière escale à Colombo, le matin de Pâques 1942, a été marquée par une attaque aérienne japonaise ayant causé quelques dégâts au pétrolier. Heureusement, les avions japonais se sont contentés de mitrailler le navire qui n'a connu aucune perte humaine.

Le dernier engagement

Aujourd'hui, son voyage de Cape Town à Trinidad est sur le point de s'achever dramatiquement. À 06 h 12, Teddy ordonne le tir de la première de ses torpilles restantes. Le pétrolier achève un de ses changements de cap prévisibles, venant de virer à 230 degrés, quand la torpille G7a du tube n° II est lancée du sous-marin. Teddy estime que la torpille frappera dans moins d'une minute et trente secondes après son lancement. Le grondement d'une torpille éclatant résonne dans l'eau. C'est un coup direct !

Suhren hisse le périscope pour jeter un rapide coup d'œil à la scène et voit les hommes de l'équipage ennemi se diriger en courant vers les postes d'évacuation. Le bateau gîte paresseusement sur bâbord, son hélice a cessé de tourner et il ne semble pas avoir pris feu, ni même commencé à couler. La détresse dans laquelle se trouve maintenant le bateau-citerne est évidente et il ne représente aucun danger pour l'*U-564*. Teddy décide de faire surface pour administrer le coup de grâce. Prudemment, il dirige son bâtiment au plus près de sa cible et se prépare pour un ultime tir en surface, cher-

3X

Le canon est maintenant prêt à faire feu. On aperçoit au premier plan, à la base du massif, la réserve d'obus.

chant un quelconque signe d'une tentative de l'équipe de pièce d'utiliser le canon monté à la poupe du pétrolier. Curieusement, aucun message de détresse n'est lancé du bâtiment torpillé; une absence de réaction qui sera vivement reprochée plus tard au commandant du bâtiment. En moins de dix minutes, les trente-neuf hommes d'équipage et les deux artilleurs britanniques abandonnent le *Vardaas* et dérivent avec indolence. Les canots de sauvetage hors de danger, Teddy décide d'utiliser sa dernière « anguille » pour détruire le bateau, plongeant pour lancer la dernière attaque en immersion. S'alignant soigneusement sur la cible, il ordonne le lancement de la torpille. Ehlers abaisse, d'un geste sec, le levier de tir. Le son caractéristique de la torpille, propulsée par son système, quittant sa chambre, perce le silence.

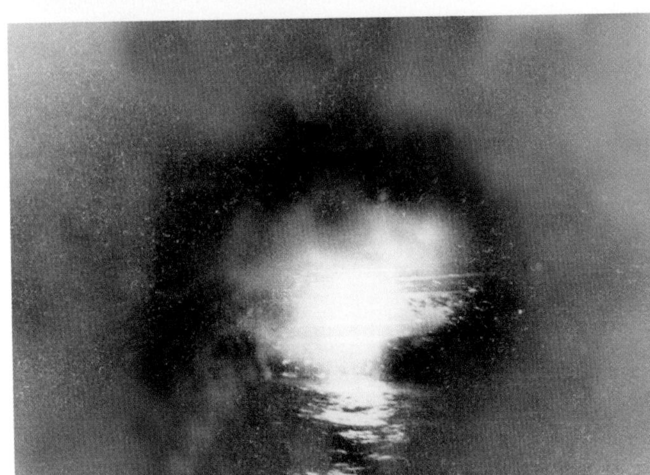

À l'aube, les obus martyrisent le *MT Vardaas* jusqu'à ce qu'il rejoigne finalement les profondeurs de l'Océan Atlantique. Cette photographie de médiocre qualité montre néanmoins l'explosion à l'impact d'un obus sur le pétrolier norvégien.

Malheureusement, la torpille reste coincée dans le tube, le petit moteur à air comprimé se déclenche et l'anguille se trouve prise au piège à l'intérieur du bâtiment, propulseur activé. Le danger représenté par l'explosion prématurée d'une torpille « *Frühzünder* » est une terrible réalité et Ehlers et ses « torpilleurs » tournent frénétiquement la manivelle commandant l'ouverture de la porte extérieure du tube. La torpille finalement libérée quitte son logement. Elle adopte immédiatement une trajectoire erratique, avant de disparaître dans les ténèbres.

Impossible d'achever la proie de cette façon. Teddy attend que les canots de sauvetage s'éloignent encore un peu plus avant de faire surface Le capitaine du sous-marin appelle alors l'équipe de pièce sur le pont avant. Tandis que Waldschmidt se rend en haut du massif, Webendorfer entraîne ses hommes sur le pont. Ils ont revêtu dans l'obscurité les lourds harnais de sécurité les arrimant au bateau. À l'intérieur du sous-marin commence le délicat acheminement des obus depuis le magasin, sous le pont, à côté de la « cabine » du commandant. Chaque obus est retiré de son conteneur métallique individuel et remonté, laborieusement, à la main, par l'écoutille du massif puis descendu vers les servants du canon, sur le pont. Quelques minutes à peine après avoir été mis en œuvre, le canon aboie pour la première fois.

Pendant les vingt-cinq minutes suivantes, ce ne sont pas moins de cinquante obus qui traversent la courte distance séparant les deux navires, trente-cinq d'entre eux transformant le *Vardaas* en un incroyable « spectacle pyrotechnique ».

Tous les coups ne portent pas, bien évidemment il y a plusieurs ratés, causés sans doute par des muni-

tions défectueuses. Toutefois suffisamment de coups au but sont portés pour régler le sort du *Vardaas*.

Le pétrolier norvégien est bientôt la proie des flammes et ne tarde pas à couler... Lentement. Les flammes s'échappent de la coque du navire à l'agonie exhalant ses vapeurs de combustible, relents des précédentes cargaisons.

Finalement, le canon cesse d'aboyer. Webendorfer et son équipe triomphante rebouchent le canon avec le tampon réglementaire et récupèrent le délicat appareillage de visée avant de le remiser dans l'entrepont. Le pétrolier, à moitié immergé, continue de brûler avec constance pendant que Teddy donne l'ordre de prendre un nouveau cap et de rejoindre l'abri de la haute mer: « *07 h 50. EE 9923. Avons tiré dernier coup. Rentrons à la maison.* »

Le retour est annoncé

Derrière eux, le bateau norvégien qui brûle encore toute la journée est repéré par un patrouilleur B-18 de l'USAAF qui signale des « *conditions de naufrage* » avant que le pétrolier ne coule définitivement le 31 août. Les quarante et un survivants, principalement des Norvégiens accompagnés d'un Belge, d'un Australien, d'un Danois, de deux Britanniques et de quatorze Chinois, ont finalement débarqué, sains et saufs, dans la baie de Plymouth quelques heures après l'attaque initiale.

Dönitz accuse réception du message de Suhren signalant son retour. Le BdU reçoit aussi les rapports de l'*U-162* de Wattenberg relatant son dernier succès. Le 31 août, Wattenberg demande par radio au BdU d'arranger un transfert de carburant avec n'importe quel sous-marin allemand croisant dans les parages, ses réservoirs étant trop bas pour espérer conserver une marge de sécurité dans sa croisière dans l'Atlantique. Ironiquement, l'*U-564* est maintenant dans la position d'être utile au plus grand bateau en transférant une petite quantité de son fuel en surplus par rapport aux exigences du voyage de retour.

Une fois encore, l'*U-564* retrouve Wattenberg, cette fois dans la case ED4963, à l'est de Sainte-Lucie, pour transférer son carburant.

Le plus petit des deux bateaux qui venait de se ravitailler en combustible auprès de l'*U-463* – la « vache à lait » –, en possédait assez pour en céder deux mètres cubes à Wattenberg et son *U-162*. Le rendez-vous est bref. Dangereusement exposés pendant le quart d'heure que dure le transfert de carburant, les deux sous-marins sont sous la protection de leurs armes antiaériennes, les deux équipages à leurs postes de combat ; seuls les hommes nécessaires au ravitaillement sont présents sur le pont.

À court de munitions, l'*U-564* rentre à la base. Une occasion de céder un peu de son carburant à l'*U-162* avant de quitter les eaux de l'Atlantique Ouest. Ici, quelques minutes avant le transfert, les deux sous-marins naviguent de conserve. Derrière le massif de l'*U-162* on reconnaît un canon de 3,7 cm. Dotée d'une cadence de tir trop lente pour être efficace contre l'aviation et d'un calibre trop faible pour être utilisée avec succès contre les bateaux alliés, cette pièce est rarement mise en œuvre.

Sur l'*U-162*, les hommes d'équipage font courir la manche de ravitaillement le long du type IX. Dangereusement exposé, incapable de plonger rapidement en cas d'alerte avec autant d'hommes sur le pont extérieur, l'*U-564* doit achever le transvasement du combustible en quinze minutes maximum, avant de pouvoir reprendre le cap vers la France.

Les deux sous-marins avancent parallèlement, une douzaine de mètres les séparant et la manche de ravitaillement serpente de l'un à l'autre pendant que le carburant est pompé à bord de l'*U-162*. Dès l'approvisionnement en combustible achevé, Wattenberg signale par radio sa situation à Lorient ; ce devait être son dernier message.

La disparition de l'*U-162*

Deux jours plus tard, alors que l'*U-162* s'attarde sur les voies de navigation entre la Barbade et Trinidad, Wattenberg tente d'attaquer un destroyer isolé. Malheureusement, ce navire fait partie d'un trio de chasseurs – les *HMS Pathfinder*, *Quentin* et *Vimy* – assurant la protection d'un convoi pour Trinidad. Wattenberg envoie une seule torpille quelques minutes après que le *HMS Pathfinder* ait obtenu un contact ASDIC, changeant de cap pour intercepter le U-Boot. La torpille est repérée et Wattenberg est victime d'un violent grenadage. Le sous-marin ayant subi d'importants dégâts, le commandant de l'*U-162* décide d'échapper à ses poursuivants en faisant surface de nuit. Malheureusement, le *HMS Vimy*, équipé du nouveau radar centimétrique Type 271, obtient un contact ferme et se lance à sa poursuite, ouvrant le feu sur l'étroit fuseau fendant les flots. Wattenberg tente une dernière ruse désespérée, tirant deux fusées de signalisation rouges dans le ciel, aveuglant temporairement les vigies du *Vimy ;* il vire sur bâbord au moment où le destroyer se lance sur lui. Les deux bateaux entament un dernier combat, cerclant l'un autour de l'autre. Wattenberg décide l'abandon du sous-marin. Pendant que l'équipage se précipite à l'extérieur de l'*Unterseeboot*, le *Vimy* l'éperonne, brisant la coque épaisse du sous-marin allemand à hauteur de la salle des machines. L'acier allemand est très résistant et l'hélice bâbord du *Vimy* ne résiste pas au choc. L'équipage se précipite à la mer et le destroyer de la Royal Navy s'éloigne sur une seule hélice. Le capitaine britannique, déterminé à couler le sous-marin allemand désormais immobilisé, envoie une grenade sous-marine sous le submersible en train de couler. L'explosion de la grenade blesse de nombreux survivants luttant contre l'océan.

Le LI de l'*U-162*, l'*Oblt. (Ing.)* Edgar Stierwald, le dernier homme présent à bord, surveille l'évacuation du bateau quand la grenade explose. Il n'en ressortira jamais. L'*U-162* roule sur lui-même et coule. Wattenberg et quarante-huit de ses hommes sont tirés de la mer, Stierwald et un autre membre d'équipage sont les deux seuls disparus.[2]

Pendant que Wattenberg vit sa dernière bataille désespérée contre les Anglais, les hommes de l'*U-564* naviguent au cœur de l'Atlantique, se rapprochant de

2. Wattenberg et ses hommes sont ensuite remis aux officiers de renseignement américains qui les trouvent disciplinés et obéissants. Wattenburg, ancien officier de communication de l'*Admiral Graf Spee*, est ensuite envoyé dans un camp de prisonniers de guerre en Arizona, le Parc de Papago. Il met rapidement sur pied un plan d'évasion ambitieux. Avec vingt-quatre autres détenus, il s'échappe par un tunnel long de près de 80 m, creusé dans le granit à l'aide de tournevis et de pelles à charbon. De tous ceux qui ont pu s'évader, Wattenburg est celui qui a connu la plus longue période de liberté avant d'être capturé à Phoenix, 36 jours plus tard.

Sur le pont par gros temps…

Les différents modèles de ceinture de sécurité utilisée sur le pont lors de la mise en œuvre de la pièce de 88 mm ou par gros temps. *(Fonds Fantastic Attic, Bayeux)*

Suroît en toile cirée *(Fonds Fantastic Attic, Bayeux)*

Veste de quart en cuir gris caractéristique de sous mariniers. Ce type de veste fait partie des équipements collectifs. C'est précisément de la couleur de ces équipements de cuir que les sous-mariniers tirent leur surnom de « loups gris ». *(Fonds Fantastic Attic, Bayeux)*

Les raisons de permettre à l'équipage de monter sur le pont dans les zones de relative sécurité sont évidentes sur ces trois photographies. En cas d'alerte, chaque homme devra atteindre l'unique écoutille du kiosque – la célèbre « Stuka Tauchen » –, et se précipiter à l'intérieur. L'embouteillage qui en résulterait avant que la plongée ne soit réalisée, se traduirait par un vrai désastre lors d'une attaque aérienne.
Les règles formelles de la discipline, surtout dans les rapports hiérarchiques ont tendance à s'estomper quand l'équipage n'est pas de service. Rassemblés sur le « *Wintergarten* » pour jouir du soleil, les sous-mariniers offrent un échantillon parfait de *Maate* et de *Matrosen*.
L'hygiène est toujours difficile à conserver à bord d'un bateau de combat, même quand l'équipage peut profiter de quelques heures passées en surface.

Les hommes de quart ne cessent, pas même un instant, de scruter le ciel et l'horizon. Réglementairement, ils coiffent le casque colonial en liège afin de se protéger de l'ardeur du soleil atlantique.

Les poux sont souvent un problème et peuvent contaminer l'équipage enfermé en un temps record si la lutte n'est pas efficacement menée.

L'*Obersteuermann* Karl Limburg et le *Bootsmannmaat* Karl-Ernst Thiel « tirent sur le soleil » pour faire le point et établir la correction de navigation à l'aide des sextants du bord.

Lors d u trajet de retour, Suhren autorise le bateau à mettre en panne pour procéder à un exercice de tir lors duquel une grande partie des munitions de la pièce antiaérienne sont utilisées.
Teddy lui-même met en œuvre le canon de 2 cm ; Wagner et Kalbach sont ses pourvoyeurs. Suhren s'est plaint en personne à Hitler de l'extrême fragilité face à la corrosion des armes antiaériennes, malgré l'attention constante des équipages. Et bien qu'Hitler ait apparemment exigé du ministre de l'Armement, Albert Speer, que le problème soit traité, il n'a jamais été résolu.

C'est maintenant au tour de Wagner de tirer.

Ci-dessous, de gauche à droite.
L'*Oberbootsmannmaat* Heinrich Bartels passe à son tour derrière le canon et continue d'arroser la cible.

la limite du rayon d'action des avions lancés depuis une basse terrestre alliée.

Le flux constant du trafic saturant l'éther est compilé et décodé par les radios du bord. Un message reçu le 2 septembre attire l'attention des hommes d'Elkerhausen. La transcription de ce message est donnée à Lawaetz et est enregistrée séparément des autres émissions ; d'autres nouvelles d'Allemagne sont attendues.

Un bateau isolé est aperçu l'après-midi du 4 septembre. Les cheminées d'un cargo « de type australien » apparaissent au-dessus de la ligne d'horizon. Cependant, sans torpilles et ne connaissant pas la capacité défensive de ce bâtiment, Teddy choisit sagement la discrétion plutôt que l'attaque au canon, bien trop aléatoire. Il évite le contact avec le bateau qui continue sagement sa route cap à l'ouest. C'est seulement neuf jours après la réception du premier des messages intrigants reçus par l'*U-564* que Teddy apprend leur existence.

Installé dans le petit carré des officiers, essayant de se reposer, Teddy, subitement, s'inquiète, réalisant l'absence soudaine du bruit de ses moteurs diesel. Craignant que de nouveaux problèmes n'aient touché son précieux bateau, il se précipite dans le Central. Là, l'absence d'activité régnant au cœur du centre nerveux de son bâtiment l'interpelle.

Gabier, un large sourire barrant son visage d'une oreille à l'autre, avance vers son capitaine et lui annonce que l'équipage l'attend sur le pont pour le féliciter. Déconcerté par cette déclaration quelque peu énigmatique, Teddy suit Gabier à l'extérieur, se hissant par l'écoutille sur la passerelle du massif. Là, il découvre la majorité de ses hommes déjà alignés sur le pont « en grand uniforme ».

Teddy, Lawaetz et Gabier dans le mess des officiers à bord d'*U-564*. Les bouteilles, à droite, sur la petite table, contiennent du rhum. Vingt litres de ce précieux breuvage – indissociable de la vie du marin en mer – sont embarqués à bord du sous-marin au départ de la croisière.

Le *Kriegstagebuch* est rédigé à la main et mis à jour par le commandant du bâtiment lors de la patrouille. Une fois que le bateau a rejoint son port d'attache, le journal de bord est dactylographié et préparé pour sa présentation au BdU. Dönitz l'utilisera pour reconstruire mentalement la succession des événements de la mission, appréciant ainsi la conduite du bateau et de l'équipage.

Des plus hauts échelons de la hiérarchie

Pendant que les hommes de quart continuent de scruter l'horizon et le ciel, Teddy descend sur le pont. Gabier, à cet instant, lui montre les fameux messages reçus et décodés. Avec toute la solennité qu'il peut afficher, il commence leur lecture devant l'équipage assemblé. Ces messages proviennent des plus hauts échelons de la hiérarchie (sic):

« En reconnaissance de leur héroïsme maintes fois prouvé, je remets à dix-huit hommes des Forces armées allemandes les feuilles de chêne avec épées à la croix de chevalier. » Adolf Hitler

« OKM à Suhren. Je vous transmets mes félicitations les plus cordiales pour vos feuilles de chêne avec épées, en reconnaissance des succès remarquables que vous et votre équipage avez accomplis.

Avec mes salutations amicales, votre commandant-en-chef. Oberbefehlshaber der Marine *[Raeder]. »*

« Cordiales félicitations pour la haute récompense qui vous est attribuée. »

Oberbefehlshaber West *[Amiral Saalwachter]*

« À Suhren. Chaleureuses félicitations pour cette haute récompense. » Votre flottille, fière.

Cependant, ce n'est pas le seul honneur qui est accordé au commandant, et Gabier annonce alors la seconde surprise :

« À Suhren: je suis enchanté de pouvoir vous annoncer, avec mes cordiales félicitations, votre promotion au grade de Korvettenkapitän *en gage de votre exceptionnel et remarquable service contre l'ennemi. »*

Oberbefehlshaber der Marine, *Raeder.*

« Cordiales félicitations. Heil und Sieg ! » (Salut et victoire). *BdU*

L'octroi le même jour d'une promotion et de la seconde plus haute décoration militaire allemande est un fait exceptionnel. Nordmann, Gabier et Anderheyden fixent de nouvelles « ficelles » sur les manches de la vareuse d'officier de Suhren, et de larges feuilles de chêne – découpées dans le fer-blanc de boîtes de conserve que Hausruckinger avait mis de côté dans sa minuscule cambuse – sur la visière de sa *Schirmütze.* Un petit « livre d'or », relié en cuir, arborant le *« Wappen »* aux trois chats noirs, a été confectionné par l'équipage. Chaque message radio concernant ses promotions y est méticuleusement enregistré et chaque membre de son équipage y a apposé sa signature.

Haring a immortalisé sur sa pellicule l'événement en entier, rassemblant autant de membres de l'équipage qu'il était possible sur le pont arrière, captant le moment pour la postérité. Une fois que Haring a achevé sa tâche et avant que l'équipage ne se disperse, Teddy tient à prononcer un discours improvisé, les remerciant pour leur attention, louant leurs qualités, leur rappelant qu'un capitaine n'est bon que parce que son équipage l'est. Les moteurs sont redémarrés et l'*U-564* reprend « *le chemin de la maison* ».

« *Un petit sous-marin allemand* »

Suhren n'est pas le seul à recevoir de bonnes nouvelles par radio. À 07h47, le 15 septembre, l'*Obermaschinenmaat* Fritz Hummel est le destinataire d'un message de sa femme et du BdU : « *Notre Heinz est arrivé. Anni* » et « *Tout va bien, en bonne santé. BdU* ». La naissance de son premier fils – « *un petit sous-marin allemand avec un périscope* » – est un événement d'importance pour Hummel et l'équipage le marque en collant la photographie d'un enfant, découpée dans les pages d'un magazine, sur le journal radio du bord. Fritz Hummel, malheureusement, ne vivra pas assez longtemps pour fêter le premier anniversaire de son fils ; il trouvera la mort au combat avec l'*U-564* l'année suivante avant le 15 septembre.

Une fois la zone couverte par les avions en provenance d'Angleterre atteinte – les 15° de longitude ouest dans le golfe de Gascogne –, l'*U-564* est forcé de prendre plusieurs plongées en catastrophe pour éviter les appareils. C'est la première fois, depuis son départ des Caraïbes, que les miles marins parcourus le sont sous le péril incessant des attaques aériennes. C'est toutefois avec un certain soulagement que les sous-mariniers admettent que plusieurs plongées en alerte ont été réalisées sous la menace… d'un Focke-Wulf Fw 200 Condor et non pas des prédateurs de la RAF patrouillant aux larges des côtes de France.

Une bonne santé et une apparence « avenante » pour lui et son équipage sont des préoccupations constantes pour Suhren lors de cette dernière patrouille. Il veut arriver à Brest frais, propre et dispos malgré les mois passés en mer. L'*U-564* croise encore en plein cœur de l'Atlantique quand Richard Steiner applique sa touche finale à la coupe de cheveux de Teddy.

Comme les événements le prouvent à bord de l'*U-564*, l'étroit fuseau humide d'un sous-marin est rude pour l'organisme d'un être humain. Ainsi, Suhren et Gabier en plein « trou de l'Atlantique » sacrifient à la promenade du matin. Plusieurs allers et retours sur le pont sont nécessaires pour conserver la bonne forme des corps. Suhren, qui après les longues périodes passées debout sur le pont, souffre du dos apprécie tout particulièrement ces moments de détente. De plus, une certaine forme de solitude permet aux hommes de quart de pouvoir parler, sans être entendus.

Avant d'arriver dans le golfe de Gascogne, Suhren donne l'ordre à ses hommes de raser leur barbe et de couper leurs cheveux. Contrairement à la tradition voulant que les hommes arborent une barbe fournie, symbole de leur longue et difficile croisière, Suhren tient à ce que ses marins arrivent au port propres et sains.

Au crépuscule du 18 septembre, l'*U-564* atteint enfin le point « Kern », signalant par radio au QG de la flottille qu'il attendra les bateaux d'escorte un peu après l'aube du jour suivant. Bientôt, deux petits *Vorpostenboote* de la 7e *Vorpostenflottille* – des chalutiers convertis en escorteurs – arrivent, naviguant lentement, ouvrant la voie au *Sperrbrecher 6/Magdeburg*.

Le *Sperrbrecher* arrive

Le *Magdeburg* est le type même du bateau utilisé comme *Sperrbrecher* (briseur de blocus) par la Kriegsmarine. Construit dans les chantiers Blohm & Voss de Hambourg en 1925, initialement destiné à la compagnie *German-Australian Steamer Line*, le *Magdeburg* est armé par la *Hamburg Amerika Line* en 1926. Le 3 octobre 1940, le bâtiment entre en service dans la Kriegsmarine comme *Sperrbrecher*. Sa coque de 137 mètres de long constitue un formidable support pour les armes antiaériennes : deux canons de 10,5 cm, trois canons bitubes de 3,7 cm, deux affûts quadruples *Vierling* de 2 cm et six lance-roquettes antiaériens *Raketenwerfer*.

Dès 1940, quand la marine allemande prend pour la première fois possession des grands ports atlantiques français, les Anglais augmentent le rythme de leurs opérations de mouillage de mines par contact. L'arrivée des *Sperrbrecher* est à l'origine d'une méthode peu commune pour combattre cette menace. Ces navires, des cargos convertis, sont pensés pour ouvrir des passages dans les champs de mines, à l'aide d'une technique bien différente de celle employée par les dragueurs de mines traditionnels. Cette « méthode » utilisée au début de la guerre est d'une redoutable simplicité : le bateau navigue dans le champ de mines et fait exploser celles qui se trouvent sur son chemin. Les cales du *Sperrbrecher* sont remplies de matière

Insigne de spécialité opérateur téléscripteur. *(Fonds Fantastic Attic, Bayeux)*

à « haute flottabilité » – généralement du liège –, empêchant le « briseur de blocus » de couler. De plus, l'impact et l'onde de l'explosion sont absorbés par cette cargaison particulière. Les premiers *Sperrbrecher*, naturellement, subissent de lourdes pertes, et très souvent la plus grande quantité de matière insubmersible ne peut empêcher la quille du bateau de s'enfoncer sous l'eau. Avec l'introduction des mines magnétiques et acoustiques, de nouvelles techniques sont nécessairement exigées mais le *Sperrbrecher* reste au cœur des escortes des sous-marins allemands. Associé aux flottilles de déminage, il devient pour les escadrilles d'attaque alliées (*Strike Wings*), la « grosse noix à écraser » en priorité tant ses défenses antiaériennes sont redoutées. Les pilotes de la RAF les appellent *« heavy flak ships »*. Les navires d'escorte ne viennent pas seulement pour Suhren; en effet, au moment où l'*U-564* s'aligne derrière eux, l'*U-203*, un autre sous-marin de la flottille, se joint à eux. C'est un bâtiment « brisé » qui vient de mettre un terme à sa croisière. Rolf Mützelburg, son commandant, qui avait l'habitude de plonger dans l'eau depuis le massif de son sous-marin, a connu un plongeon fatal une semaine auparavant. L'*U-203* revient vers sa base mené par l'I.WO, *Obltz.s* Hans Seidel. Suhren se souvient, quelques semaines plus tôt, avoir averti Mützelburg de mettre fin à cette dangereuse habitude. Ses craintes se sont révélées prémonitoires.

Mützelburg était reparti de Brest, après une réception triomphale à Berlin où avec « Adi » Schnee ils avaient reçu, des mains mêmes d'Adolf Hitler, à la Chancellerie, leur croix de chevalier avec feuilles de chêne. À l'issue

Le 1er septembre 1942, tout l'équipage disponible est rassemblé sur le pont arrière pour la cérémonie marquant la promotion de Teddy au grade de *Korvettenkapitän* et l'attribution de sa croix de chevalier avec épées et feuilles de chêne. À peine sorti de sa couchette, et encore vêtu de son « pyjama », il tient à rectifier la tenue de ses hommes. On distingue sur ces photographies, la bague au petit rubis de Teddy. Ce bijou est dans la famille de Suhren depuis près de 300 ans.

« En reconnaissance de leur héroïsme maintes fois prouvé, je remets à dix-huit hommes des Forces armées allemandes les feuilles de chêne avec épées à la croix de chevalier. » Adolf Hitler
« OKM à Suhren. Je vous transmets mes félicitations les plus cordiales pour vos feuilles de chêne avec épées, en reconnaissance des succès remarquables que vous et votre équipage avez accomplis. Avec mes salutations amicales, votre commandant-en-chef Oberbefehlshaber der Marine [Raeder]. »

La promotion au grade de capitaine de corvette nécessite de nouvelles marques de grade *(ci-dessus)*. Gabier, Nordmann et Anderheyden fixent les trois « ficelles » fabriquées avec du fer-blanc provenant des boîtes de conserve de Hausruckinger – aux manches de sa vareuse et sur le bandeau de sa *Schirmütze*.

En recevant une des deux plus hautes décorations du Reich, Teddy Suhren entre au Panthéon de l'armée allemande ; seulement quatre sous-mariniers ont pu accrocher les épées et les feuilles de chêne à leur croix de chevalier. Teddy est toutefois conscient que son équipage a joué un très grand rôle dans son ascension et il n'hésite pas à leur dire lors de son petit discours improvisé.

Une fois ce petit « speech » achevé, le temps est venu pour Haring de fixer l'événement pour la postérité. On le voit, sur la photographie ci-dessus à gauche, utiliser une petite caméra pour filmer l'équipage pendant que Teddy, réjoui, observe ses hommes.

de la cérémonie, Dönitz avait offert – c'était désormais une procédure habituelle – de nouveaux postes, éloignés des combats, aux deux hommes. Retirer du front des officiers décorés afin qu'ils puissent former les nouvelles recrues à la guerre sous-marine et les faire profiter de leur expérience en était, bien évidemment, la première raison. L'autre, toute aussi évidente, était de préserver le moral des troupes, comme celui de l'arrière, en évitant une mort quasi certaine à ces officiers, comme cela s'était produit avec les disparitions de Prien, Schepke et Kretschmer en 1941, tous héros de la première bataille de l'Atlantique. Leur mort était toujours, une année plus tard, une plaie à vif dans la mémoire de la Kriegsmarine et du peuple allemand.

Le premier des nombreux « portraits de groupe » mettant en scène l'équipage de l'*U-564* pris par Harding est visible ci-dessous.

Teddy estime que tous ses hommes méritent de figurer sur le même cliché et réussit à rassembler, pour la photographie présentée ici à droite, la plupart des membres de son équipage.

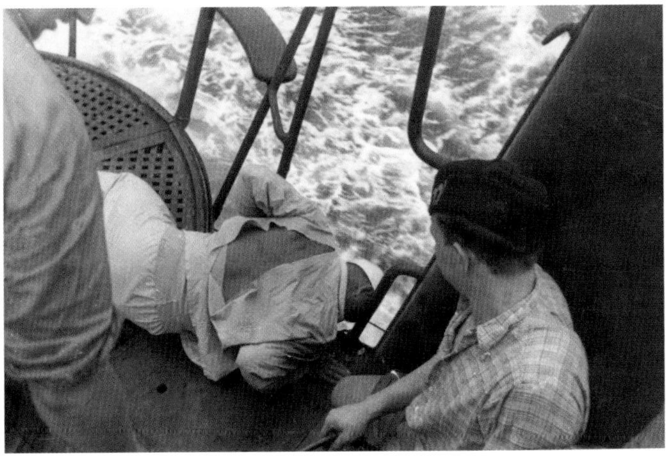

Lawaetz, à gauche, et Suhren, bien emmitouflés, profitent et de la fraîcheur et du soleil pour prendre quelques heures de sommeil dans leurs hamacs tendus sur le « Jardin d'Hiver ».

Pendant toutes ces semaines passées en mer, l'entretien des parties vitales du sous-marin est primordial. Une plaque desserrée sous le « *wintergarten* » de l'*U-564* pose de sérieux problèmes à cause du bruit produit en plongée. De plus, la prise d'air pour la chambre des machines, située immédiatement sous cette plaque, est menacée d'obstruction.

Et Mützelburg disparaît lui aussi

Bien que Dönitz tentât, autant qu'il le pouvait, de persuader ses capitaines, les cajolant, de se plier à sa volonté, le choix restait en fin de compte entre les mains de chaque commandant. Si Schnee avait accepté l'offre faite de rejoindre le personnel du BdU, Mützelburg n'avait pas voulu quitter l'*U-203* et avait choisi de rester à son bord, pour au moins une croisière encore.

Le 27 août, l'*U-203* avait mis le cap à l'ouest, direction l'océan Atlantique. Quinze jours plus tard, lors une pause en surface, au-delà du rayon d'action des patrouilles aériennes, au sud-ouest des Açores, Mützelburg avait plongé la tête la première du massif de son sous-marin. Au moment où il avait pénétré dans l'eau, une longue vague paresseuse s'était emparée de lui et l'avait précipité, tête et épaule les premières, sur un des réservoirs extérieurs. Ramené à bord, à l'agonie, il était mort de ses blessures le lendemain 12 septembre. Le docteur à bord de l'*U-462* avait constaté le décès et la dépouille de Mützelburg avait été confiée aux profondeurs de l'océan, lors d'une inhumation dans les règles.

Le 19 septembre, bien que nombreux à bord de l'*U-564* pleurent encore la perte du bouillant Mützelburg – la mort en mer est devenue au fil des ans une compagne fidèle des sous-mariniers allemands –, la célébration de la vie prend le pas, et la « baignoire » de Suhren est vite encombrée d'hommes espérant les côtes françaises.

Le petit convoi s'approche enfin des falaises de granit de la côte bretonne. Les fanions de victoire, enroulés, minutieusement peints à la main lors des longues périodes d'ennui du voyage de retour, sont attachés à la tête rétractée du périscope d'attaque, attendant d'être déployés.

Au sommet du tube, les marins ont fixé deux épées croisées, réalisées dans l'atelier de la chambre des machines et chargées de célébrer les « récompenses » de leur commandant de bord. Sous un ciel d'un bleu lumineux, le convoi fait route à l'est, en direction de Brest. Le passage délicat des récifs de l'île d'Ouessant précède dans les jumelles des hommes de quart les ruines abandonnées du monastère de la pointe Saint-Mathieu, puis le phare moderne, construction incongrue dans le paysage, devenue une station d'observation allemande. L'*U-564* pénètre maintenant dans la rade de Brest et son périscope est enfin déployé, permettant enfin aux neuf fanions de victoire de flotter fièrement au-dessus des têtes de l'équipage. À l'entrée du chenal, le sous-marin passe devant les gigantesques bunkers de béton abritant les canons de gros calibre de la défense côtière. Leurs servants, sortis de leurs abris, font de joyeux signes de la main, accueillant à la maison le petit groupe

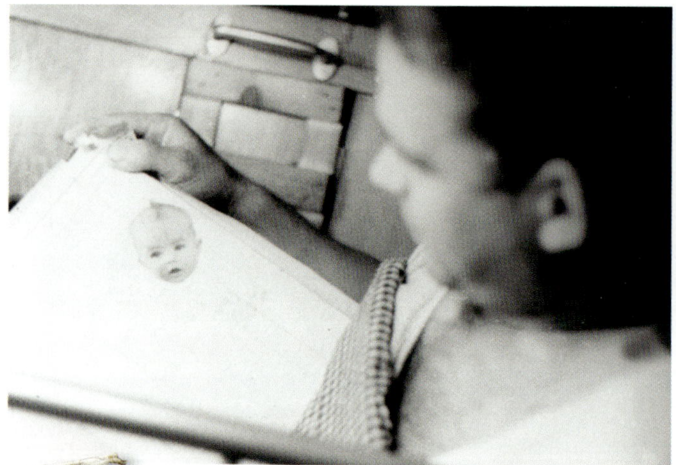

À 07 h 47, le 15 septembre, l'*Obermaschinenmaat* Fritz Hummel reçoit un message transmis depuis le BdU signalant la venue d'« *un petit sous-marin allemand avec périscope* ». La naissance du premier fils d'Hummel est célébrée par l'équipage entier. Haring colle dans le journal radio, à côté de l'entrée enregistrée du message de Dönitz, la photographie d'un enfant, découpée dans les pages d'un magazine. Hummel, installé dans sa couchette, accompagné de Willi Anderheyden et de Heinz Webendörfer lit le bref message de félicitations. Hummel verra trois fois son fils durant les onze mois suivants. Il figurera parmi les 28 hommes tués quand l'*U-564* coulera en juin 1943. Les autres sous-officiers présents portent les effets de gros temps, bien qu'Anderheyden, appartenant à la branche radio du bateau, n'ait pas à assumer le service de quart à l'extérieur. Dönitz est conscient de l'effet positif que de tels messages ont sur les hommes embarqués. La note adressée à Hummel a été transmise en même temps que celles de trois autres sous-mariniers servant dans d'autres U-Boote.

Pavillon de nationalité (170 par 100 cm) hissé à la mer. Lors de l'arrivée au port puis à quai, c'est un drapeau de taille réduite (85 par 50 cm) qui est utilisé. *(Fonds Fantastic Attic, Bayeux)*

de navires. Le curieux mélange de forteresses médiévales, napoléoniennes et allemandes défile le long des flancs de l'*U-564* quand il pénètre dans le goulet de Brest, ce mince chenal si facilement défendable permettant l'accès au port militaire.

Une petite embarcation s'approche alors de l'*U-564*. À bord, plusieurs officiers de la 1re Flottille accompagnent le docteur Richter, chirurgien de la *1.U-Flottille*. La condition physique de Suhren et de ses hommes, après soixante-dix jours en mer, impressionne Richter. Ils ont, certes, perdu un peu de poids mais semblent en forme et en bonne santé.

Les effets d'une si longue période passée en mer ne peuvent être parfaitement décrits que par Suhren lui-même :

« *Moi-même, je me sentais une personne différente. Les officiers debout autour de moi me semblaient être ailleurs, leurs rires comme lointains. Pourtant, il n'y avait aucune raison pour que cette scène soit différente de celles que nous avions vécues lors des précédents retours. Peut-être la tension des dernières semaines en était-elle responsable. Le sentiment d'isolement ne s'est pas dissipé.*[3] »

La bonne plaisanterie de Suhren

Cet étrange sentiment vient au jeune commandant en approchant du port et de sa sécurité. Est-ce le résultat de cette très longue patrouille, ou bien, peut-être, le fait de savoir que c'était sa dernière croisière de guerre et qu'il en avait réchappé ? L'*U-203*, tout proche, lui rappelle que de nombreux amis ne reviendront jamais. Néanmoins, cette confusion, cette distanciation, qui s'est emparée de Suhren s'évapore progressivement devant le spectacle qu'offre Brest. Le château qui surplombe le bord de mer à tribord, le quartier général de la flottille, l'École navale et les gigantesques abris bétonnés des U-Boote sont une vision inoubliable. Les rues médiévales, en haut de la vieille cité, charrient une multitude de Français et d'Allemands. L'*U-564* s'approche des quais, témoins des ravages des bombardements alliés qui ont gravement frappé la ville en 1941 quand trois grands navires allemands étaient amarrés au port ou en cale sèche. Le commandement de la 1re U-Flottille retarde l'entrée de l'*U-564* dans le bassin du port militaire jusqu'à ce que la cérémonie d'accueil soit complètement organisée.

Le sous-marin, qui vient de passer sur ses silencieux moteurs électriques, se dirige gracieusement vers la jetée, face à l'entrée béante de l'abri. Même cette fin de patrouille est l'occasion pour Suhren d'afficher son sens de l'humour de façon mémorable. Sous les regards des officiers de la Kriegsmarine, du Heer, du maire de Brest, de son épouse et de la garde d'honneur, l'*U-564* s'approche du quai. Dans la foule en liesse, les yeux aiguisés de Suhren découvrent la silhouette de son vieil ami Horst « Hein » Uphoff, le commandant de l'*U-84* et le cadet de « l'Équipage 35 ».

Uphoff, aussi célèbre que Suhren pour son esprit libre et ses nombreuses plaisanteries politiques racontées au détriment du parti nazi, est récemment revenu de sa patrouille dans le golfe du Mexique, atteignant Brest cinq jours avant l'*U-564*. Les effets de la pression croissante que fait peser l'aviation américaine, tout autant que les libations accompagnant le retour à la vie de garnison et qui ont duré plusieurs jours, ont laissé leurs marques sur le visage d'Uphoff. Agissant avec plus de spontanéité que de réflexion, Teddy beugle tout à coup, sa voix amplifiée par le porte-voix : « *Alors « Hein », les nazis sont-ils toujours aux commandes ?* » Dans l'assemblée, la plupart des visages blanchissent,

Finalement, le 19 septembre, le lendemain de l'arrivée de l'*U-564* sur le lieu de rendez-vous avec l'escorte de *Vorpostenboot* chargée désormais de sa protection contre les attaques aériennes et les champs de mines, Teddy permet aux hommes, encore une fois, d'échapper à la claustration. Il les laisse grimper sur le pont bien qu'ils croisent désormais dans le golfe de Gascogne, zone terriblement dangereuse.

Les chalutiers convertis de la *7.Vorpostenflotilla* de Brest assurent le service d'escorte des sous-marins allemands entrant et sortant de la rade de Brest. Robustes et manœuvriers, ces vaisseaux côtoient constamment le danger des attaques aériennes et deviennent bientôt une des priorités de la RAF qui voient dans leur élimination un bon moyen de perturber la navigation des sous-marins allemands. Au premier plan, à gauche, fixées au périscope d'attaque, on voit les épées réalisées dans l'atelier du sous-marin pour célébrer la décoration de Teddy. Le fanion de l'*U-564* flotte déjà, une tradition pour chaque bâtiment de retour au port.

Les petits chalutiers sont maintenant rejoints par un *Jarger* converti, le *Sperrbrecher 6-Magdeburg*, reconnaissable à sa haute cheminée. Le *Magdeburg* naviguait pour la Ligne Hambourg-Amérique avant sa réquisition pour le service de la Kriegsmarine. Embarquant un formidable arsenal de canons antiaériens, les *Sperrbrecher* entraînent dans leur sillage les sous-marins allemands vers le port. Pendant que l'équipage de l'*U-564* observe le *Magdeburg*, on distingue, juste derrière l'homme au premier plan, à droite, le câble recevant les « *Erfolgswimpeln* » – les fanions de victoire qu'il fixe au périscope d'attaque encore rétracté, préparant les symboles de leur réussite pour leur arrivée prochaine.

L'II.WO Herbert Waldschmidt est heureux d'approcher de « la maison ». Waldschmidl naviguera encore une fois avec l'*U-564* avant de prendre le commandement de son propre bâtiment.

À droite. Le littoral breton est encore indistinct au loin et l'autre « passager » à bord de l'*U-564* pose pour le photographe Haring. Le *Leutnant (Ing)*. Eberhard Hammermüller a beaucoup appris de son affectation aux côtés de Gabier et de l'équipe des diesels. Cette expérience lui sera profitable lors de son arrivée sur l'*U-921* en mai 1943. Il mourra lors de sa troisième patrouille à bord de ce sous-marin, quand celui-ci sera coulé le 30 septembre 1944.

Page ci-contre, de gauche à droite. Le signaleur Ewald Gaiser communique grâce aux fanions avec le navire d'escorte et à l'aide d'un sémaphore lumineux avec l'*U-203*, naviguant dans le sillage de Suhren. Ce dernier n'est plus manœuvré que par le pâle fantôme d'un équipage depuis la mort de son commandant, le populaire Mützelburg.

Insigne de combat des mouilleurs de mines, chasseurs de sous-marins et escorteurs. *(Kriegsabzeichen für Minensuch-, U-Boot-Jagd- und Sicherungsverbände). (Fonds Fantastic Attic, Bayeux)*

À l'image de leur commandant, tous les membres de l'équipage sont propres et bien vêtus pour entrer dans le port, comme en témoignent ces trois officiers mariniers. De gauche à droite, les *Obermaschinisten* Mattern et Kräh et le *Bootsmann* Webendörfer sont prêts à débarquer.

L'*Obermaschinist* Heinz Mattern pose maintenant devant la pièce de pont de l'*U-564*. Comme beaucoup de membres d'équipage très expérimentés servant à bord de l'*U-564*, Mattern va quitter à la fin de cette mission le bâtiment pour aller suivre une formation d'officier mécanicien.

Les officiers mariniers de l'*U-564* se préparent pour le débarquement. De gauche à droite : Joseph Harsch, Willi Anderheyden, Gerhard Ehlers, Heinz Nordmann et Heinrich Bartels. Seuls deux de ses hommes finiront le conflit en vie.

Les matelots eux aussi s'entassent sur le massif quand l'*U-564* approche de Brest. Toujours de gauche à droite : Richard Steiner, Heinrich Wagner, Heinz Schmutzler, Walter labahn, Helmut Brock et Grandge Wilhelm.

les officiels se regardent, gênés, avant que des murmures de consentement ne parcourent le pont arrière de l'*U-564*.

En entendant dire que les nazis étaient toujours au pouvoir, Teddy, promptement, ordonne que les deux moteurs soient lancés *« arrière toute »*, redirigeant l'*U-564* vers la haute mer. À terre, l'amusement discret le dispute aux regards embarrassés.

À bon port…

Enfin, terminant leur voyage au ralenti, les hommes de Teddy lancent les lourdes amarres aux mains qui les attendent. L'*U-564* vient mourir doucement contre la coque d'un chaland abandonné utilisé comme ponton flottant dans le bassin. Aux côtés des personnels de la Marine et des dignitaires français et allemands, plusieurs officiers duHeer sont présents, de retour de Russie, en permission sur les côtes bretonnes. Malheureusement, dans leur enthousiasme et leur désir de s'approcher au plus près du sous-marin allemand, plusieurs d'entre eux passent du débarcadère au chaland, faisant s'effondrer une partie du pont et causant de nombreuses et graves blessures.

Suhren, plus tard, d'un air piteux, une fois les ambulances parties avec les officiers malchanceux, déclarera que *« même de retour au port, l'*U-564 *provoque toujours l'excitation ! »*

Alors que l'*U-564* approche du goulet de Brest dans le sillage du *Sperrbrecher* et passe devant les batteries installées de chaque côté du chenal, les fanions de victoire (*Erfolgswimpeln*) sont déployés depuis le périscope d'attaque mis en position haute pour la circonstance.

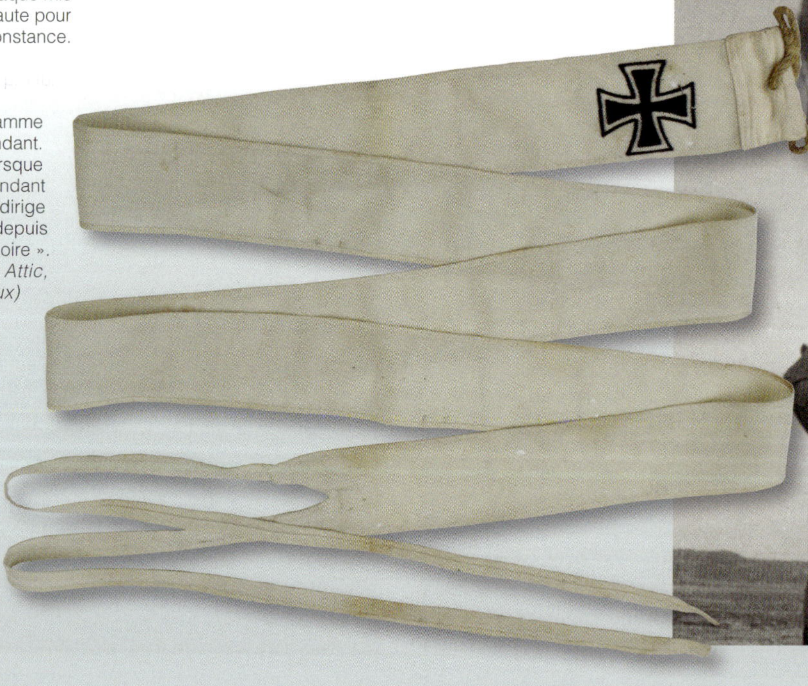

La flamme du commandant. Elle est hissée lorsque le commandant en personne dirige la manœuvre depuis « la baignoire ». *(Fonds Fantastic Attic, Bayeux)*

3. Voir *Nasses Eichenlaub*, page 123.

8 Épilogue

La réception donnée en l'honneur de Teddy et son équipage fut émouvante selon les termes des participants, bien qu'ayant commencé de façon particulière. Une fois le sous-marin de Teddy amarré, le commandant de la flottille, le *Korvettenkapitan* Werner Winter, arpente à grand pas le pont de l'*U-564* et inspecte l'équipage, impeccablement aligné.

LE RETOUR de Teddy est marqué par de nombreuses cérémonies au QG de la 1re Flottille, dans les bâtiments de l'École navale de Brest. Récemment décoré et promu, le commandant parade à la tête de son équipage, marchant au pas depuis les bunkers jusqu'à l'Académie, où la pression du commandement à la mer s'évanouira. Un banquet est organisé en son honneur et celui de son équipage. Ils sacrifient à leur succès et leur survie. Les jours passent désormais comme au ralenti pour les sous-mariniers. La moitié d'entre eux reçoit bientôt un congé de longue durée. Le tour de ceux qui restent à Brest viendra plus tard.

Parmi les décorations attribuées à Teddy et aux membres de l'équipage à leur retour, il faut discerner la croix allemande en or pour l'*Oblt. (Ing.)* Ulrich Gabier. Teddy avait demandé pour lui la croix de chevalier, mais la demande a été modifiée, sans raisons motivées, par la hiérarchie. Cette patrouille marque la fin des carrières opérationnelles de Suhren et Gabier[1].

Ce dernier est envoyé en Allemagne rejoindre les équipes d'ingénieurs du bureau d'études central de Glückauf à Blankenburg-Harz, chargées de la mise au point du schnorchel, nouveau dispositif qui révolutionnera bientôt le service à la mer à bord des sous-marins allemands. Gabier prend rapidement la tête du département. La fin de la guerre le trouve travaillant sur le projet appelé « bateau de Walter », qu'il dirige depuis le début de 1943. Il était appuyé par l'ancien commandant de l'*U-203*, Heinrich Heep, second du département conception depuis octobre 1942.

Suhren, quant à lui, quitte le commandement de l'*U-564* et les rangs de la 1re U-Flottille pour un poste d'instructeur à la 22e U-Flottille aux côtés de son vieux camarade Erich Topp. Le rapport de mission fait par Teddy à Dönitz s'achève sur une ferme réprimande. Teddy régale son commandant en chef avec l'anecdote concernant Limburg et le début d'incendie ayant provisoirement plongé le sous-marin dans l'obscurité, « *aussi sombre que dans le cul d'un ours* », mais l'amiral l'interrompt. Suhren a déjà subi la réprobation de son supérieur des années auparavant quand, jeune lieutenant à bord de l'*U-48*, il jure pendant un exercice d'artillerie. Avec sa voix la plus sévère, « le Lion » lui rappelle qu'il est désormais un homme en vue, décoré et respecté dans toute la Wehrmacht et qu'il doit à présent réfléchir avant d'ouvrir la bouche et choisir avec soin son vocabulaire.

L'évaluation de la dernière patrouille de guerre de Suhren par Dönitz se résume à deux phrases ajoutées à la version officielle et dactylographiée du journal de bord de l'*U-564* avant que celui-ci ne rejoigne les archives du BdU : « *Excellent engagement de ce commandant confirmé. Les attaques de convoi, tant dans leurs conceptions que leurs exécutions, ont été réalisées d'une manière exemplaire*[2]. »

Les nouvelles affectations

L'équipage de Teddy, animé d'une confiance aveugle et inébranlable en son capitaine, pleure son départ de Brest. Suhren, un par un, dit au revoir aux hommes qui ont servi sous ses ordres et ont tout donné à l'*U-564* depuis sa première mission opérationnelle. Plusieurs hommes de la « Vieille garde » du bâtiment reçoivent de nouvelles affectations sur d'autres sous-marins ou dans les écoles de la Kriegsmarine. Parmi ceux qui disent adieu à l'*U-564*, on trouve les *Obermaschinisten* Krāh et Mattern, mais aussi Karl Limburg, promus aux 26e et 23e U-Flottilles d'entraînement.

Ulf Lawaetz naviguera encore une fois comme I.WO de l'*U-564*, sous les ordres du nouveau commandant l'O*bltzS* Hans Fiedler. Il réceptionnera plus tard son sous-marin construit par les chantiers navals Howaldts Werke à Hambourg, en avril 1943 : l'U-672. Il mènera quatre patrouilles au sein de la 6e U-Flottille pendant lesquelles il ne coulera aucun vaisseau ennemi. Son dernier voyage s'achève le 18 juillet 1944 quand l'*U-672*, grenadé, est forcé de faire surface dans la Manche. Là, parmi les épais bancs de brouillard, lui et son équipage s'assurent que le bateau rejoindra bien le fond de la mer et l'abandonnent. Ils sont finalement sauvés par le secours en mer allié quand le brouillard se dissipe. Ils termineront la guerre dans un camp de prisonniers. Jusqu'au jour de sa mort en 2001, Lawaetz est hanté par les cauchemars de son naufrage, bien qu'il ait tout tenté pour laisser derrière lui les souvenirs de la guerre. Après sa libération en décembre 1945, il débarque à Bünde, au cœur de l'industrie cigarière allemande. Tout d'abord simple interprète, il finit au sommet de la hiérarchie en devenant à la fin de sa carrière directeur d'une usine de cigares.

Herbert Waldschmidt, lui aussi, navigue un temps sous les ordres de Fiedler avant de quitter l'*U-564* en avril 1943. Il prend alors le commandement de l'*U-146*, un sous-marin école. Il devient plus tard « commandant en attente » de deux U-Boote Type XXI, l'*U-2374* et l'*U-4719*, qui ont été endommagés lors de bombardements. Au final, aucun ne sera remis à l'eau avant la fin de la guerre. Il finit par prendre le commandement d'un Type XXI apte au

1. Gabier crée la société *Ingenieurkontor company* à Lübeck en 1946, spécialisée dans l'ingénierie sous-marine. Il prend sa retraite en janvier 1979.

2. Journal de bord de l'*U-564*.

Une fois les inspections passées, l'équipage, détendu, déguste des fraises de saison apportées à bord par les infirmières de l'hôpital naval de Brest. Ewald Gaiser et Eduard Kalbach semblent apprécier l'attention. Derrière l'épaule de Kalbach, on distingue l'entrée d'un des formidables bunkers de béton abritant les sous-marins allemands.

service en mer avec le grade de *Fregattenkapitän*... de la Bundesmarine : l'*U-2540*, rescapé du conflit et désormais baptisé *Wilhelm Bauer*. Ce sous-marin, aujourd'hui exposé au musée de la Marine de Bremerhaven, a été restauré dans sa configuration de guerre après son retrait du service actif.

Départ pour Berlin

Le dernier officier présent sur l'*U-564* lors de cette patrouille de l'été 1942 est le *Leutnant (Ing).* Eberhard Hammermüller qui, fort de l'expérience acquise auprès de Gabier et de ses hommes, devient l'ingénieur en chef de l'*U-921* dès son entrée en service en mai 1943. Il meurt avec les cinquante autres membres d'équipage quand ce U-Boot est coulé le 30 septembre 1944 dans l'Arctique – au sud-ouest de l'île aux Ours, à mi-chemin entre le cap Nord et le Svalbard – par une patrouille de Swordfish britanniques qui protégeaient le convoi RA.60.

Teddy Suhren part quant à lui pour Berlin dès la fin de sa réunion avec Dönitz. Là, il goûte une fois de plus à l'accueil qui lui est réservé par l'élite du Reich. Tout commence par un déjeuner avec Erich Raeder en personne :

« *Cette fois, j'arrivais à Berlin par le train de nuit. De la manière la mieux appropriée qu'il convient à un soldat, je suis arrivé à 13 h 55 au Kaiserhof. Là je rencontre l'*Oberbefehlshaber der Marine *déjà attablé et, présentant mes excuses, je lui dis: "Oh!* Grossadmiral, *vous êtes ici vous aussi?" Sur quoi il me répond avec un grand rire, "Oui, oui, et vous, aujourd'hui, ne laissez pas de trace de mazout derrière vous*[3] *!...* »

Lors d'une brève visite à Adolf Hitler qui lui remet officiellement les glaives de sa croix de chevalier, Teddy est invité par Martin Bormann à l'Obersalzberg, la propriété privée du Führer, près de Berchtesgaden, où Erich Topp est déjà convié.

Suhren se trouve ainsi mêlé aux plus hauts dignitaires du Troisième Reich, dansant avec Eva Braun et sa sœur, même si la danse est mal vue en cette période troublée. Il termine son séjour comme invité de Martin Bormann et sa famille.

Même après son départ de Brest, l'ombre de Suhren plane toujours sur la ville. Claus-Peter Carlsen se souvient en riant, soixante ans après la fin de la guerre, que même bien longtemps après son arrivée à la base de la *1. U-Flottille* comme *Oberleutnant zur See* et commandant en second de l'*U-732*, en octobre 1942, il prenait plaisir à écouter le récit des exploits de Suhren :

« *Teddy Suhren, et bien... c'était un monstre !... Werner Winter était le patron de Teddy Suhren et d'Uphoff, ces deux fous téméraires, et il racontait constamment toutes sortes d'histoires sur eux deux*[4]. »

Teddy, un personnage légendaire

En effet, les légendes sur Teddy, son manque de respect pour la hiérarchie et l'autorité en général, comme ses prouesses en mer, finissent par être célèbres. Légendes connues même dans la marine américaine depuis l'interrogatoire du *Kapitänleutnant* Klaus Bargsten de l'*U-521*, mené après sa capture[5] :

« [Bargsten] *dont l'ami le plus proche et camarade de promotion est le capitaine de corvette Reinhard Teddy Suhren. On affirme que Suhren, beau et populaire, pouvait considérablement siphonner les réserves d'alcool de n'importe quel port dans lequel il ferait escale... À une autre occasion, Suhren attaquait un convoi qu'il avait précédemment repéré. Il a reçu, en temps utile, un message « inspiré » de Dönitz lui indiquant de* « poursuivre implacablement et d'attaquer violemment »*. Au retour de cette patrouille, largement victorieuse, Suhren est convoqué au bureau de Dönitz pour présenter son rapport. Au cours de l'entrevue, Suhren viole le règlement en indiquant à son supérieur que son message était inutile, voire insultant. Dönitz, momentanément estomaqué par cette impudence, reprend son self-control et dans l'intimité de son bureau saisit Suhren par le cou, l'étend sur une table et administre une fessée au vilain garnement.* »

Suhren mène alors une carrière fulgurante. En mai 1944, il prend le commandement de tous les sous-marins stationnés en Norvège – *Führer der U-Boote Norwegen*, plus tard *FdU Nordmeer* exerçant le contrôle opérationnel dans l'Arctique. Peu après, il est promu au grade de *Fregattenkapitän*. Son commandement à la mer est désormais bien loin.

Le 14 juin 1943, l'*U-564* est classifié « *Vermiflt zwei Stern* » (perdu deux étoiles), ce qui pour la Kriegsmarine signifie « perte confirmée ». Le sous-marin, parti

3. Extrait du discours de Teddy Suhren à Hambourg en mai 1954, et publié dans le *Wiedersehen*, Hambourg, 1954.

4. Entretien mené par l'auteur, le 19 octobre 2002 à Munich.

5. Rapport d'interrogatoire de Klaus Bargsten mené par l'US Navy, *O.N.I. 250-Gj serial 14*.

6. *1.U-Flottille KTB*, 14 juillet 1943.

de Bordeaux le 9 juin, est coulé le 14 du même mois lors d'une attaque aérienne alliée aux coordonnées de la grille « *Bruno Fritz 7549* ». Vingt-huit marins trouvent la mort. Dix-huit autres et le commandant sont sauvés[6].

L'*U-564*, aux mains du vétéran Fiedler, est un des cinq sous-marins allemands croisant dans le golfe de Gascogne quand il est attaqué. Conformément à une nouvelle directive du BdU, il fait surface pour répondre aux attaques aériennes. Le U-Boot est tout d'abord bombardé par un Sunderland du *228 Squadron* de la RAF qui l'endommage gravement, l'empêchant de plonger. L'*U-185* de la 10e U-Flottille reçoit l'ordre d'escorter l'*U-564* vers le sud et les îles proches des côtes espagnoles où Fiedler aurait la possibilité de procéder aux réparations nécessaires. Les Z-24 et Z-32 de la 8e Flottille de destroyers de Bordeaux prennent la mer pour un rendez-vous avec les deux sous-marins.

Cependant, par une coïncidence malheureuse, le jour suivant coïncide avec l'ouverture d'une nouvelle offensive anti-sous-marine menée par la RAF dans le golfe de Gascogne : l'opération « *Musketry* ». Le 14 juin, les deux sous-marins avancent lentement vers la zone neutre que sont les eaux espagnoles quand un Armstrong Whitley de la *10 Operational Training Unit* les repère à 90 milles marins (167 km) au nord-ouest de Ferrol.

Le bombardier commence à cercler au-dessus des deux sous-marins qui l'accueillent toutes armes antiaériennes déchaînées. Deux heures plus tard, un Handley Page Hampden du *No 415 Squadron* les rejoint. Le bombardier, piloté par le *Flight Sergeant* A.J. Benson, passe immédiatement à l'attaque, mitraillant les deux bâtiments. Benson lance six grenades sous-marines sur l'*U-564* qui déchirent la coque et brisent « l'échine » du sous-marin.

L'appareil de Benson souffre également de la défense allemande. Ses circuits hydrauliques et un de ses moteurs en étoile sont détruits, l'obligeant à retourner à sa base. Il amerrira à 150 km au sud-ouest des îles Sorlingues, au large des côtes de Cornouailles[7].

Maus, à bord de l'*U-185*, tente assez vite, mais sans succès, de fixer une aussière de remorquage à l'U-564. Il est malheureusement trop tard et celui-ci est irrémédiablement submergé et coule. Seuls Fiedler et dix-sept sous-mariniers peuvent être sauvés, les vingt-huit autres membres d'équipage accompagneront le sous-marin dans son ultime plongée. Tous les membres des équipes de conduite du navire et des transmissions trouvent la mort dans les premières explosions ou lors des tentatives d'écopage du sous-marin inondé.

Aucun U-Boote ne survit

L'effroyable taux d'attrition connu par l'Arme sous-marine lors de la Seconde Guerre est tout simplement illustré par le fait qu'aucun des autres U-Boote présents sur les photographies prises lors de la dernière patrouille de Suhren n'a survécu au conflit : les *U-154*, *U-203*, *U-463* et *U-654* ont tous été coulés en action, tandis que l'*U-129*, faute de batteries, ne peut s'échapper de Lorient. Il est sabordé dans son alvéole de l'U-Bunker Keroman I. Même le redoutable *Magdeburg*, le *Sperrbrecher* photographié par Haring ouvrant la voie à l'*U-564* devant le port de Brest, est détruit par des chasseurs-bombardiers de la RAF en 1944 ; pratiquement toute la 7e Flottille de *Vorpostenboot* est également balayée de la surface de la mer par l'aviation alliée lors de leurs bombardements systématiques des bases navales allemandes de l'Atlantique.

La guerre s'achève moins de deux ans après la destruction de l'*U-564*. Suhren, le nouveau *FdU Nord*, est fait prisonnier par les Anglais à Oslo en 1945. Il est retenu en captivité une année durant à la prison d'Achenschloss à Oslo où il côtoie Hans Rudolf Rosing, son commandant d'autrefois.

C'est en prison que Teddy apprend la mort de ses parents et de sa sœur. Vivant dans les Sudètes pendant les derniers mois de la guerre, encerclés par les partisans, abandonnés par les forces allemandes, ils trouveront la mort dans la tourmente de la libération de la Tchécoslovaquie.

Geert Suhren tue sa femme et sa fille plutôt que de les laisser entre les mains de la foule furieuse, puis se suicide. Le 12 avril 1946, Teddy est libéré puis traverse l'Allemagne défaite en direction de son foyer. Il passe quelque temps au domaine de Kleverhof, près de Bad Schwartau. La grande propriété foncière est divisée en plusieurs parcelles et on lui réserve 16 acres de terre. La petite épargne réalisée sur ses soldes lui permet d'acheter une petite caravane et une vache. Il renoue alors le contact avec son épouse Jutta, fille d'un officier d'état-major de la Luftwaffe qu'il avait épousée en 1943.

Un banquet pour l'équipage de retour de mission est organisé au QG de la *1.U-Flottille*, à l'École navale de Brest. Sur ces deux photographies, on voit le *Korvettenkapitan* Winter coiffer Teddy de sa casquette, manifestement trop large de plusieurs tailles. Assis à droite, le *Kaleunt* Walter Schug, commandant de l'U-86 qui, lui aussi, vient de traverser l'Atlantique. L'U-86 n'aura coulé qu'un seul bateau lors de cette patrouille. La fresque murale derrière les officiers hilares représente l'imposant monument de briques rouge du mémorial de Laboe, près de Kiel.

6. [note absente de cette page]

7. Après trois nuits passées dans un canot pneumatique, Benson et quatre hommes de son équipage sont secourus par le *Jazz-Band*, un chalutier français. Ils sont débarqués à Morgat sur la presqu'île de Crozon, et remis aux autorités allemandes.

Son impressionnante attitude au combat lors de cette patrouille vaut à Ulrich Gabler de recevoir la croix allemande en or. Elle lui est a été attribuée à Brest, le 15 octobre 1942. Il est arrivé à la fin de sa carrière opérationnelle et il est transféré dans les bureaux d'études chargés de la conception des nouveaux sous-marins.

Page suivante, en haut. Ulf Lawaetz prend la mer une fois encore comme I.WO à bord de l'*U-564* avant de recevoir le commandement de l'*U-672* en avril 1943. Il est photographié ici à la fin d'une de ses quatre patrouilles effectuées au sein de la *6.U-Flottille*. La carrière en mer de Lawaetz s'achève le 18 juillet 1944 quand l'U-672 est forcé de faire surface dans la Manche. Lawaetz a le temps de procéder au sauvetage de son équipage et de saborder son bâtiment avant de se rendre. Il attendra, comme ses hommes, la fin de la guerre dans un camp de prisonniers.

Page suivante, en bas. Teddy pose ici avec Adalbert « Adi » Schnee (à gauche) et Hellmut Ebell (à droite), dans le cadre majestueux des fjords norvégiens, lieu de sa nouvelle affectation. Il est désormais le *FdU* de tous les sous-marins allemands de la mer du Nord. Suhren termine la guerre comme *Fregattenkapitän*, chargé des opérations sous-marines sur le cercle arctique, avant d'être fait prisonnier par les Britanniques.

Teddy la retrouve avec leur fille Béatrix à Allgaü où elle est serveuse au mess des officiers américains de la garnison. À la consternation de Suhren, son épouse vit avec un Américain et leur union chancelante du temps de guerre ne résistera pas longtemps aux années de paix. Déprimé, Teddy revient à Kleverhof, où un nouveau coup du sort l'attend. Ses voisins ne pensant pas qu'il reviendrait, se sont partagés les maigres arpents de son « domaine ».

« L'alcool de torpille »

Découragé, mais peu disposé à abandonner, Suhren part pour Kiel, où il vend un manteau en renard argenté qui avait appartenu à son épouse et achète sa distillerie. Il installe son infâme « usine à schnaps » dans un hangar au fond d'un jardin, à la périphérie de la ville en ruines. Là, Teddy distille une espèce de rhum noir à base de sucre, titrant 38°, qu'il appelle « Alcool de torpille ». En 1946, le schnaps est bien plus précieux que les Reichmarks et les affaires de Teddy prospèrent. Il se lance bientôt dans l'approvisionnement en viande du marché noir. La police locale, bien évidemment, finit par être mise au courant des activités de l'ancien commandant de la Kriegsmarine. Avant que la police ne débarque dans ses « bureaux », Teddy détruit toutes les preuves de ses activités illicites et retourne vivre dans sa caravane de Schwartau. Il gagne sa vie désormais en aidant les agriculteurs lors de la tonte des moutons.

Pendant l'été 1947, son frère Gerd, travaillant pour l'administration allemande chargée du déminage des côtes de la Baltique et possédant de nombreuses relations dans la communauté maritime, permet à Teddy de trouver un travail plus adapté à ses incontestables talents. Il est chargé de remettre sur pied le transport maritime du pétrole. L'achat d'une BMW 350, pour 850 Reichmarks, permet à Teddy de rejoindre Hambourg et, par la suite, d'accéder au poste de directeur d'une compagnie pétrolière installée dans le grand port allemand.

Bien que les relations avec son ancienne épouse soient redevenues amicales, il se remarie avec Hannelore et habite à Bad Dietzenbach (dans la Hesse) avant de rejoindre Hambourg. Trois filles – Katrin, Gesa et Mara – vont bientôt naître de cette union et rejoindre leur demi-sœur Béatrix. La vie de Teddy enfin stable ressemble à s'y méprendre au bonheur. Il refuse de s'engager dans la toute jeune Bundesmarine en dépit des nombreuses offres qui lui sont faites, déclarant qu'il ne peut pas servir dans une marine où les soldats du temps de guerre ont été vus trop souvent comme des criminels.

Il est cependant un des fondateurs de l'Association navale allemande (DMB) et sera nommé président de la fondation le 31 mai 1953, lors d'une assemblée générale à Wilhelmshaven. Là, il parle devant 20000 vétérans de la Kriegsmarine. Le 15 mai 1954, à Hambourg, il fait un nouveau discours aux sous-mariniers survivants lors de la première réunion nationale du *Fahrer U-Boote*. Il se souvient des nombreux hommes qui ont perdu la vie pendant ces cinq ans de guerre, et évoque avec passion la nécessaire réconciliation entre les nations antagonistes ou l'injustice faite à Dönitz et Erich Raeder, incarcérés dans la prison de Spandau comme criminels de guerre.

Reinhard Teddy Suhren meurt le 25 janvier 1984 à Hambourg. C'est seulement quelques jours avant sa mort qu'il informe ses proches qu'il souffre d'un douloureux cancer de l'estomac en phase terminale. Teddy avait arrêté la cigarette des années auparavant quand son docteur, inquiet pour sa santé, lui avait demandé de cesser de boire et de fumer. Malgré ces précautions, le cancer sort vainqueur du dernier combat que mène Suhren.

Les funérailles du héros

Nombreux sont ceux qui assisteront à ses funérailles pour pleurer la perte d'un homme si remarquable. Parmi eux, Erich Topp, qui, plus tard, dans son autobiographie décrira les émotions qui le traversent lors de ces brèves funérailles :

« J'ai reconnu plusieurs des visages autour de moi : Godt, Kretschmer, Korth, Bargsten, Cremer et bien d'autres… Après toutes ces années, ils me paraissaient bien étranges. Les croix de chevalier épinglées sur leurs costumes gris ne semblaient pas tout à fait convenir à l'occasion. Enfin, les portes du Hall B s'ouvrent. Nous entendons à peine la musique d'orgue jouer à l'arrière-plan. Pas de la musique « vivante », mais un disque. Je m'assoie au troisième rang. Le cercueil est entouré de couronnes et de fleurs, flanqué d'une garde d'honneur formée d'officiers de la Bundesmarine. La musique cesse. Le représentant de la promotion de Teddy à l'École navale, « l'équipage 35 », *est le premier à prendre la parole, inaudible. Après un bref intermède, il est suivi du président d'honneur de l'Association navale, dont le verbe sonne haut et fort. C'est alors le tour du commandant de sous-marin sous lequel a servi Teddy comme second* [Herbert Schultze]. *Il parle… Il est hésitant, cherche ses mots, il est visiblement perdu.*

En conclusion, le porte-parole de l'Association des sous-mariniers intervient. Paraphrasant les célèbres lignes de la « flottille des Flandres », il pense qu'à cause de l'aspect habituellement mal peigné de Teddy et de ses mauvais comportements, saint Pierre l'enverra vraisemblablement vers le paradis réservé aux commandants de U-Boote, où ils peuvent continuer à vivre selon leurs mauvaises habitudes : chantant, buvant, ne pensant qu'aux réjouissances.

Pour tous ceux qui ont parlé, Teddy semblait représenter l'archétype parfait du lansquenet, du soldat de fortune, de l'ami des jours passés, toujours joyeux, dont le sens de l'humour était légendaire et qui ne s'est jamais arrêté aux limites du possible.

Le vrai Teddy était très différent. C'était mon ami. Celui qui a traversé cette guerre comme un condamné, un homme marqué par le terrible destin de sa famille. Je l'ai vu exacerber cette légèreté, conçue pour cacher ses vrais sentiments. Son humeur enjouée, son sens de l'humour étaient là pour masquer le cynisme d'une existence, d'une vie perdue. Tous ces mots qui emplissaient la salle ne m'ont pas atteint. Un trompettiste a joué « Das Lied von guten Kameraden ». *Après que la dernière note ait résonné sous la voûte, le rideau est descendu sur ce dernier acte dramatique de la vie de mon ami Reinhard Suhren. Nous, personnes en deuil, avons quitté le Hall B passant devant une foule compacte qui attendait déjà dehors la prochaine cérémonie. La famille de Teddy est partie dans une voiture qui les attendait, moteur tournant. Je ne pu même pas leur présenter mes condoléances. Il y avait une réunion des Anciens. J'étais trop déçu, trop déprimé, pour y participer. Cremer m'a ramené à la gare...* »

Ainsi, trente et un ans après que l'*U-564* soit allé au fond de la mer, accompagné de vingt-huit membres de son équipage, un autre homme les rejoint pour s'étendre à leurs côtés, à l'emplacement précis où l'*U-564* et ses « trois chats noirs » reposent pour l'éternité. Le 25 octobre 1984, le *Kapitän* Temeier, maître des 5084 tonneaux du cargo *MV Papua*, ordonne à tous les hommes disponibles de son équipage de rejoindre le pont supérieur à 16 h 00 pour une brève cérémonie. Le navire arrive enfin aux coordonnées précises de 46° 30' Nord - 07° 18' Ouest.

Là, selon les dernières volontés de Reinhard Teddy Suhren, ses cendres sont dispersées sur les vagues de l'Atlantique, rejoignant enfin le bâtiment qui l'avait rendu célèbre.

Annexe 1

L'équipage de l'*U-564*

*Cette liste donne les noms des membres d'équipage présents lors de la plus longue patrouille que l'*U-564 *mène de juillet à septembre 1942. L'astérisque indique un membre d'équipage tué au combat pendant la Seconde Guerre mondiale ainsi que le sous-marin où il a perdu la vie.*

Branche équipage		
Reinhard « Teddy » Suhren	*Kapitänleutnant/Korvettenkapitän*	Commandant de bord
Ulf Lawaetz	*Oberleutnant zur See*	I.WO
Herbert Waldschmidt	*Leutnant zur See*	II.WO
Karl « Stürkorl » Limburg	*Stabsobersteuermann*	III.WO et navigateur
Heinz Webendorfer	*Oberbootsmann*	Maître d'équipage
Heinrich Bartels	*Bootsmaat*	Responsable des munitions (**U-867*)
Karl-Ernst Thiel	*Bootsmannsmaat*	Chef de pièce canon de pont - administration
Rudi Elkerhausen	*Oberfunkmaat*	Premier maître - responsable radio (**U-564*)
Willi Anderheyden	*Oberfunkmaat*	Premier maître - adjoint responsable radio
Gerhard Ehlers	Obermechanikermaat	Responsable entretien/réglage des torpilles
Werner Grünert	*Matrosenobergefreiter*	Barreur - combat
Heinz Schmutzler	*Matrosengefreiter*	Barres de plongée proue/canon AA 20 mm
Heinrich Wagner	*Matrosengefreiter*	Barres de plongée poupe/canon AA 20 mm
Roland Schiedhelm	*Matrosenobergefreiter*	Matelot - artilleur (**U-333*)
Ernst Schlittenhard	*Matrosenobergefreiter*	Matelot - artilleur
Eduard Kalbach	*Matrosengefreiter*	Matelot - artilleur
Richard Steinert	*Matrosengefreiter*	Matelot - artilleur (**U-564*)
Paul Stephan	*Matrosengefreiter*	Matelot - artilleur (**U-564*)
Herman Hausruckinger	*Matrosengefreiter*	Cuisinier
Horst Becker	*Mechanikerober*	Mécanicien torpilleur
Wilhelm Bigge	*Mechanikerober*	Mécanicien torpilleur (**U-333*)
Werner Apitz	*Funkobergefreiter*	Radio - hydrophoniste (**U-564*)
Ewald Gaiser	*Funkobergefreiter*	Radio - hydrophoniste (**U-1222*)
Meimes Haring	*Propaganda Kompanie Maat*	Correspondant de guerre
Branches machine et timonerie		
Ulrich Gabier	*Oberleutnant* (Ingenieur)	Officier mécanicien
Eberhard Hammermüller	*Leutnant* (Ingenieur) *der Reserve*	Aspirant officier mécanicien (* *U-921*)
Hermann Kräh	*Obermaschinist*	Responsable des diesels
Heinz Mattern	*Elektro Obermaschinist*	Responsable des moteurs électriques
Emil Grade	*Maschinenobermaat*	Responsable timonerie
Franz Stocker	*Obermaschinenmaat*	Premier maître - diesel tribord (**U-1024*)
Fritz Hummel	*Obermaschinenmaat*	Premier maître - diesel bâbord (**U-564*)
Johannes Neumann	*Maschinenobermaat*	Maître - Mécanicien diesel tribord (**U-722*)
Heinz Nordmann	*Maschinenobermaat*	Maître - Mécanicien électrique
Joseph Harsch	*Maschinenobermaat*	Maître - Mécanicien électrique (**U-564*)
Fritz Domenowski	*Maschinenobermaat*	Maître - Mécanicien électrique
Werner Rieckhoff	*Maschinenobergefreiter*	Timonier poste central (**U-2521*)
Johann Rebahn	*Maschinenobergefreiter*	Timonier poste central (**U-674*)

Branches machine et timonerie *(suite)*

Hans Merk	*Maschinenobergefreiter*	Timonier poste central
Reinhold Abel	*Maschinenobergefreiter*	Chauffeur diesel tribord
Walter Labahn	*Maschinenobergefreiter*	Chauffeur diesel bâbord
Werner Schlagel	*Maschinenobergefreiter*	Chauffeur diesel tribord (**U-540*)
Helmut Brock	*Maschinenobergefreiter*	Chauffeur diesel bâbord
Walter Heinrich	*Maschinenobergefreiter*	Chauffeur moteur électrique
Ludwig Sass	*Maschinenobergefreiter*	Chauffeur moteur électrique
Phillip Warner	*Maschinenobergefreiter*	Chauffeur moteur électrique (**U-678*)

*Quand l'*U-564 *est envoyé au fond du golfe de Gascogne, le 14 juin 1943, il entraîne 28 hommes d'équipage avec lui. La petite étoile (*) indique les hommes déjà présents à bord lors de la patrouille de l'*U-564*, entre juillet et septembre 1942.*

Ernst Müller	*Oberleutnant* (Ing.)
Erich Zapf	*Obermaschinist*
Walter Christ	*Obermaschinist*
Wilhelm Steinhauer	*Obermaschinenmaat*
Fritz Hummel	*Obermaschinenmaat**
Joseph Harsch	*Obermaschinenmaat**
Alfred Meidorn	*Maschinenmaat*
Otfried Lehmann	*Maschinenmaat*
Kurt Rothbarth	*Maschinenmaat*
Fritz Hild	*Maschinenmaat*
Erich Stuttner	*Mechanikerobergefreiter*
Paul Stephan	*Matrosenobergefreiter**
Richard Steinert	*Matrosenobergefreiter**
Joseph Pledl	*Maschinenobergefreiter*
Paul Tolksdorf	*Maschinengefreiter*
Karl Meyer	*Maschinengefreiter*
Werner Heinze	*Maschinengefreiter*
Karl Fischer	*Maschinengefreiter*
Walter Grass!	*Maschinengefreiter*
Max Hartleb	*Maschinengefreiter*
Günther Schwaiger	*Maschinengefreiter*
Heinz Mistereck	*Maschinengefreiter*
Fritz Pfanz	*Maschinengefreiter*
Hermann Mahler	*Maschinengefreiter*
Rudi Elkerhausen	*Oberfunkmaat**
Werner Weise	*Funkmaat*
Werner Apitz	*Funkobergefreiter**
Peter Geise	*Funker*

Annexe 2

Les torpilles tirées par l'*U-564*

Entre le 1er juillet et le 30 septembre 1942

Date	Carreau	Torpille	Cible	Ton. est.	Nom baptême	Ton. réel	Résultat
19 juillet	CE3341	G7e	Cargo	5,000	*Empire Hawksbill*	5,724	Touché, coulé.
19 juillet	CE3341	G7e	Cargo	5,000	*Lavington Court*	5,372	Touché, coulé
19 juillet	CE3341	G7e	Transport	8,000			Revendiqué coulé
19 juillet	CD3341	G7e	Cargo	5,000			Revendiqué coulé
19 août	ED9460	G7e	Cargo				Torpille perdue
19 août	ED9460	G7e	Cargo				Torpille perdue
19 août	ED9460	G7e	Cargo				Torpille perdue
19 août	ED9460	G7e	Cargo				Torpille perdue
19 août	ED9460	G7e	Cargo				Torpille perdue
19 août	ED9453	G7e	Cargo	8,000	*British Consul*	6,940	Touché, coulé
19 août	ED9453	G7a	Cargo	7,000	*Empire Cloud*	5,969	Touché, coulé
19 août	ED9453	G7e	Cargo	8,000			Revendiqué endommagé
19 août	ED9453	G7e	Cargo	5,000			Revendiqué endommagé
19 août	ED9416	G7e	Cargo				Touché, non explosée
19 août	ED9416	G7e	Cargo				Touché, non explosée
30 août	EE9933	G7a	Pétrolier	9,000	*Vardaas*	8,176	Touché, endommagé
30 août	EE9933	G7a	Pétrolier	9,000	*Vardaas*	8,176	Torpille perdue Coulé au canon
30 août	EE9933		Pétrolier	9,000	*Vardaas*	8,176 35	Touché, coulé

LA TORPILLE G7a

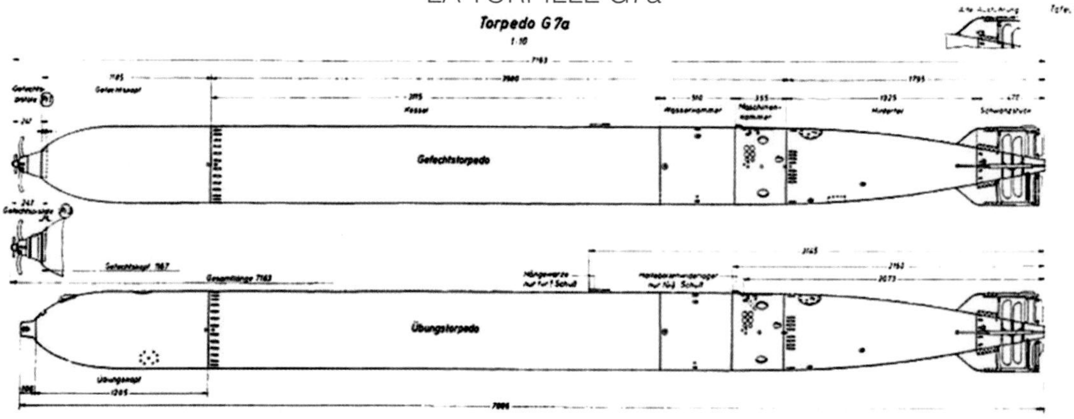

Alte Ausführung	Ancienne version
Gefechts Pistole	Détonateur
Gefechtskopf	Tête explosive
Gefechtstorpedo	Torpille armée
Gesamtlänge	Longueur totale
Hinterteil	Demi-section
Kessel	Réservoir d'air comp.
Maschinenkammer	Moteur
Schwanzstück	Section propullsion
Übungskopf	Tête d'exercice
Übungstorpedo	Torpille d'exercice
Haltebolzenwiderlager nur für Schuß	Butée du boulon de verrou

Annexe 2

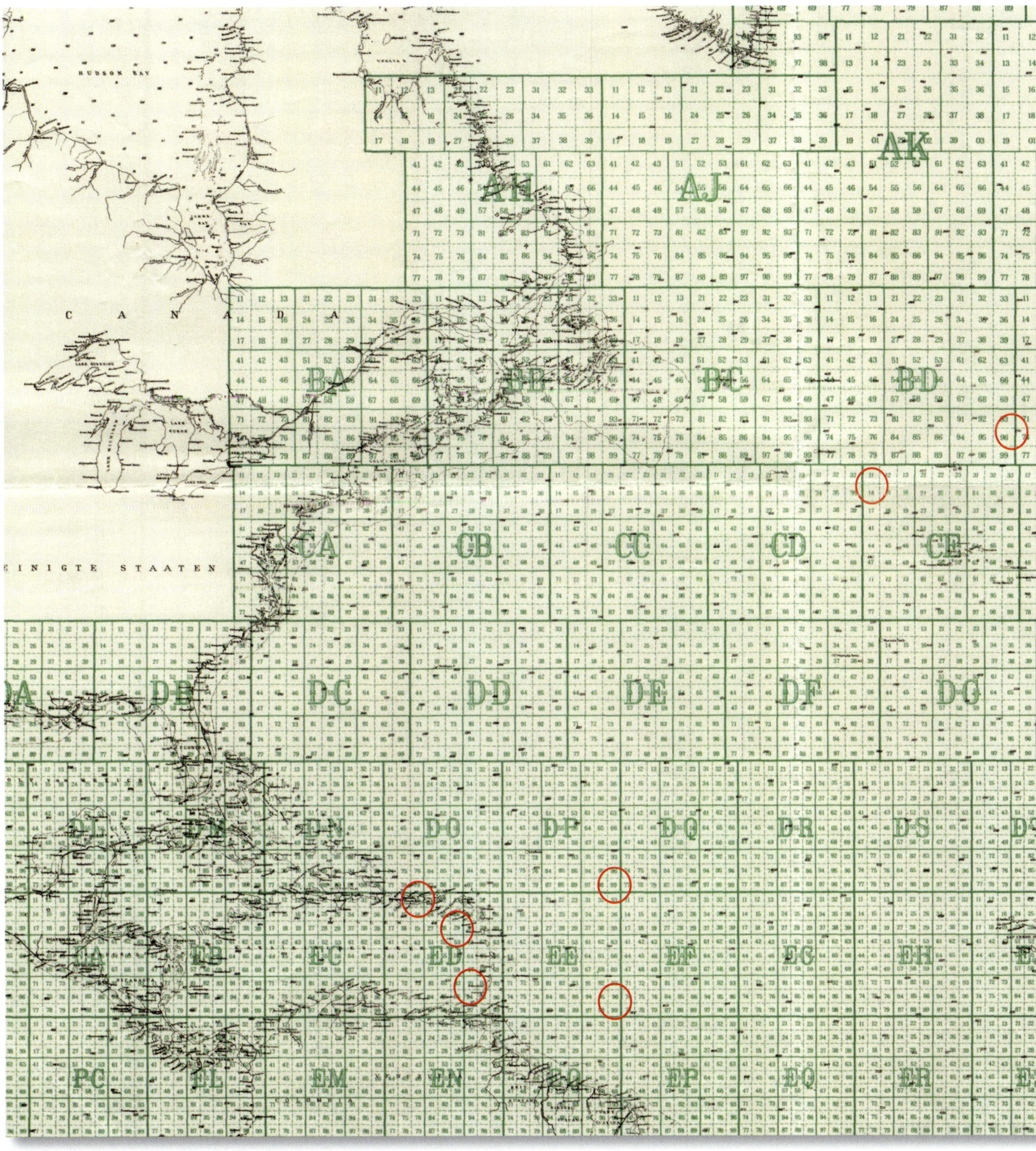
HUDSON BAY
C A N A D A
EINIGTE STAATEN
AH
AJ
AK
BA
BB
BC
BD
CA
CB
CC
CD
CE
DA
DB
DC
DD
DE
DF
DG

Sources, bibliographie, sites Internet

Sources

- *Wiedersehen in Hamburg* - A Souvenir of the Meeting of U-Boat Men, May 1954.
- *Bücherdienst Herbert Zeissler*, Hamburg-Wandsbek, 1954.
- *British Admiralty Anti-U-Boat Warfare Reports, 1942.* Held at the Royal Navy Submarine Museum.
- *Public Records Office*, File ADM237 /145. Relates to Convoy OS.34.
- *Kriegstagebuch* (KTB) U-564. Photocopy held at U-Boot Archiv.
- *Kriegstagebuch* (KTB) *1st U-Flotilla.* NARA microfilm, T1022, Roll 3403.
- *Kriegstagebuch* (KTB) *BdU, July to September 1942.* NARA microfilm, T1022, Rolls 3980, 3981.
- *Wet Oakleaves.* An excellent unofficial translation of Nasses Eichenlaub, by courtesy of Frank James.

Ouvrages publiés

- Blair, Clay, *Hitler's U-Boat War*, Vols 1 & 2, Cassel, 1996.
- Bowyer, Chaz, *Men Of Coastal Command 1939-1945*, William Kimber, 1985.
- Dönitz, Karl, *Ten Years And Twenty Days*, Lionel Leventhal, 1990.
- Franks, Norman, *Conflict Over The Bay*, William Kimber, 1986.
- *Search, Find And Kill*, Grub Street, 1995.
- Gabier, Ulrich, *Submarine Design*, Bernard & Graefe, 1986.
- Herzog, Bodo, *Deutsche U-Boote 1906-1966*, Karl Müller Verlag, 1996.
- Hessler, Günter, *The U-Boat War in the Atlantic*, HMSO, 1989.
- Hildebrand, Hans, and Lohmann, Werner, *Die Deutsche Kriegsmarine 1939-1945*, Podzun-Verlag, 1956.
- Kelshall, *The U-Boat War in the Caribbean,* United States Naval Institute, 1994.
- Martienssen, Anthony, *Führer Conferences on Naval Affairs*, HMSO, 1948.
- Mulligan, Timothy, *Neither Sharks Nor Wolves*, Naval Institute Press, 1999.
- Niestlé, Axel, *German U-Boat Lasses During World War Two*, Naval Institute Press, 1998.
- Paterson, Lawrence, *First U-Boat Flotilla*, Pen & Sword, 2001.
- *Second U-Boat Flotilla*, Pen & Sword, 2003.
- Priee, Alfred, *Aircraft Versus Submarine*, Naval Institute Press, 1974.
- Rohwer, Jürgen, *Axis Submarine Successes*, Naval Institute Press, 1983.
- Rossler, Eberhard, *The U-Boat War*, Arms & Armour Press, 1981.
- Rust, Eric C., *Naval Officers Under Hitler*, Praeger, 1991.
- Showell, Jak P. Mallmann, *U-Boat Command and the Battle of the Atlantic*, Conway Maritime Press, 1989.
- Stern, Robert C., *Type VII U-Boat*, Arms & Armour, 1991.
- Suhren, Reinhard, and Fritz, Brustat, *Nasses Eichenlaub*, Koehlers Verlag, 1983.
- Topp, Erich, *Fackeln über dem Atlantik*, E. S. Mittler & Sohn, 1990.
- *U-Boat Commander's Handbook, The.* Thomas Publications, 1943. Translation.
- Wynn, Kenneth, *U-Boat Operations of the Second World War*, Vols 1 & 2, Chatham Publishing, 1997.

Site Internet conseillés

- U-boat.net *(http ://www.uboat.net)*
- The U-Boat War *(http ://www.uboatwar.net)*
- Grey Wolf *(http ://jwww.u-boot-greywolf.de)*
- Norwegian Merchant Fleet 1939-1945 *(http ://www.warsailors.com)*

Archives concernant les U-Boote

- Photographs and Records of the U-Boat War *(http :/ /www.uboatarchive.net/)*
- Deutsche U-Boote 1935-1945 *(http ://www.u-boot-archiv.de)*
- SubArt *(http ://www.subart.net)*

Prüf-Nr.

Geheim!

Tauchvorschrift für Unterseeboote

(U-Boots-Tchvschr.)

Berlin 1943

Oberkommando der Kriegsmarine

M. Dv. Nr. 381 Ausgabe August 1943

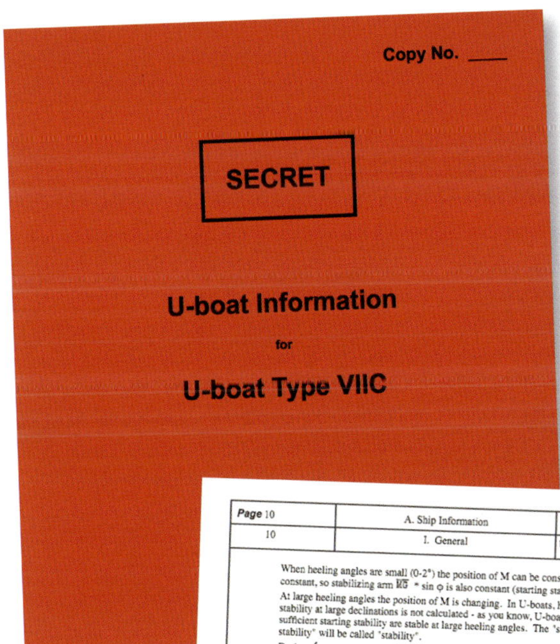
Copy No. ____

SECRET

U-boat Information

for

U-boat Type VIIC

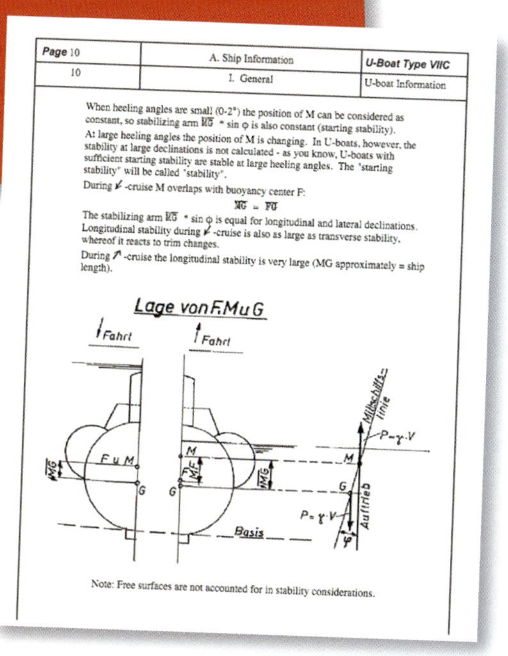
Page 10	A. Ship Information	U-Boat Type VIIC
10	I. General	U-boat Information

When heeling angles are small (0-2°) the position of M can be considered as constant, so stabilizing arm $\overline{MG}$ * sin φ is also constant (starting stability).

At large heeling angles the position of M is changing. In U-boats, however, the stability at large declinations is not calculated - as you know, U-boats with sufficient starting stability are stable at large heeling angles. The "starting stability" will be called "stability".

During ↙ -cruise M overlaps with buoyancy center F:

$$\overline{MG} = \overline{FG}$$

The stabilizing arm $\overline{MG}$ * sin φ is equal for longitudinal and lateral declinations. Longitudinal stability during ↙ -cruise is also as large as transverse stability, whereof it reacts to trim changes.

During ↗ -cruise the longitudinal stability is very large (MG approximately = ship length).

Note: Free surfaces are not accounted for in stability considerations.

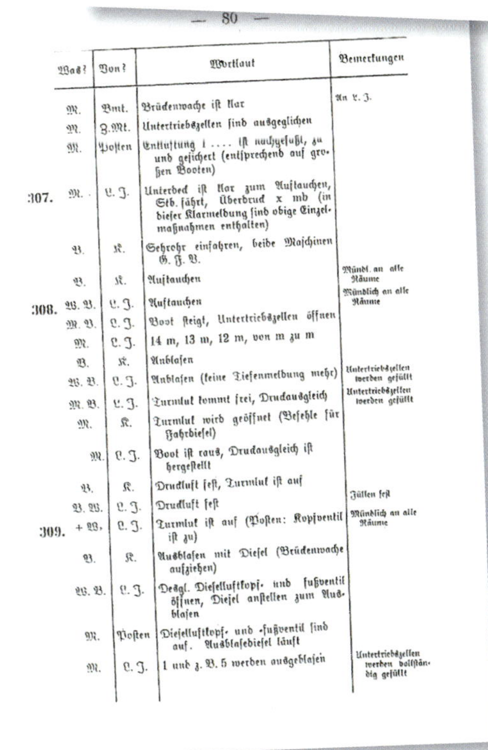
— 80 —

	Was?	Von?	Wortlaut	Bemerkungen
	M.	Bmt.	Brückenwache ist klar	An L. J.
	M.	Z.Mt.	Untertriebszellen sind ausgeglichen	
	M.	Posten	Entlüftung 1 .... ist nachgesaugt, zu und gesichert (entsprechend auf großen Booten)	
307.	M.	L. J.	Unterdeck ist klar zum Auftauchen, Stb. fährt, Überdruck x mb (in dieser Klarmeldung sind obige Einzelmaßnahmen enthalten)	
	B.	K.	Sehrohr einfahren, beide Maschinen G. F. V.	
	B.	K.	Auftauchen	Mündl. an alle Räume
308.	W. B.	L. J.	Auftauchen	Mündlich an alle Räume
	M. B.	L. J.	Boot steigt, Untertriebszellen öffnen	
	M.	L. J.	14 m, 13 m, 12 m, von m zu m	
	B.	K.	Anblasen	
	W. B.	L. J.	Anblasen (keine Tiefenmeldung mehr)	Untertriebszellen werden gefüllt
	M. B.	L. J.	Turmluk kommt frei, Druckausgleich	Untertriebszellen werden gefüllt
	M.	K.	Turmluk wird geöffnet (Befehle für Fahrdiesel)	
	M.	L. J.	Boot ist raus, Druckausgleich ist hergestellt	
	B.	K.	Druckluft fest, Turmluk ist auf	
	B. W.	L. J.	Druckluft fest	Füllen fest
309.	+ W.	L. J.	Turmluk ist auf (Posten: Kopfventil ist zu)	Mündlich an alle Räume
	B.	K.	Ausblasen mit Diesel (Brückenwache aufziehen)	
	W. B.	L. J.	Desgl. Dieselluftkopf- und fußventil öffnen, Diesel anstellen zum Ausblasen	
	M.	Posten	Dieselluftkopf- und -fußventil sind auf. Ausblasediesel läuft	
	M.	L. J.	1 und z. B. 5 werden ausgeblasen	Untertriebszellen werden vollständig gefüllt

Achevé d'imprimer en mars 2017
sur les presses de l'imprimerie *Ozgraf* (Pologne)
pour le compte des *Éditions Heimdal*
Georges Bernage, éditeur.